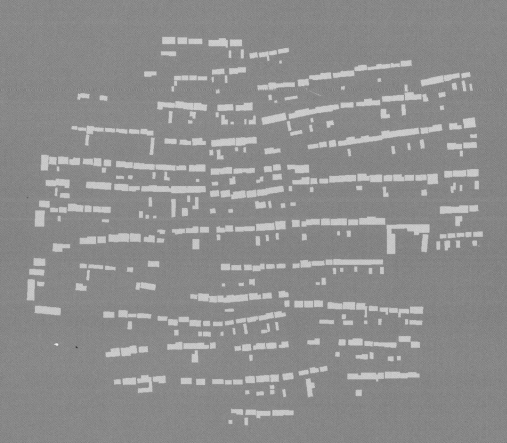

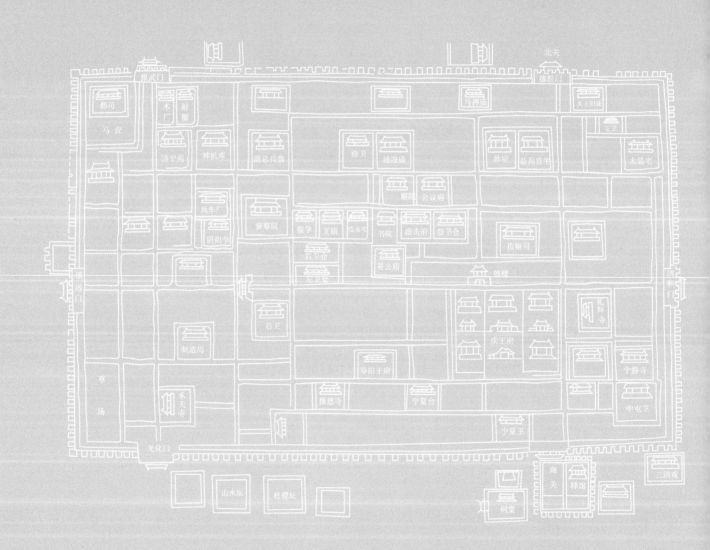

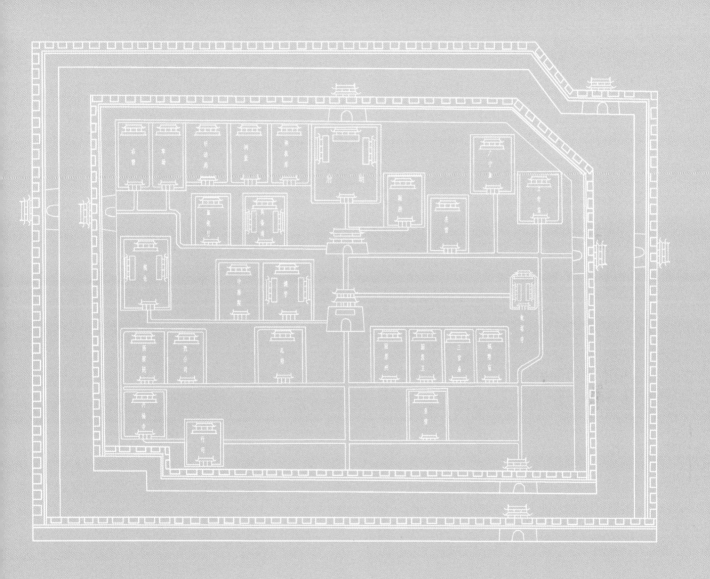

宁夏

聚落

国家出版基金项目

国家重大出版工程项目
"十三五"国家重点图书

中国传统聚落
保护研究丛书

宁夏聚落

燕宁娜　赵振炜　李钰　著

中国建筑工业出版社

总编委会

顾　问：

张锦秋　　陆元鼎　　王建国　　孟建民　　王贵祥　　陈同滨

编委会主任：

常　青

编委会副主任：

沈元勤

总主编：

陆　琦　　胡永旭

委　员：（按姓氏笔画排序）

王　军	王金平	韦玉姣	冯新刚	朴玉顺	刘奔腾	关瑞明
李群(女)	李群(男)	李东禧	李树宜	杨大禹	吴小平	余翰武
张兴国	张鹏举	陆　峰	范霄鹏	金日学	周立军	郑东军
单晓刚	赵之枫	姚　糖	贾　艳	高宜生	郭　建	唐　旭
唐孝祥	黄　耘	黄文淑	黄凌江	韩　瑛	靳亦冰	雍振华
燕宁娜	戴志坚	魏　秦				

《中国传统聚落保护研究丛书　宁夏聚落》

燕宁娜　赵振炜　李　钰　著

审　稿：王　军

序一

一、引子

中国传统文化将一个地方的环境气候和风俗民情的特质和韵味称为"风土"。《国语·周语上》韦昭注:"风土,以音律省土风,风气和则土气养也",即从当地方言的乡音民谣中便可感知一方土地、民风的文化气息,因而"风土"一词与英文的Vernacular近义。"风"指风习、风俗、风气,"土"指水土、土地、地方,所谓一方水土养育一方人,供奉一方神,从这个意义上,"风土"与西方的"场所精神(Genius Loci)"也有一定的关联性。日本近代哲学家和辻哲郎著有《风土》一书,他对"风土"的定义是自然环境气候诸因素加上"景观",这里的"景观"应指审美角度的自然和人文两个方面,二者相融合的文化景观就是一种典型的传统聚落。

然而,在当今乡村振兴的时代大潮中,传统聚落最常见的关键词是"乡土"而非"风土",差不多已约定俗成了。"乡土"一词是中国农耕社会中故乡、家乡、老家和乡下的意思,至今中国社会还延续着这个传统的语义。但中文"乡土"与英文Vernacular的语境存在差异,因为西方并不存在以宗法制为基础的传统乡民社会,其乡村也就不会有类似于中国"乡土"的概念内涵。而乡村的发展前景是要走出农耕语境的乡土,留住文化记忆的乡愁,延续场所精神的风土,再造生态文明的田园。再说自近代以来,乡土并不包括城里的传统聚落,比如北京的胡同,西安、成都、苏州的巷子,上海的弄堂等属于"风土"而非"乡土"的范畴。

自1930年朱启钤先生发起成立中国营造学社以来,在梁思成和刘敦桢两位学科巨擘的引领下,我国建筑界对传统民居和乡土建筑的研究持续推进,成就斐然,形成了传统建筑研究的一大专业领域。但如何使这些研究更多地关联和影响城乡建设的进程,对整个建筑类学科都是一个很大的挑战。

二、中国传统聚落的源流与特征

1. "匝居"与城乡同构

中国传统聚落营造的信史可追溯到商周时期的聚落遗址。其中有关"营造"的最早文字记载见于《诗·大雅·灵台》:"经始灵台,经之营之"。这里的"经",是策划、管控的意思;而"营",原意即"匝居",是围而建之的意思,例如"营窟""营市(阛、阓)""营垒""营国"等一系列聚落营造范畴的词汇。因此,古代聚落即以"匝居"的方式,形成血缘的乡村聚落,地缘的城邑聚落,以至作为国家统治中心的都邑聚落——都城。这些华夏聚落以宗庙或祠堂为空间秩序的中心,以城垣壕堑为空间领域的边界，虽层级和功用不同，但从深层构成看却大多同构，保持和发展着"匝居"的聚落营造方式，从而部分地诠释了城乡一体的"亚细亚生产方式"学说。因为，一方面，许多乡村聚落拥有城垣、堡楼、街坊、庙宇等要素，俨如一座座城邑，如从汉代的"坞堡"到明清的庄寨、围堡均是如此；另一方面，城邑甚至都邑虽然看上去坚固伟岸，依然不过是政治权力和经济活动高度集中，等级制度极为森严，壕堑防卫更加严密，水平向扩展开来的巨型村寨而已，是乡村聚落的放大升级版。

2. 聚落原型与变换

从"匝居"的外在方式到聚落的内在构成，可以看到中国传统聚落源于商周"井田制"的"井"字形空间概念及其原型意象。所谓"井田制"，即以王室收取贡赋为目的的土地经营制度和划分方式。如周代王室拥公田，公卿以下据私田，遗有周代理想的营国制度，以百亩为夫，九夫为井，九井为国（都邑）。据此制度，田野的纵横阡陌就演变为聚落内经纬交错的街衢，并围合成间、里等空间尺度及单位。后世的里坊、厢坊、街坊，以及后来的胡同、街巷和弄堂等都是这样演变而来的。但这一"井"状网格空间原型的聚落并非处处趋同，而是因地制宜，异彩纷呈，依循了"因天材，就地利，故城郭不必中规矩，道路不必中准绳"（《管子·立政篇》）的变通法则，适应地理环境和地貌条件的差异而产生拓扑变换。这就犹如某种语言，尽管"方言"各异，但"句法"和"语义"相通。或许以这样的解读，方可辩异认同、知恒通变，把握住中国传统聚落的结构本质及其演变方向。

3. 水系与聚落分布

中国传统聚落源于近水的邑居，据《史记·五帝本纪》："禹耕历山……一年而所居成聚，二年成邑，三年成都"。其中，对水畔、雷泽、河滨等的劳作场所描述，均寓意了聚落是伴水而生的文化地景。甲骨文中的"邑"字右边旁加三撇表示傍水，即"邕"字的金文来历，同样表示聚落即环水的邑居。除了统治与防卫上的考虑，古代聚落选址的首要地理条件，是必须依傍满足漕运需要，方便物资供给的水系。因此，自上古以来聚落选址一般都位于大河的二级台地或其支流的一级或二级台地上。在物流以漕运为主的古代，这些水系可以说是聚落生存的命脉，对于都城而言尤甚，如长安、洛阳、汴梁（开封）沿黄河及其支流东西走向一字排开，建康（南京）、江都（扬州）濒临江淮，北京（涿郡）和临安（杭州）则处于南北大运河的两端。实际上历代中心聚落——都城在空间上的移动，均因应了文化地理的条件和漕运线路的兴衰，并与社会动荡、族际战争和人口迁徙相伴随。

4. 乡村风土聚落

在中国古代，与城邑聚落不同的是，乡村聚落社会是按血缘关系和经济共同体为纽带所形成的聚居系统，聚族而居的社会秩序和居住形式仰赖宗法制度维系，特别是自宋代以来，程朱理学倡导"敬宗收族"，形成了以祠堂、族田和族谱为核心的宗族组织及其聚居制度，宗法的社会结构更加趋于自组织化。但由于特定地域下的自然环境（如气候、地貌、水土、材料等）和人文环境（如宗法、宗教、数术、仪式等）的差异，聚落中的宗法秩序和空间布局亦有着同中有异的呈现方式，营造活动很少有统一法式的约束，较之城邑营造更加因地制宜，灵活多变，因而在与自然地景融为一体的有机生长中，保留了纯朴的古风和浓郁的地方性，可以说是千姿百态，谱系纷呈，表现了与西方的"场所精神"相类似的地方特质。以下按地理纬度和等降水量线，将中国各地域的聚落建筑分为四个区段。

1）农耕—游牧混合地区，即400毫米等降水量线以北半干旱北方地区的聚落建筑。如昆仑山南北侧和蒙古草原上游牧民族的帐幕、蒙古包；塔里木盆地周缘突厥语族—东伊朗民族的木构平顶阿以旺住宅；青藏高原上的藏式碉房，甘青地区各族建筑元素相混合的"庄窠"式缓坡顶两合院与三合院，以及青藏高原东部边缘的羌式碉房及合院等。

2）西北、华北和东北地区，即400毫米等降水量线以南至800毫米等降水量线以北之间半湿润北方地区的聚落建筑。如豫、晋、陕、甘各式窑洞，木构坡顶及包砖土坯（胡墼）墙房屋组成的晋系狭长四合院；东北、京、冀、鲁、豫木构坡顶、平顶、囤顶建筑构成的宽敞四合院等。

3）西南、江淮、江南地区，即800毫米等降水量线以南湿润地区的聚落建筑，如川、黔、桂、滇地区，以穿斗体系、干阑—吊脚为显著特征的楼居及合院，藏缅语族各民族的"土掌房""一颗印"（"窨子屋"）"三坊一照壁"等合院；湘、赣、闽北地区"四水归堂"的天井合院或"土库"建筑；江淮地区介于南北方之间的合院和圩堡；徽州地区以堂楼为中心，高耸的马头墙、墙厦、精工木雕、楼面地砖为特色的天井合院；江浙地区穿斗—抬梁混合式的多进厅堂和宅园等。

4）华南地区，即大部处于1600毫米等降水量线范围的高湿多雨地区聚落建筑，如闽南、粤北地区客家、潮汕（闽系）聚落以夯土墙和木屋架构成的大厝、土楼、土堡、围龙屋；粤南广府地区大屋、天井、冷巷构成的合院群等。

总体而言，延续至今的乡村传统聚落基本上都是明清以来的遗存，说明经过两晋南北朝开始的由北而南为主流的历次民族、民系大迁徙，明清时期各地乡村建筑相对稳定的地域分布格局已基本形成，可以从民间流传的营造匠书和聚落族谱中得到印证。如元明之际的《鲁般营造正式》、明万历年间的《鲁班经匠家镜》和清末民初的《营造法原》等，对江南地方的民间建筑影响尤其广泛。

至于少数民族地区的乡村传统聚落，因源于不同的文化传统，其构成及相互关系比较复杂，与汉民族聚落也存在交融现象。比如，明清两代逐渐推进"改土归流"，在南方的少数民族地区以"流官"管理制取代"土司"世袭制，推进了汉族与少数民族的异质文化交融，但后者的"熟化"（或"汉化"）程度，大大超过了前者的"夷化"。

自1930年中国营造学社成立以来，在梁思成和刘敦桢两位学科巨擘的引领下，建筑史界对乡土民居的研究成就斐然，形成了传统建筑研究的分支领域。跨世纪以来，建筑史界对传统民居的人文地理背景和建筑形态分布区系已有一些学术探讨，并有过以传统建筑结构类型为主线的地域区划专题研究。但是这些研究成果怎样对城乡改造中的遗产保护难题产生积极影响，还有待实践中的借鉴和运用。

三、城乡改造与传统聚落

1. 消亡中的乡愁载体

自19世纪末以来，直到改革开放之前，传统中国逐渐从农耕文明走向了工业文明，演变进程是相对缓慢曲折的。尽管传统聚落的宗法社会结构已经崩解，但血缘和宗族关系依然得以延续，聚落的空间结构和传统风貌依然大致如故。随着近30年来城镇化和城乡改造浪潮的冲击，传统聚落的文化特征已发生巨变，大部分古城只保留着少量的历史文化街区。作为乡村传统聚落的大多数村镇，经过撤并集聚或自发式改造，使原有的自然和社会生态系统瓦解或巨变，残留下来比较完整，较多保留着原生态风貌的多在边远山区，占比很大的部分已破败不堪，或被低质化改造，总体上正以极快的速度趋于消亡。

据中外学者的研究，民国时期的城镇化水平不过10%左右，中华人民共和国成立直到改革开放前也只达到17%左右。20世纪70年代末改革开放以来，城镇化开始飞速地发展，城镇化率2018年已达59.58%，其中城镇户籍人口42.35%（包括拥有宅基地的部分镇人口和城中村人口），与欧美约75%~85%及日本93%的城镇化率相比仍差距明显。截至2016年，我国乡村自然村仍有244.9万个，基层自治管理单位"村民委员会"52.6万个，乡村户籍人口7.63亿，常住人口5.6亿，在本地和外地谋生的农民工约2.88亿。2017年全国城乡人均收入倍差2.72，一些贫困的山区和边远地区农村人均收入与全国城乡平均收入倍差则远高于这个数字，这些地方的衰败或空村化现象更加严重（数据来源自2017年、2018年国家统计局公布的数据）。

虽然这种文明进程在任何一个走向现代化的农耕社会迟早都会发生，但是中国作为人类文明诸形态中唯一保持了连续性进化的国家，文化传统的基因和源头即存在于城乡传统聚落之中。这一"乡愁"载体的消亡，不但会使国家和地方失去身份认同的文化根基，而且会使城乡一体化发展的战略目标发生偏差。

2. 风土建成遗产

在中国传统聚落的话语体系中，"民居"是对功能类型而言，"乡土"是对乡村聚落而言，而"风土"是对城乡聚落及其文化地理背景而言，三者均属同一范畴。因此，乡村聚落也是最具文化载体性的风土聚落，呈现了各个地域环境、气候和民族、民系背景下异彩纷呈的风土特质。西方的风土建筑研究可以追溯到法国18世纪新古典主义理论家德·昆西（Quatremère de Quincy），他最早指出了建筑语言的风土（Vernacular）和习语（Idiom）属性。到了当代，英国建筑理论家兼乡村爵士乐作曲家鲍尔·奥利弗（Paul Oliver，1927—），集风土建筑研究大成，在1997年出版了覆盖全球的《世界风土建筑百科全书》（Encyclopedia of Vernacular Architecture of the World），他认为研究风土建筑不只是为了记录过往，对未来的文化和经济可持续发展也是不可或缺的。随后R. 布伦斯基尔（Brunskill R. W.）在2000年出版《风土建筑：一部图解的历史》一书，把20世纪以前定义为"风土建筑时代"，以大量的插图详解了数百年来英国风土建筑在农耕时期和工业化早期的形态特征。

"建成遗产"是经由营造活动所形成的建筑、聚落、景观等文化遗产本体的总称。1999年，国际古迹遗址理事会（ICOMOS）在《风土建成遗产宪章》（Charter on the Built Vernacular Heritage）中，首次提出了"风土建成遗产"的概念，即特定风俗和土地上所建造的文化遗产，其保护价值今已成为全球共识。首先，"聚落建筑"作为风土建成遗产的第一保护对象，是城乡历史环境的栖居场所，也是民族民系身份认同和乡愁记忆的空间载体，携带着可识别的中国传统文化基因。其次，"营造技艺"蕴含乡遗的工巧智慧精华，是对其进行保护、传承和再生的意匠源泉，而只有将传统聚落的营造技艺真正传承下去，保护才是可持续的，才能使聚落遗产长存下去。再次，"文化地景"（或文化景观Cultural Landscape）呈现聚落的环境因应特征，是人工与天工相交融的在地景观。韩国建筑师承孝相，为了表达地景建筑创意，生造了"Landscript"（地文）一词，本意是强调人的活动在土地上留下的印记，就如大地书写一般。显然，"地文"需要保护和续写，即像日本的"合掌造"民居、中国的西递—宏村那样，严格保护好聚落遗产标本，激活历史环境的"场所精神"（Spirit of Place），在新建筑中创造性地转化风土建成遗产的原型意象。

3. 国家级聚落遗产

根据住房和城乡建设部和国家文物局颁布的最新保护名录，中国传统聚落列入国家保护名录的有三大类，均可看作风土建成遗产。其一为100多处"国家重点文物保护单位"身份的传统聚落；其二为国家历史文化名城、名镇、名村，包括135座"名城"、312个"名镇"和487个"名村"；其三为6819个部分由国家财政资助保护的"传统村落"。此外，皖南古村落西递—宏村、福建土楼、开平碉楼与村落，以及红河哈尼梯田文化景观等4项乡村传统聚落及景观被收入世界文化遗产名录。

这其中的传统村落数量最为庞大，部分还同时具有国家级历史文化名村及重点文物保护单位的身份。其分布特点为：南方约占全国总量的78%，大大多于北方；山区多于平原、盆地，如晋、湘、滇、黔、闽的山区占比超过全国总量的二分之一；方言区多于官话区，如晋系方言区约占北方各官话区总和的40%左右；工业化、城镇化起步较晚的地区多于起步较早的地区，如西北地区多于东北地区；城乡人均收入倍差相对较高的地区多于发展水平相近的较低地区，如贵州、云南处于全国传统村落数量排名前列。

上述的三大类传统聚落遗产保护系列中的前两类，有着相应的国家保护法规及实施细则，生存问题相对无虞。而第三类——传统村落量大面广，没有直接的相应保护法规作保障，其生存问题看似有国家财政资助，实际状况则堪忧。

四、传统聚落的保护与活化

1. 模式与问题

对风土建成遗产的专项保护，比较典型的首推北欧斯堪的纳维亚半岛的挪威和瑞典，这里在第二次世界大战前最早以民俗博物馆的方式，保护和展示当地的风土建筑，这种方式随后风靡欧洲大陆和英国。1952年英国"古迹委员会"将18世纪以前的风土建筑均纳入了保护名录，特别值得注意的是，英国将乡村划为120个自然区和181个特色景观区，这是可以借鉴的乡村文化地景谱系保护策略。日本于20世纪70年代兴起的"造村运动"，是通过农业升级改造、乡村特色塑造和技术培训投入，提振乡村经济社会活力和磁力，最终使乡村聚落得到活化和再生。聚落遗产保护和传承是其中的一个部分，如长野县的妻笼宿和岐阜县的马笼宿，其风土建成遗产在存真、修缮、翻建、活化等方面皆有坚定的价值坚守和丰富的保护经验，可供中国乡村风土建成遗产保护和再生实践学习借鉴。

我国城乡风土建成遗产保护与活化前后已历20载左右，经验和教训并存，其中数量占大多数的乡村聚落遗产保护与活化主要有三种模式。第一种为国家文博体系和大型国企主导的乡村博物馆模式，如山西的丁村、陕西的党家村、湖南的张谷英村、福建的田螺坑土楼群及玉井坊郑氏大厝等，经费、法规、导则等条件较为完善，部分村民通过村委会组织参与经营活动受益。第二种为社会企业主导的风土观光综合体模式，乡村聚落遗产由企业与当地政府、村自治体——合作社以契约形式合作及分成，如安徽黟县宏村、浙江松阳县村落、山西沁水县湘峪村、福建连江县杜棠古村三落厝等。第三种为村自治体主导风土生态体验区模式，以由村自治体所属企业及乡村活化能人掌控风土观光资源，进行乡村聚落开发，村民参与其中的相对较多，受益也相对大一些，如安徽黟县西递村、山西平遥县横坡村、陕西礼泉县袁家村、山西晋城市皇城村、福建屏南县北村等。

不可忽视的是，乡村聚落遗产在保护和活化中存在一些带有普遍性的问题和挑战：一是大多没有以乡村经济、社会的改造升级为根本前提，而是过多地依赖于旅游资源的消耗；二是管理政出多门，既条块分割，又一事多管，造成一些村落一村多名，准入标准和处置方式交错低效；三是原住民生活资料——集体土地、宅基地和房屋处于不确定的流转状态，所有权和使用权分离，但土地与房屋租金普遍低廉，收益分配不成比例，原住民的公平共享诉求难以兑现，存在着大量的权益矛盾和法律纠纷，潜在的社会风险已然存在；四是维修和民宿化改造等多为村民自发行为，存在严重的安全隐患，如结构安全意识薄弱，涉及公众安全的强制性技术规范和安全施工监管缺位，消防间距、人身防护不合规范的状况随处可见，声、光、热等室内环境控制指标大都达不到基本使用要求；五是宅基地内滥建低质楼监管缺失，低质翻建率常在一半以上，严重的达70%~80%，使村落风貌严重失控，而招揽观光的利益驱动导致拆真造假现象也随处可见；六是薪火相传趋于中断，大部分营造技艺面临失传，由于种种原因，"非物质文化遗产传承人"名誉并未起到明显的弥补作用，传统意匠及技艺存续与再生尚待突破，新旧修复材料融合手段薄弱等问题普遍存在；七是同质化严重，社会资金普遍投入乡村聚落保护与再生项目的可能性有限，而传统村落依赖国家财政扶持也是很有限的，且不可持续。

2. 标本保存谱系化

当下我国城乡风土建成遗产的保护与活化，首先并不是个建筑学问题，而是涉及保护什么，如何保护，怎样活化的实质性问题，与经济、社会的可持续发展背景息息相关。从物种标本保存的战略眼光看，传统聚落保护与活化的前提是对聚落遗产标本的保存和研究。

少量被定格在某个历史时期或文化样态下的聚落遗产，比如平遥、丽江古城以及各地名镇、名村一类进入各种遗产名录，是受到严格保护的风土建成遗产标本。但这些遗产标本只是聚落遗产中极小的一部分，我们认为，实际上需将我国城乡风土建成遗产按民族、民系的语族区或方言区进行全覆盖，成体系地作分类分级梳理，为后世存续完整的风土建成遗产谱系标本，兹事体大，关及国家和地方历史身份和文化传承的根基。因此，应依风土建成遗产谱系—甄别、筛选和认定聚落遗产，再以地景修复、聚落修补和技艺传承为基础，将之纳入再生过程。当务之急，是应对其谱系构成缘由与分布有比较系统的认知。

由于语言作为文化纽带的重要性仅次于血缘，而风土在语言学上的含义，即连接一个地方聚居群体的交流媒介"语缘"，既可代表不同的文化身份，也可作为判断各文化身份间亲疏关系的参照。因此，从文化地理学和人类学的角度，可尝试以民系方言和语族—语支为参照，对各地风土建筑做出以"语缘"为纽带的谱系分类区划。总体上看，历史上语族相近，说明有相关的文化渊源；语族的方言或语支相通，说明血缘和地缘存在关联性。传统的汉语族—方言和少数民族的语族—语支是在漫长的历史变迁中，由于地理阻隔及民族、民系迁徙所形成的。虽然建筑谱系和语言谱系是否完全对应确是个问题，但设若不同族群在语言上可以交流，则其聚落及建筑一般也会存在交互关系。

参照语言人类学家的语缘区划，汉藏语系的汉语族民族民系聚落及建筑谱系主要可分为：其一，东北、华北、西北、江淮和西南等五大官话区建筑谱系；其二，华北的晋语方言区建筑谱系；其三，江南的吴语、徽语、赣语和湘语四大方言区建筑谱系；其四，华南的闽语、粤语和客家语三大方言区建筑谱系。少数民族语族区聚落及建筑谱系主要可分为：其一，西南地区汉藏语系藏缅语族17个民族的建筑谱系，壮侗语族9个民族和苗瑶语族3个民族的建筑谱系；其二，北方地区阿尔泰语系突厥语族7个民族，蒙古语族6个民族和通古斯语族5个民族的建筑谱系等。此外，还有少量西北地区印欧语系斯拉夫语族和伊朗语族的民族的建筑谱系，以及华南地区南亚语系和南岛语系民族的建筑谱系。以这样的谱系认知方式，对风土建成遗产谱系遗产的标本系列进行谱系化的保护，是有重要意义的一种尝试。

突厥语族区建筑		其他区建筑	蒙古语族区建筑		其他区建筑	通古斯语族区建筑		其他区建筑
定居区	游牧区		定居区	游牧区		定居区	渔猎区	
北方官话区西部建筑			晋语方言区建筑			北方官话区东部建筑		
河西		关中	北部	中部	东南部	京畿	胶辽	东北
西南官话区建筑				北方官话区中部建筑		江淮官话区建筑		
滇	黔	川	鄂	豫	鲁	淮	扬	
藏缅语族区建筑			湘语方言区建筑	赣语方言区建筑		徽语方言区建筑	吴语方言区建筑	
藏区	羌区	彝区	其他	湘西 湘中 湘东	豫章 临川 庐陵	歙县 婺源 建德	苏州 东阳 台州	
壮侗语族区建筑			客家方言区建筑			闽语方言区建筑		
壮区	侗区	其他	西部	中部	东部	闽中	闽东	
苗瑶语族区建筑			粤语方言区建筑			闽语方言区建筑（闽南）		
其他区建筑			桂南	粤西	广府	潮汕	南海	台湾

我国民族民系风土建成遗产谱系分布示意图

3. 大量性传统聚落的出路

除了经典传统聚落风土建成遗产谱系的标本保存，大量性的传统聚落，特别是乡村聚落，总体上面临着景象劣化、原有建筑被大量低质改建、乡村经济和民生有待振兴的境况。因此，需要将聚落有机更新和文化地景再造，作为未来发展的主要方向。实际上，对大量性传统聚落的可持续发展而言，实践中应考虑保存有标本价值的聚落典型建筑，延承风土营造谱系所曾依存的地貌特征、空间格局和尺度肌理，再造出隐含着基质原型、适应生活变迁的新风土聚落及文化地景。

此外，传统聚落遗产管理系统和遗产归口的合理化，遗产运作的信托化，遗产基金、社会"领养"

和活化途径的模式化，营造技艺传承的制度化，以及保护技术的系列化等，都应作为传统聚落保护与再生的改进方面加以关注和实施。

五、关于丛书编纂

这部丛书是第一部关于中国传统聚落特征与保护的大型研究集锦，内容覆盖了各省市自治区传统聚落的历史溯源、地域特征与现存状态、保护与活化的方法与途径，以及未来走向的展望等。丛书中的"传统聚落"聚焦于狭义的"村"和"镇"，并可选择性地涉及"城"，即"县"或"市"的老城区，如北京的胡同和上海的弄堂。书中内容兼顾理论观点和叙述方式的历史性、逻辑性和独特性，引述材料要求真实可靠，体例同中有异，充分表达地域特征，并将之纳入史地维度和经济、社会发展的叙事语境。保护与活化内容要求选取兼顾普适性和典型性的工程实践案例，对乡村振兴中的建成遗产存续和再生问题进行全方位的讨论。由于本丛书仍是以行政区划单位作为各分册的研究范畴，难免存在少量跨省市区之间的互涵和重复内容，但作为一部大型丛书，总体上还是完整统一的，其中不少篇章都可圈可点，对乡村振兴和传统聚落的未来探索有多方面的参考价值。

（本文主要内容及参考文献见《建筑学报》2019年12期）

中国科学院院士、同济大学教授
己亥夏至于上海寓所

序二

聚落，是人类聚居和生活的场所，《汉书·沟洫志》曰："或久无害，稍筑室宅，遂成聚落"。聚落这一概念最早出现时是为了描述区别于都邑的居民点，现在已泛指人类生活地域中的村落和城镇。聚落是在各个地域内发生的社会活动、社会关系和特定的生活方式，并且是由共同的人群所组成相对独立的生活空间和领域。传统聚落主要是指具有一定历史性的城乡聚落，拥有物质形态和非物质形态的文化遗产，是先人运用自己的智慧，依据自然、气候、地理、习俗等环境因素建立的适宜的居住空间，同时具有较高的历史、文化、科学、艺术、社会、经济价值，能够反映一定历史时空的社会物质文化与精神文化的重要载体。

传统聚落是人们与自然协调过程中不断地尝试和调整所形成的，是在一定的时空条件下的总结。传统聚落是一定地域空间范围内的人文现象，它既是一种空间系统，也是一种复杂的经济、文化现象和社会发展过程。其起源、形成、发展均在特定地理环境和社会经济背景中，通过人类活动与自然相互作用下的结果，是对自然地理条件、社会治理结构、文化机制作用等多方面的缓慢调整适应，既是人类不断地适应、改造自然环境的实践积淀和智慧结晶，也是特定地域环境人地关系的空间反映。正如本套丛书之一《云南聚落》编写作者杨大禹教授所说："几乎所有的传统聚落，作为联系自然环境和人文环境的中介，从它们的地理分布、外部整体形态、内部空间结构，到聚落与周围自然环境、山水地形的紧密关系，都体现出因地制宜、和谐有机的共同规律。"这些共识是协调当地的地理条件、社会风俗与生活方式等积累而成的。在以聚居为主的生活模式下，都会充分考虑到聚落的环境特点，尽量找到资源配置最为合理、微气候最为和谐的场所。聚落形态与民居建筑形式的存在，与人们应对自然环境的生理、心理需求有着千丝万缕的联系。所以，传统聚落都能反映出在一定的地域空间环境、一定的民族和一定的历史时期所承载的建筑文化底蕴。

传统聚落作为中华文明的一种载体，凝聚着具有地域性、民族性与艺术性的布局特色和建筑风采，以及文化习俗下构成的聚落分布、空间格局、生产模式、景观形态等风情各异、千姿百态的元素。传统聚落是先人们长期适应自然，与自然和谐相处的历史见证，凝聚着中国悠久的农耕文明，展示着人们自古至今的生存智慧，可以说，传统聚落承载着中华文化精华和中华民族精神。所以，保护传统聚落就是维系中国传统文化的延续，就是在保护中华文明的根。

对于聚落空间的研究，既要把控聚落自身各种要素以及各要素之间的相互关系，也要关注聚落内部空间与聚落外部空间之间的关系，从而进一步了解单个聚落与同一个地域内其他聚落之间的关系，以便获得对聚落空间完整概念的把握。通过对传统聚落特色的系统研究，包括将传统聚落的不同历史发展阶段，各种历史文化要素和不同形态载体归纳合一，作为相互交融、贯通的体系来研究，从理论层面上梳理传统聚落各种有关形成、发展、演化的普遍规律和地区特征，挖掘其精神文化及生命智慧，发现其内在的文化价值，尊重其自身的运营机制，肯定其在现代聚落发展中的积极作用，以丰富我们对于人类聚居的认识。

长期以来，我们的先人经过不断的实践，运用了他们的丰富智慧，无论在聚落总体布局或在民居建筑技术、艺术方面都取得了很高的成就，积累了丰富的经验。传统聚落生存智慧拥有中国优秀传统文化的内核，是体现传统建筑智慧最具特色的代表。如何重新再认识传统聚落所具有的地域性、民族性与文化多样性特征，进一步发掘潜藏其中的营建技艺、理论精华和创造智慧，寻求传统聚落的持续发展相应的理论支撑，是我们当前重要的课题。当然，蕴含着中华文化基因的传统聚落更是当代建筑文化特色形成的基础，值得我们去进行研究、总结、学习和借鉴。

"中国传统聚落保护研究丛书"各卷作者综合运用文献研究法、调查研究法、比较研究法、定性分析法等科学研究方法，建构传统聚落研究的基本思路。采用文献分析、田野调查、理论研究与实证分析结合、系统化分析等方法，通过对学术文献、地方志、文书族谱等史料资料进行梳理筛选，对现有传统聚落进行建筑测绘、口述访谈，在吸取前人研究成果的基础上，归纳总结我国传统聚落发展特点及其背后蕴含的丰富文化和物质内涵，从整体上考虑多元文化影响下的传统聚落特征。丛书作者在编写过程中，借鉴历史学、社会学、建筑学、城乡规划学、文化地理学、景观生态学等跨学科交叉的思路，采用融合融贯的研究模式，既对传统聚落的基本共性特点归纳总结，也对受各区域条件影响的传统聚落比较分析，从整体上来把握研究对象。

在新时代的聚落发展和建设中，对传统聚落的保护与研究就显得尤为重要。传统聚落所呈现出来的优秀空间格局与营造技艺，不仅能给聚落的保护更新提供更为合理的方法途径，同时也能为新时代的聚落建设提供更多的方式方法及可能性。探究历史文化基因的内在联系，研究传统聚落的起源、演变、特点和价值，为传统聚落的传承提出依据，以便于更好地加以保护与利用。与此同时，在弘扬与传承优秀传统文化的基础上，探寻传统聚落发展模式及其保护的策略与原则，对保护与更新提出更为具体的要求与措施，构建整体保护的格局理念，以及与其相适应的、分级分类的传统聚落保护体系，更好地把握传统聚落在当代的发展道路与方向。

  "中国传统聚落保护研究丛书"的编写希望以准确翔实的史料、精确细腻的测绘、真实生动的图片来全面展示中国传统聚落悠久的历史、灿烂的文化、淳朴的民风。由于各地区的状况不同和民族差异，以及研究基础也会参差不齐，故在编写中并未要求体例、风格完全一致，而以突出各地区传统聚落自身特色，满足各地区建设的需求为主。同时，丛书的编写，也希望对全国各省、直辖市、自治区传统聚落保护与传承、历史街区与传统村落建设，以及城乡人居环境提升起到重要的参考与指导作用，这是本套丛书研究编写的目的和意义所在。

2020年11月16日

前言

宁夏回族自治区位于我国的西北内陆，北、西北、东北与内蒙古自治区相连，南、西南、东南与甘肃省接壤，东与陕西省毗邻，地理坐标为东经104°17′～107°39′，北纬35°14′～39°23′。宁夏国土面积约6.64万平方公里，两头尖、中间大，东西最宽处约250公里，南北长约456公里，现自治区辖5个地级市、2个县级市和11个县。

宁夏地理位置较为特殊。南部以萧关与关中相连，北部以贺兰山与北方大草原相接，将中原农耕文化与北方草原游牧文化有机地衔接起来，同时给两种文化的碰撞与交融提供了优良的环境与气候条件。宁夏自古就是一个多民族生存的地区，从2万年前的水洞沟先民到清朝八旗徙入宁夏，过程中迁徙、融汇了很多民族，影响较大的有戎、羌、月氏、匈奴、鲜卑、吐蕃、铁勒、柔然、高车、突厥、回鹘、昭武九姓、党项、蒙古、回、满等众多民族，他们在这里繁衍生息，尤其是先秦至汉唐以来，大量华夏和中原汉族人不断迁居在宁夏境内，与其他少数民族交错居住，共同的地域环境使他们在政治、经济、文化诸多方面都有过密切的交往，包括多民族之间血统的交流。这期间，民族迁徙与驻足交替存在，战争阴霾与和平友好不断推进着历史进程。

宁夏传统聚落形成较早，拥有较丰富的传统资源，现存比较完整，具有较高历史、文化、科学、艺术、社会、经济价值。在当前城镇化、生态移民进程加快的形势下，为了保持特色鲜明的民族传统聚落，继承居住形态良好的社区氛围，本研究以特定区域自然生态环境、人文宗教与聚落营建的内在关联作为研究切入点，综合运用人居环境学等理论、方法作为指导，通过广泛的调查与资料的收集，将宁夏地区的乡村聚落、乡土建筑作为主要研究对象，揭示传统聚落的分布格局、聚落选址、聚落空间形态、功能、乡土建筑营建技术与特定规律及其影响因素。在此基础上，结合当代宁夏地区地域资源特征、生产和生活特点，提出当前宁夏传统聚落的发展路径。

本书从宁夏地区的自然生态与人文环境入手，分析宁夏传统聚落的生长环境，以宁夏地区社会历史、自然环境变迁的轨迹为线索，研究地区各个历史时期聚落形成、发展、演变的特征，以南长滩、北长滩、红崖村、王团镇北村、菜园村等大量传统聚落的典型案例进行剖析，探究聚落分布、选址、形态与空间、乡土建筑等营建规律。研究从"生态智慧""营建技术""装饰艺术"等几个方面入手，由宏观到微观，由内而外逐层加以论证，为严峻生态条件下传统乡村聚落的定位和可持续发展寻找合理依据。

本书的主要研究内容如下：

（1）历史时期宁夏传统乡村聚落演变脉络及特征

以宁夏地区社会历史、自然环境变迁的轨迹为线索，研究各个历史时期聚落形成、发展、演变的特征，关注聚落分布格局、聚落选址特征、聚落形态与空间结构、传统乡土建筑形态与营建技术以及营建材料的变化特征，挖掘传统聚落形态演变机制，探寻应对地区资源、自然条件的生态文化理念、人居环境建设策略及传统聚落营建的规律性因素。

（2）宁夏传统聚落选址与布局

自然环境、气候特征以及物产资源是聚落生成的天然土壤，聚落的选址与空间布局表现出如下特征：半农半牧的生产方式决定了人们通常会将位置较好、便于灌溉的川道、河谷、盆地以及平缓的丘陵地带作为耕地，而住宅则紧密联系着耕地，布置在坡地、台地等不宜开垦种植的土地上；复杂多变的黄土丘陵的地形地貌使得住宅不可能大规模集中布置，故地区聚落规模往往较小，同时宅院布置较为松散自由；建筑朝向也因地形原因多变而并不统一；由于风受地形、地貌的影响，风向、风速进而发生变化，形成地方性风。聚落一般选择向阳的山坡位置，能够很好地利用山体抵挡风沙、减少寒流入侵。

（3）宁夏传统聚落形态与空间

按照聚落主要建筑物、公共空间、街巷、道路、边界围合等结合地形地貌的分布状态的不同，将宁夏地区的传统村落大体上可分为以下五种形态：集聚组团型、带状"一"字型、核心放射型、串珠状自由型、散点蔓延型。从聚落道路系统、节点景观、区域构成、边界围合以及聚落标志物五大方面展开聚落空间与功能的讨论，研究剖析不同时期、不同尺度的传统聚落应对地区土地资源、水资源、气候资源、建材资源等方面的营建实例。

（4）宁夏传统聚落的民居营建

从民居形态出发，系统总结回应地域资源、适应地区文化的聚落营建规律与适宜技术。传统聚落民居营建规律包括：窑洞、堡寨、高房子、土坯房、木构民居等多种形态并存。院落空间特征包括：坐北朝南、接受阳光、防寒布局；高围墙、防风沙、绿院落。就地取材适宜技术包括：生土墙体夯筑技术、土坯制造技术、土坯砌筑技术、屋顶构造技术及生土墙体防潮技术。

（5）传统聚落可持续发展路径

整合以上研究成果，结合传统聚落面对今天的快速城镇化、生产方式、生活方式的剧烈变化的前提下，在认真分析原有乡土聚落优势的基础上，积极探索传统聚落营建技术的提升与优化途径，为当前地区乡村聚落的可持续发展及生态移民新村的科学建设提供借鉴。

2020年10月28日

目 录

序 一

序 二

前 言

第一章 宁夏自然生态与人文环境

第一节 地理气候与生态环境 —— 002
 一、地理区位 —— 002
 二、气候条件 —— 004
 三、生态环境 —— 005

第二节 历史沿革与多元文化 —— 010
 一、建制历史沿革 —— 010
 二、文化生成背景 —— 013
 三、多元融汇发展 —— 016

第二章 宁夏传统聚落的历史演变

第一节 传统聚落概述 —— 028
 一、聚落概念 —— 028
 二、传统聚落内涵 —— 029

第二节 宁夏传统聚落的历史脉络 —— 031
 一、原始聚落群沿河流线形分布 —— 031
 二、游牧部落居无定所 —— 033
 三、各民族杂居的格局 —— 034

 四、"城—寨—堡"军政聚落体系 —— 037
 五、回族聚落的形成与重构 —— 039

第三节 传统聚落的演变特征 —— 041
 一、原始聚落选址 —— 041
 二、原始聚落构筑 —— 043
 三、城出现、乡没落 —— 046
 四、屯垦戍边的乡土聚落 —— 048
 五、土木为材的聚落营建 —— 054

第四节 传统聚落形态的演变机制 —— 057
 一、聚落形态构成要素 —— 057
 二、聚落分布形态特征 —— 057
 三、聚落形态演变机制 —— 063

第三章 宁夏传统聚落选址与布局

第一节 聚落的空间分布格局 —— 068
 一、北部银川平原传统聚落 —— 068
 二、中部台地山地山间平原传统聚落 - 069
 三、南部黄土高原及六盘山地传统聚落 —— 074

第二节 聚落选址与空间布局的自然因素 - 076
 一、水资源 —— 076

二、土地资源 —— 084
三、地形地貌 —— 096
四、小气候 —— 107
第三节 聚落选址与空间布局的社会因素 - 127
一、制度因素 —— 127
二、"天人合一"生态观 —— 135
三、交通因素 —— 135

第四章 宁夏传统聚落形态与空间

第一节 聚落形态与特征 —— 150
一、集聚组团型 —— 150
二、带状"一"字型 —— 154
三、核心放射型 —— 157
四、串珠状自由型 —— 159
五、散点蔓延型 —— 160
第二节 聚落空间与功能 —— 162
一、聚落道路系统 —— 162
二、聚落节点景观 —— 169
三、聚落区域构成 —— 172
四、聚落边界围合 —— 183
五、聚落标志物 —— 184

第五章 宁夏传统聚落的民居营建

第一节 民居形态与院落空间 —— 194
一、传统民居形态 —— 194
二、传统民居院落空间 —— 211
第二节 就地取材的传统民居 —— 213
一、地方建筑材料 —— 214
二、以"土"为主营建聚落 —— 214
第三节 回应气候的智慧民居 —— 220
一、降雨与屋顶形态 —— 220
二、气温与民居保温 —— 222
三、聚落采光 —— 228
四、风沙与聚落抗风 —— 230
第四节 传统生土建造技术 —— 231
一、生土墙体夯筑技术 —— 231
二、土坯制造技术 —— 232
三、土坯砌筑技术 —— 232
四、屋顶构造技术 —— 232
五、生土墙体防潮技术 —— 233

第六章 宁夏传统聚落可持续发展路径

第一节 传统聚落面临的问题 —— 236
一、人居环境亟待改进 —— 236

二、传统村落抗灾能力亟待提升 —— 241

三、传统聚落保护规划与利用技术存在的问题 —— 247

第二节 传统村落的传承与更新 —— 247

一、传统村落更新原则 —— 249

二、以村落资源利用为核心的更新体系 —— 251

三、以循环农业为核心的农村绿色社区规划 —— 260

四、以土地资源、水资源高效利用为核心的聚落更新 —— 262

第三节 传统村落移民村庄的规划建设 —— 265

一、移民村庄建设的基本前提 —— 265

二、结合产业布局的村庄规划 —— 266

三、结合现代生产生活的居住空间 —— 269

索　引 —— 279

参考文献 —— 280

后　记 —— 284

第一节　地理气候与生态环境

在中国历史上，宁夏是较早开发的地区，也是华夏文明的发祥地之一。南部彭阳县姚河村、北部灵武市水洞沟文明，体现了人类早期的发展历史。宁夏的地理位置有其独特意义，一是六盘山、贺兰山屹立南北，成为关中平原北上西出的屏障；黄河穿越宁夏平原，泾水、清水河南北相连，这种自然地理的格局，显示了其承载的特殊历史时空。二是以"丝绸之路"为桥梁和纽带，在与西域、北方草原及其周边的连接层面上，所产生的交融汇聚作用。这种特殊的地理空间，为宁夏历史发展和多元文化的积淀繁荣提供了特殊的环境，创造了独有的条件。

据2016年的统计数据：宁夏回族自治区有101个建制镇，92个乡，2284个行政村，14406个自然村，乡村户籍人口占全区总人口近61%，乡村常住人口300多万，占全区总人口近48%，乡村平均每户常住人口约4.38人。行政村村庄平均人口为1385人，自然村村庄平均人口为216人。从全国来看，宁夏村庄人口规模相对较小。部分新建村庄的村落布局与建筑风格有趋同化、模式化现象，对村庄人脉和文脉的延续和保护关注较少，行列式、联排式布局破坏了村庄原有肌理和农村传统自然风貌。

一、地理区位

宁夏回族自治区位于祖国的西北内陆，北、西北、东北与内蒙古自治区相连，南、西南、东南与甘肃省接壤，东与陕西省毗邻，地理坐标为东经104°17′~107°39′，北纬35°14′~39°23′。宁夏国土面积约6.64万平方公里，两头尖、中间大，东西最宽处约250公里，南北长约456公里，现自治区辖5个地级市、2个县级市和11个县（图1-1-1）。

图1-1-1　宁夏地貌

图1-1-2 银川平原地形地貌

宁夏地处中国东部季风区、西北干旱区和青藏高原区三大自然区域的交汇地带。这种特殊的地理位置，造成宁夏自然环境具有显著的过渡性、复杂性和不均衡性。同时处于地貌三大阶梯中一、二级阶梯过渡地带，地形南北狭长，地势南高北低，地表形态复杂多样，境内有较为高峻的山地和广泛分布的丘陵，也有经黄河冲积而成的冲积平原。自北向南依次为贺兰山脉、宁夏平原、鄂尔多斯高原、黄土高原、六盘山地等。这种独特的自然地理位置，决定了其自然地理环境具有明显的过渡性、干旱性，以及多样性、脆弱性等特点，从而深刻影响地区乡村聚落的演变、分布、形态、空间结构及其发展。

宁夏北部，是辽阔的银川平原，银川平原位于贺兰山与鄂尔多斯高原之间，地质构造上为断陷盆地，经黄河及平原湖沼长期淤积而成。自青铜峡至石嘴山之间，包括山前的洪积平原，东西宽10～50公里，南北长165公里，面积7000余平方公里。海拔1100～1200米，自南向北缓缓倾斜，地面坡降0.6‰～1‰不等。由于地势平坦，土层深厚，引水方便，利于自流灌溉。黄河由西南向东北斜贯银川平原全境，腾格里沙漠、毛乌素沙漠、乌兰布和沙漠从西、北、东三面包围着这块绿洲，面积广阔、地势平坦，沿黄河两岸是几百万亩肥沃土地的引黄灌区，素有"塞上江南"之称。自2000多年前，借助得天独厚的地理条件，于先秦、西汉时代就在银川平原上引灌黄河水，在引黄灌溉初期就开辟出秦渠、汉渠、汉延渠、唐徕渠等九条主干渠，开辟了银川平原采用无坝引水灌溉体系的历史。而在这些人工开凿的水道沿线出现了各种类型的聚落，同时这些聚落沿着水道分布与展开。古灵州、西夏时期的兴庆府等重要城池皆选址于此，农耕民族灌溉文明和游牧民族文化影响下的传统聚落广泛分布其中（图1-1-2）。

宁夏南部山区，位于黄土高原的西北边缘，海拔在1500～2000米之间，地貌以黄土覆盖的丘陵沟壑区为主。清水河从北到南纵贯全境，土层深厚、土质肥沃，是我国早期农业和古代文明的孕育地之一。六盘山主峰以南，流水切割作用显著，地势起伏较大，山高沟深。六盘山以北的地区，由于降水少，流水对地表切割作用较小，除少数突出于黄土瀚海之上、状如孤岛的山峰之外，一般为起伏不大的低丘浅谷，又被称为"宁南黄土丘陵"，相对高度在150米左右。凡有河流流过的地方，经河流的冲积，形成较宽阔的河谷山地，宜于发展农业生产，是重要的粮油产地。这里是宁夏回族主要聚居地区，又是史称"八郡之肩背，三镇之要膂"之地。宁南地区以丝绸之路

图1-1-3 宁夏南部地形地貌

重镇——原州为中心形成古文化聚集区,分布着大量石窟建筑、陵墓建筑、古代军事城堡,以及大量由农耕文明和游牧文化交融孕育发展的传统聚落(图1-1-3)。

二、气候条件

在中国自然区划中,宁夏跨东部季风区域和西北干旱区域,西南靠近青藏高寒区域,地势南高北低,气候南凉北暖、南湿北干。南部属黄土丘陵和六盘山地,为温带半干旱区和温带半湿润区。中部为灵盐台地、山地和山间平原,北部为平原和贺兰山地,均属温带干旱区。

宁夏气候受地形地势、季风影响程度的不同,南北地区差异性显著。冬季寒冷且时间长,夏季暑热时间短,全年日照时间长且太阳辐射强。地区内昼夜温差大,大部分地区昼夜温差一般可达12~15℃。地区干旱少雨,年均降水量167~677毫米,降水年际、年内分配极不均匀,降水量自南向北从677毫米至167毫米依次衰减,全区有2/3以上地区年降水量小于400毫米,年均温则由5.7℃(泾源)上升为9.4℃(大武口),而蒸发量自南向北从1200毫米至2800毫米逐渐增加,干燥度大部分地区大于2,有一半以上地区大于3。

在宁夏境内自然、气候条件不同的区域内,古代劳动人民因地制宜、因材致用,创造了不同形态、不同结构和不同风貌的传统聚落。宁夏北部黄河灌区由于肥沃的土地较适宜进行农业生产,原始人类从旧石器时代晚期就开始在这里定居,发展农业,成为中华远古文明的发源地之一,灌溉农业为主要生产方式的

图1-1-4 宁夏平原乡村聚落

传统聚落遍布黄河两岸。宁夏中部干旱荒漠区的农牧交错区生态脆弱，虽经长久移民开发，仍表现出聚落稀疏、人口稀少的特征。南部地区气候相对湿润，六盘山山地、坡地、半山半坡聚落成就了丰富多变的传统聚落形态。

宁夏中北部特殊的地质、地貌、气候条件、历史发展进程，在很大程度上决定了这一地区的民居建筑的结构、形制、空间，使得这一地区的民居建筑富有极强的地域性乡土特色。同时，它的分布具有带状分布的特征。在历史各因素的影响下，这一地区较早地接受汉农耕文化，当地居民开始在低海拔适宜耕种之地开垦农田并定居生活。在农耕文化的影响下，当地居民开始对有限耕地珍惜，致使聚落布局紧凑，沿黄河两岸成带形布置，使得大片肥沃的土地得到了有效的利用。在这一地区中干旱区域所覆盖的范围比较大的情况下，这种做法合理有效地利用了有限的土地。

宁夏南部地区受到气候条件和地形地貌的影响，这一区域依山就势，沿着黄河的一级支流广泛分布着大量传统聚落，民居则以汉族、回族民居为主，民居类型十分丰富，就地取材，物尽其用，受当地汉、回建筑文化的影响，他们的民居形制在空间组织、布局、细部装饰上与其他各地的民居均有所不同（图1-1-4）。

三、生态环境

（一）中部和北部地区

宁夏中部干旱带地区（东经104°17′~107°39′，北纬36°54′~38°23′），位于六盘山地以北，黄河灌区以南，行政区域包括宁夏盐池县、同心县、海原县、红寺堡区等10个县（区），91个乡镇，土地总面积约2.54万平方公里，占宁夏全区土地总面积和草原面积的52%和63%。该区年降水量300毫米左右，平均海拔1100～1600米，处于毛乌素沙地和腾格里沙漠的边缘，具有干旱与半干旱的农牧交错区的生态和生产特征，脆弱的生态环境一直是制约该区发展的主要因素。

宁夏北部地区黄河两岸早在旧石器时代（距今3万年）就有人类活动。灵武水洞沟遗址表明，该地区当时是一个气候较为温湿、灌木丛生的草原环境，分布着较多的河湖沼泽和草甸。当时古人类生活以狩猎采集为主，对自然界是完全依附和依赖的关系。

距今四五千年前，宁夏北部处在全新世气候适宜期，温暖湿润，故新石器时期文化遗址遍布宁夏南北广大地区。北部草原地带出现了细石器文化，贺兰县暖泉细石器文化遗址，已有方形浅地穴式房址，表明这一时期当地先民开始了定居生活。该遗址地处贺兰山山前地带，是森林和草原的交接地带，水源方便，也便于人类采集和狩猎，人类已利用天然草场养畜，利用黏土烧制陶器。

从商到周，西戎部落遍及宁夏南北，西戎"所居无常，依随水草，地少五谷，以户牧为业"。西周末年，宁夏境内戎狄聚居。战争、猃狁的迁入、农业的初期开发，已开始触及和改变原始生态环境。

西汉时期，宁夏北部平原得到了充分的开垦，灌溉农业生态环境成为地区人类生存和发展的主要途径，银川平原北部以及贺兰山东麓为天然牧场。西汉前期的这种开发现状，虽然山林和草场已遭到了一定程度的砍伐，加之又是农牧并举，在移民的认真经营下，生态环境并未遭到较大的破坏。

隋唐时期，气候再次进入温暖时期，为农牧业和社会的大发展提供了自然条件。在宁夏北部的灵州，内迁的各族皆习畜牧，仍因其旧俗，同样有利于生态的恢复

图1-1-5 "塞上江南"产水稻

和发展。随着农业生产水平的提高，灌溉农业发展也达到了一个新的高度。前朝的旧渠不仅得到了修复，同时还扩建了渠道，灌区与灌溉农业向宁夏平原的中北部发展，水稻等作物在宁夏平原大面积种植，故此出现了"塞上江南"（图1-1-5）。

北宋与西夏的战争，对宁夏境内原有的森林和草场的毁坏极为严重。宁夏北部为西夏都城所在地，境内大兴土木，封建割据王朝的建立与长年战争，加之人为砍伐程度加大，致使生态环境受到不同程度的影响和破坏。元朝在宁夏实施了军屯与移民屯垦相结合的政策，大量的汉族进入宁夏平原开发农业，在官府的组织下，修建了唐徕渠、汉延渠等12条干渠，形成了完善的灌溉系统，灌区农业进入了一个新的发展阶段（图1-1-6、图1-1-7）。

明代前期，宁夏北部贺兰山一带保存有一定规模的林区，明代后期，宁夏平原地区绿洲农牧业生态环

图1-1-6 青铜峡水渠

图1-1-7 永宁县水系图

图例
— 渠道
— 排水沟
--- 干沟及时令河
▨ 黄河及湖泊
◎ 乡、镇、农林牧场驻地
○ 生产队及村庄

境向良性发展，而中南部地区人地关系已开始趋向恶化。清朝初年，宁夏北部地区继续发展灌溉农业，中部干旱地区的荒漠草原逐渐变为旱作农业区，改变了秦以来的农牧混合经济状态，使得当地生态环境遭到一定程度的破坏。清中叶以后，由于移民和土地的大规模开发，导致宁夏北部和中部地区人口剧增，土地沙漠化扩大，河流等水文条件恶化，干旱程度明显加大，自然灾害频繁，生态环境日趋恶化（图1-1-8、图1-1-9）。

（二）南部地区

新石器时代固原一带水源充足，六盘山下"朝那湫"是古代著名的湖泊，泾水、清水河的流量也远比现在大。地处黄河中游的六盘山、陇山被森林、草地所覆盖，到处郁郁葱葱。

西周时期，宁夏南部黄河支流清水河、泾河流域水量充沛，森林资源十分丰富，"夫周，高山、广川、大薮也，故能生是良材"①。宁夏南部地区居住有鬼方、戎狄等少数民族部落。

秦朝在南部固原境内设置乌氏县后，宁夏南部成为畜牧业基地和集散地。秦始皇统一六国之后，派大将蒙恬率大兵向北推进，在北部河套平原、鄂尔多斯高原及陕北等地设置44县（一说34县）屯田开发，这里包括宁夏全境。但是这种大规模的开发持续时间不长。因此，西汉初年黄土高原人为的耕垦活动对生态造成的影响较小，自然植被保存较好，水土流失与沙化现象轻微，直到唐代初年。

隋唐时期，西北的突厥、回纥、吐蕃、党项等民族强盛，宁夏作为当时的重要边镇，受到特别重视，宁夏南部地区以养马为中心的畜牧业有了新的发展。唐前期，以固原原州区为中心的宁夏南部地区成为全国养马业中心，据《唐书·地理志》记载推算，宁夏南部地区唐天宝元年（公元742年）人口达四万六千多人，比唐贞观十三年（公元639年）时的一万余人增加了两倍多。可以推断当时宁夏南部地区的自然环境较好，已经吸引了较多人口聚居。

在北宋与西夏的战争中宁夏南部森林受到较多的破坏，但清水河流域"地宽，美水草"，今西吉、隆德县境内"土地饶沃，生齿繁多"②，大小罗山直到韦州，也"水甘土沃，有良木薪秸之利"③，可以推断当时宁夏南部地区的自然环境尚未恶化。明代重视养马，农民也是养马户。六盘山森林此时受到畜牧业、农垦业和建筑伐木业等几重影响，北段已成为濯濯童山。清代后期，关中回民被强行迁入山深林密的化平县（今泾源县）等地，为求温饱，他们只得毁林开荒、伐木烧炭，六盘山深部森林也开始受到严重破坏。

无论是宁夏中北部还是宁南山区，生态环境系统在早期人为活动极少干预的自然状态下，曾是林木繁盛、水草丰茂、禽兽繁多的一种良性循环系统。人类大规模、无节制、掠夺性的开发和利用破坏了这种平衡和良性循环机制，使其变为脆弱的临界状态，并发展为滚雪球式或雪崩式单向恶性发展的局面，此时的自然发展已是一个不断恶化的过程。在未来环境变迁中，存在着诸多的促使生态环境恶化的潜在因素，如黄土基层的疏松多孔、千沟万壑的山地地貌、干旱而降雨集中的气候、稀疏的植被、快速增长的人口以及低下的人口素质等，且这些因素大部分难以逆转。乡村聚落分布格局也因生态环境的变化呈现由特困区、灾害区、水库淹没区等向外迁出的特征（图1-1-10）。

---

① 《周语》下。
② 《武经总要》前集卷一八。
③ 《宋史·郑文宝传》。

图1-1-8 中部荒漠草原

图1-1-9 水土流失的冲沟

图1-1-10 水库旁废弃的聚落

第二节 历史沿革与多元文化

一、建制历史沿革

宁夏历史久远，北部的灵武市水洞沟和南部的彭阳县香炉嘴等旧石器时代晚期文化遗址的发现，表明远在3万年前宁夏境内就有人类活动。进入新石器时代，宁夏北部地区普遍分布着以细小打制石器为特征的草原游牧文化，南部除具有地域特征明显的菜园文化以外，还有仰韶文化、马家窑文化和齐家文化（图1-2-1、图1-2-2）。

从殷商到周，北方游牧民族土方族，西方的戎、羌，北狄中的猃狁、义渠戎等民族都曾在宁夏活动。春秋战国时期，"西戎八国"中的朐衍、乌氏、义渠戎聚居于宁夏北部和南部。秦昭襄王三十五年（公元前272年），秦灭义渠，"筑长城以拒胡"，宁夏南部纳入秦国版图。秦代，宁夏属北地郡，境内分设乌氏、朝那、富平等县。

图1-2-1　宁夏灵武水洞沟旧石器时代遗址

图1-2-2　海原县菜园遗址

汉代，宁夏分属安定郡、北地郡，设有灵州、富平、朐衍、廉县、朝那、高平、乌氏、朐卷、三水等县，驻兵屯田，成为防御匈奴南进的重要基地（图1-2-3）。

北魏时宁夏南北分设原州（高平镇）和灵州（薄骨律镇）两镇。

唐分全国为十道，宁夏属关内道，设有原州和灵州，下辖高平、百泉、萧关、回乐、弘静、怀远、鸣沙等县（图1-2-4）。

1038年，党项族首领元昊在宁夏建立大夏国，历史上称为西夏。西夏以兴庆府（今银川市）为国都。除

图1-2-3 固原出土汉代瓦当

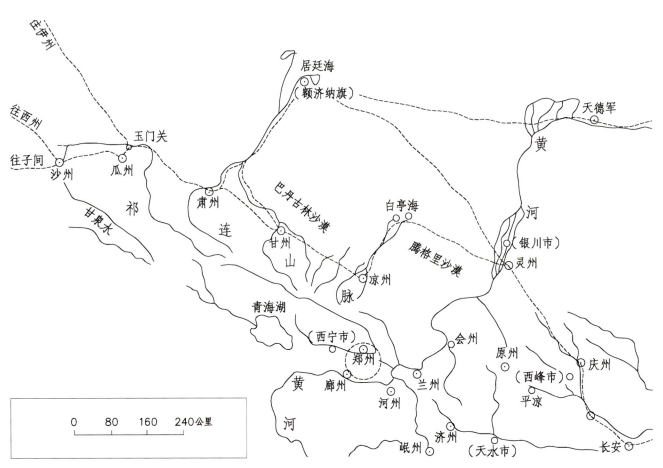

图1-2-4 晚唐五代宋初的灵州道

南部为宋、金的镇戎州外，全为西夏所据。

1227年西夏为蒙古国所灭，元至元二十五年（1288年）设宁夏路总管府，下设灵州、鸣沙、应理等州，于是始有"宁夏"之称。

明代设宁夏镇、固原州，同是"九边重镇"（图1-2-5、图1-2-6）。

清代为宁夏府。民国初年改为朔方道（图1-2-7～图1-2-9）。

1928年设宁夏省。1949年9月23日宁夏解放。1954年，宁夏省撤销并入甘肃省。1958年10月25日，宁夏回族自治区成立。

二、文化生成背景

宁夏地区具有悠久的历史文化，早在3万年前的旧石器时代晚期，人类就在宁夏这块土地上繁衍生息。灵武市水洞沟发现的旧石器时代晚期人类活动的遗址和遗物，表明宁夏是中华民族远古文明的发祥地之一。

宁夏地处北方草原与黄土高原、游牧文化与农耕文化的过渡地带，又是东部华夏民族和西部少数民族接壤的地区，这一独特的地理位置，形成了宁夏古代文化多样性和兼容性的特点。历史上的宁夏地区一直是众多民族交往、流动和定居驻牧的地区，是北方游牧民族与中原农耕民族相互联系和交往的地区，各个民族对于宁夏

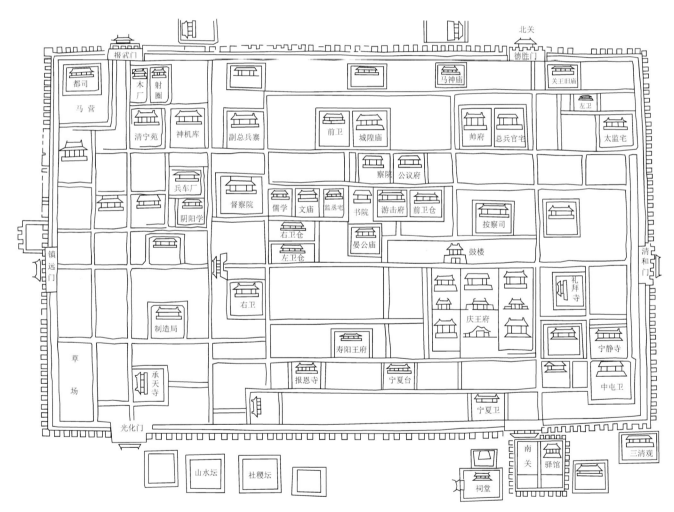

图1-2-5　明代宁夏城图

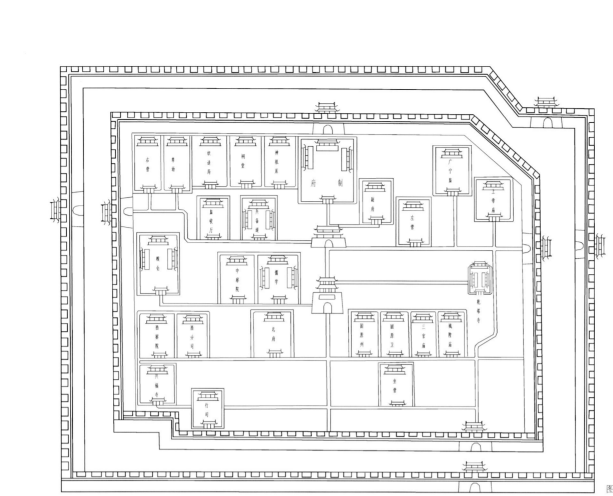

图1-2-6 明代固原州城图

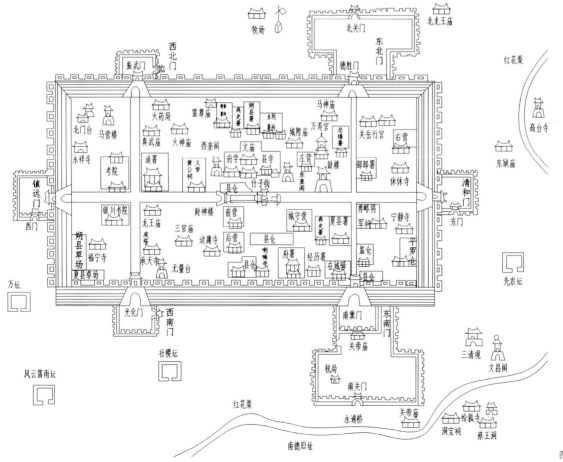

图1-2-7 清代宁夏城图

014

图1-2-8 清乾隆中卫县全图

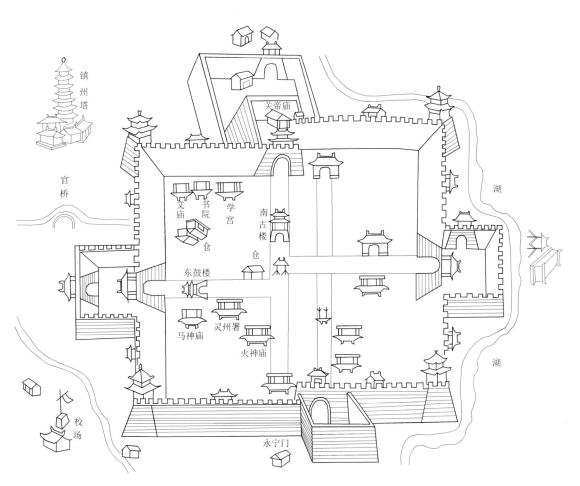

图1-2-9 清嘉庆灵州县城图

地区的开发和建设都作出过自己的贡献。草原文化和农耕文化在这一地区碰撞、交流,互相吸收和补充,形成了具有鲜明特色的多元文化结构,留下了丰富的历史文化遗迹。

宁夏地区文化赖以生存的自然地理环境是比较特殊的。南部的六盘山和北部的贺兰山是全境主要山脉,两山南北贯通,成为关中西越宁夏的一道屏障。南部固原正处于黄土高原边缘,与关中相衔接,是丝绸之路沿边的重要都会;北部宁夏平原与蒙古高原的边缘鄂尔多斯台地相接。黄河穿宁夏平原而过,西高东低便于黄河水自流灌溉,形成阡陌相连的塞上江南气象,造就了独特的"天下黄河富宁夏"的自然格局。在这样一个地理空间里,宁夏平原黄河灌溉区除历代战争影响外,基本是传统农业区;南部属半农半牧区。著名的丝绸之路穿宁夏南北而过,不但浸润了原州、灵州这样的历史名城,而且将中西文化相结合的文化结晶留在了境内沿线。

1983年出土于固原市原州区南郊乡深沟村李贤夫妇合葬墓中的北周天和四年(公元569年)鎏金银壶就是通过丝绸之路流传到我国的中亚风格的稀世珍宝。六盘山以东的庆阳,是周祖文化的发祥地;六盘山以南的陕西宝鸡,是神农炎帝的发祥地,也是周文化形成和发展的地方;六盘山以西的天水,是伏羲文化的发祥地。固原正处在这三大文化板块融汇并向北延伸的边缘。因此,早期地域意义上的周祖文化、神农炎帝文化、伏羲文化对宁夏(尤其是南部固原)历史文化的生成有着直接而深远的影响(图1-2-10、图1-2-11)。

三、多元融汇发展

(一)多民族融合

人口是文化的载体也是文化的创造主体。人口构成是指拥有不同文化背景和经济基础的各种人口群体的组

图1-2-10 固原出土北周鎏金银壶

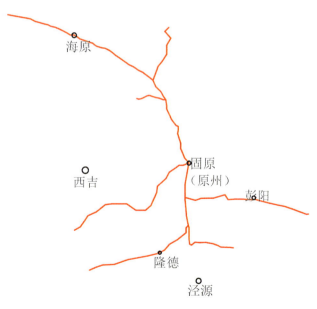

图1-2-11 丝绸之路在固原线路

合。宁夏人口的构成，早期包括历史上因战争等各种原因自然南下进入的北方少数民族，以及中原政权对境内的政治性、军事性、经济性移民。

宁夏地区自古以来就是多民族频繁迁徙之地，从周代至明清，历代都因各种原因不断有移民迁入、迁出（表1-2-1）。周代至明清、民国，宁夏地区移民的迁移原因大致可分为四类：①战争、军事防御；②畜牧基地形成；③马政；④民族政策强制移民。移民的迁出地大多是青海、河西走廊、中亚、西亚、陕西、山西、新疆、东北、江浙等地。迁入地主要集中在南部腹地的固原、六盘山区及泾源县为代表的六盘山丘陵沟壑区。对宁夏当地文化的影响表现为游牧文化与农耕文化的融合、秦汉畜牧经济的发展、隋唐成为军事基地、宋代堡寨林立、元代伊斯兰教的传入、佛教等文化的融合至明清回族聚落"大分散、小聚居"分布格局的形成。

宁夏地区历代人口迁移表　　　　表1-2-1

时期	迁移原因	民族及组成	迁出地	迁入地	影响因素
周	战争、军事防御，怀柔政策同化异族	犬戎等游牧民族	大原（今固原）	六盘山地区	游牧文化首次融入农耕文化
秦汉	移民实边，建立养马苑，开发西海固地区为抗击匈奴的军事据点	中原流民、羌族等少数民族	关中一带，青海、河西走廊	固原	军事地位的奠定，畜牧经济发展，民风尚武
隋唐	军事防御，畜牧基地，丝绸之路的开辟	中亚商人、突厥等少数民族	中亚、新疆	固原	成为军事重地；中西文化交融，引进先进的耕作技术，商贸发达
宋	军屯、民屯、商屯；流放罪犯；战争	中原流民、商人、仕官、女真族		固原	军事重地；堡寨林立，民风尚武
元	战争迁移、军事防御、自发迁移	蒙古族、中亚、西亚、回族、南人	河北、山西、山东、辽西、辽东、北京、陕西、中亚、西亚、江浙	六盘山地区	伊斯兰教传入，回族初步形成；中西、南北文化融汇，宗教盛行
明	军事防御、战争迁移、屯垦、养马基地、仕官任职	蒙古族、回族	西域、安徽、江苏、江西、浙江、陕西	六盘山地区	回族聚居区基本形成
清、民国	民族压迫政策强制移民，军屯、回民起义	回族、满族	陕西、东北	以泾源县为主的六盘山沟壑区	绿营兵制，兵多民少，民风尚武；回族"大分散、小聚合"聚居格局形成

（来源：根据徐兴亚著《西海固通史》相关论述整理。）

从商周至明清的几千年间，各少数民族就在六盘山区、清水河沿岸耕牧。宁夏境内历代都有大量的混居民族聚落（表1-2-2）。西周时期的主要民族是义渠戎、乌氏戎、朐衍戎；魏晋南北朝时期先后进入宁夏地区的则有汉、匈奴、敕勒、羯、鲜卑、羌、氐、柔然等民族；隋唐时期又有东突厥、吐谷浑、吐蕃、薛延陀、回纥、党项等民族进入宁夏。五代至宋夏汉、党项、吐蕃、鞑靼、女真等民族在宁夏境内居住；元代由蒙古族和中亚、西亚东来的许多民族进入宁夏；明代以后则以回、汉两个民族为主；清代，满族又成为宁夏新的少数民族。

宁夏境内历代主要民族一览表　　表1-2-2

朝代	主要民族
商	西戎（鬼方、猃狁）
周	义渠戎、乌氏戎、朐衍戎
秦汉	汉、匈奴、月氏、羌
魏晋南北朝	汉、匈奴、鲜卑、羌、氐、羯、敕勒、柔然
隋唐	汉、东突厥、薛延陀、敕勒、回纥、吐蕃、吐谷浑、党项
五代宋西夏	汉、党项、吐蕃、鞑靼、女真
元明	汉、回、蒙古
清、民国	汉、回、满、蒙古

（来源：根据陈明猷所著《宁夏古代历史特点初探》整理。）

目前，宁夏各民族人口的分布特征为：①回汉两大民族人口"大混居、小聚居"。汉族主要分布在各市县乡（镇），聚居在经济、文化、交通等较发达的城镇和乡村。回族在"小聚居、交错混居"的同时，人口多分布于交通不发达，经济、文化较为落后的边远区域，以中部的吴忠市和南部西海固地区最为集中。②其他少数民族人口以"散居、混居"为主。满族、蒙古族、东乡族等41个散居、混居少数民族主要分布在银川市、石嘴山市、吴忠市、固原市、中卫市等区域，主要与汉族混居，也有少数信仰伊斯兰教的民族与回族混居。

（二）边疆军事文化

宁夏自古便是边疆地区，自先秦以来，境内每个朝代都有大量的军队驻防、御边、屯田，军事与战争的文化伴随着宁夏南部数千年的历史进程。同时，宁夏素有"地上长城博物馆"之美誉，境内现存长城遗迹遗存丰富，种类繁多，时间跨度长，有战国秦长城、隋长城、宋壕堑、西长城、旧北长城、北长城、陶乐长堤、头道边、二道边、固原内边等，可见墙体近千公里，辅助设施2000多个（图1-2-12～图1-2-15）。

据《汉书·地理志》记载：当地汉族居民因"皆逼近戎狄，修习战备，高上气力，以射猎为先"，故多出骑士。西汉时期有"使五家为伍，伍有长；十长一里，里有假士；四里一连，连有假五百（帅员）；十连一邑，邑有邑侯；皆择其邑之贤材获习地形知民心者，居则习民于射法，出则教民于应敌。"[1]北宋西夏对峙时期，北宋对宁夏这样的极边地区实行军政体制，使得这一地区军、城、堡、寨、关遍布全境。大量的城、堡建筑遗址遗留至今，据不完全统计宁夏现存的堡寨数量超过300个。同时由于军事文化的影响使得当地城、镇命名都具有军事色彩，例如固原的"头营""大营""三营镇""七营""瓦营""萧关"等（图1-2-16～图1-2-18）。

---

[1] 《汉书·袁盎晁错传》。

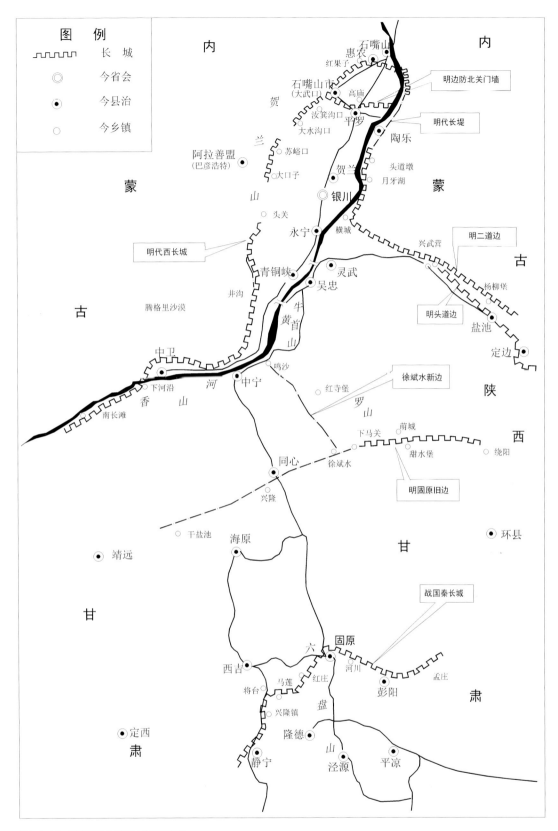

图1-2-12 宁夏历代长城遗址分布示意图

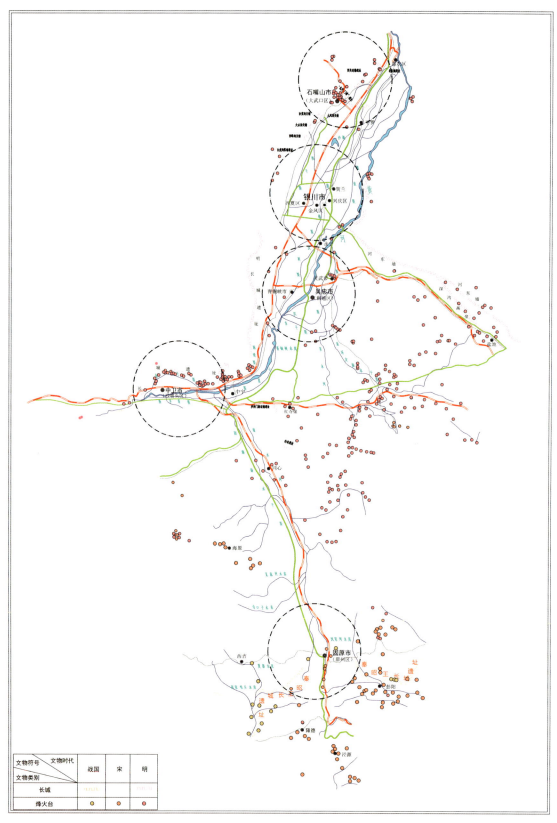

图1-2-13 宁夏长城遗址示意图

图1-2-14 石嘴山市旧北长城

图1-2-15 宁夏境内长城烽燧

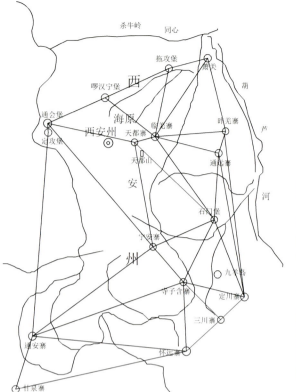

图1-2-16 宋代海原堡寨防御关系图

图1-2-17 固原大营古城

图1-2-18 银川镇北堡

022

（三）多元宗教及民间信仰

宁夏地区主要的宗教以及民间信仰的建筑景观有儒家孔庙、佛教寺院、道教宫观、伊斯兰教清真寺、基督教堂、天主教堂以及一般民间信仰庙坛等。汉族中的部分群众信仰儒家、佛教、道教、基督教、天主教。回族、维吾尔族、东乡族、哈萨克族、撒拉族和保安族群众信奉伊斯兰教（图1-2-19～图1-2-24）。

不同历史时期传入宁夏的各种宗教，反映了区域文化特征。作为宁夏南部腹地的固原（六盘山地区）是中华文明重要的发祥地之一，是周祖文化、神农炎帝文化以及伏羲文化三大文化板块融汇地区，是典型农牧兼重的文化类型。儒家信仰从汉武帝时代开始在全国范围内传播和推广，至今固原及其周边的宁夏南部地区都深受影响。从固原历代城图可以看到，孔庙、文庙是必备的形制。北魏时期，固原地区就是丝绸之路中段北路重镇，因而成为佛教传入关中、中原地区的重要通道。由此产生了西北历史上最早的大型佛教建筑——固原须弥山石窟。道教作为中国土生土长的宗教体系，宋代以后在中原地区有了很大的发展，今天同心县的莲花山道观依然成为当地及其周边地区重要的道教圣地。每年重要的道教节日，这里都聚集了大量的信众前来上香。随着回回、蒙古人口的逐渐迁入，元代伊斯兰教在宁夏南部地区开始广泛而深入地传播与发展，宁夏南部地区开始有大规模的回族聚落产生，形成"元时回回遍天下"的局面。

佛教、伊斯兰教、道教等多种宗教场所共处同一区域的现象在宁夏较为常见。例如，在贺兰山滚钟口不大的山坡上就有伊斯兰教的拱北、清真寺和佛教观音寺及道观贺兰庙三教场所共处，和谐共存并相安无事，甚至互相帮助的现象。这种多种宗教文化共存的现象反映了自古以来宁夏地区就是多民族多宗教信仰的地区，民族融合甚至宗教融合是本地区多元文化的重要特征（图1-2-25～图1-2-27）。

图1-2-19 大武口武当庙

图1-2-20 银川玉皇阁

图1-2-21 海原九彩坪拱北

图1-2-22 银川天主教堂　　图1-2-23 牛首山寺庙群道教建筑

图1-2-24 永宁纳家户清真寺

图1-2-25 贺兰山拜寺口双塔

图1-2-26 儒释道三教合一的中卫高庙

图1-2-27 贺兰山滚钟口一墙之隔的清真寺和佛寺

第一节 传统聚落概述

一、聚落概念

"聚落"一词至少在汉代就已出现。《史记·五帝本纪》载:"一年而所居成聚,二年成邑,三年成都。"这里的聚,指人类聚居的一个空间规模单位——村落,有别于邑和都。《汉书·沟洫志》载:"或久无害,稍筑宅室,随成聚落"。对于聚落的研究涉及多个学科,各个学科领域对聚落的定义也各有侧重。

《汉语大词典》中的"村落",人们聚居处。《辞海》中的"聚",有村落、会集、积聚的意思。而"落",则是人聚居的地方,并引《汉书·仇览传》:"庐落整顿";《广雅》:"落,居也。案今人谓院为落也。"《辞源》中的"聚",村落也,为人所聚居,故曰聚。而"落",则是"人所聚居之处"。如部落、墟落、聚落、村落。南朝梁时沈约的《齐故安陆昭王碑文》有"倾巢举落,望德如归"。

聚落泛指人们聚居的地方,乡村聚落指在一定的地域范围内从事与农业、农副业生产密切相关的聚居空间现象。李晓峰认为:聚落是在一定地域内发生的社会活动、社会关系、特定的生活方式,以及由共同成员的人群所组成的相对独立的地域社会。聚居空间亦即聚落空间,通常包括生产、生活及偶尔聚集的空间。

村是聚落的一种形态。村的形成和发展有两大因素至关重要,一是地缘,二是血缘。地缘决定生存条件和环境,血缘则关乎村的凝聚力和子孙后代的发展,体现了古人重视追求人与自然关系的和谐。传统聚落是那些历史悠久、遗存雄厚、文化典型的聚落。在漫长的历史变迁与现代化冲击下,这类聚落正处于急速消失的过程中,但它们是中华民族决不能丢失、失不再来的根性的遗产,是蕴藏着中华民族基因与凝聚力的"最后的家园",是五千年文明活态的人文硕果。为此冯骥才先生曾在《人民日报》撰文特别指出,传统聚落既不是物质文化遗产又不完全是非物质文化遗产,它是两种遗产的结合,是中国非物质文化遗产最后的堡垒,是中国民族根性的文化。保护传统聚落就是保护中华民族最宝贵的物质和非物质文化遗产。传统聚落的保护又不同于以往的任何一种文化遗产保护,因为还有大量的村民居住其中,所以聚落的保护工作必须考虑到居住其中的村民的生产生活,需要注意其活态性和人文性。

当前在中国244.9万个自然村中居住着5.77亿人口。近年来,随着城镇化、工业化进程的快速推进,传统聚落衰落、消失的困境日益加剧,加强传统聚落保护与发展迫在眉睫。为推动传统聚落的保护与发展,住房和城乡建设部、文化部、财政部于2012年共同开展了"中国传统村落名录"的创建工作,截至2019年,已认定五批共6819个传统村落。国家新型城镇化规划(2014—2020年)第二十二章专门就建设社会主义新农村提出了要求:坚持遵循自然规律和城乡空间差异化发展原则,科学规划县域村镇体系,统筹安排农村基础设施建设和社会事业发展,建设农民幸福生活的美好家园。并且清楚地指出要适应农村人口转移和村庄变化的新形势,科学编制县域村镇体系规划和镇、乡、村庄规划,建设各具特色的美丽乡村。按照发展中心村、保护特色村、整治空心村的要求,在尊重农民意愿的基础上,科学引导农村住宅和居民点建设,方便农民生产生活。在提升自然村落功能基础上,保持乡村风貌、民族文化和地域文化特色,保护有历史、艺术、科学价值的传统村落、少数民族特色村寨和民居。

二、传统聚落内涵

本书的研究主要是传统聚落（传统村落），又称古村落，指村落形成较早，拥有较丰富的文化与自然资源，具有一定历史、文化、科学、艺术、经济、社会价值，应予以保护的村落。传统村落中蕴藏着丰富的历史信息和文化景观，是中华农耕文明留下的最大遗产。传统聚落的文化构成一般认为由物质文化和非物质文化两大部分组成。

（一）物质文化

聚落选址及其周边景观环境，包括聚落的演变和发展，体现着人与自然的和谐共生关系，蕴含着古代先民的天地人和哲学观，在一定程度上反映了建筑风水理念，以及儒家礼制规范和伦理道德，聚落的各类建筑布局、路网格局大体保持着传统的空间结构、空间肌理和空间形态。传统建筑风貌一般较为完整，在聚落中保存有一定规模和数量的传统风格建筑，此类建筑的形式、体量、屋顶样式、色彩等基本保持着传统的地方风格和风貌特色。

（二）非物质文化

非物质文化即非物质文化遗产保持一定程度的活态传承。聚落聚居者依然保持着传统的富有生命力的生产、生活方式，以及依托传统方式和形态，在历代生息繁衍中创造的以声音、形象和技艺为表现手段，并以身口相传作为文化链而得以延续的口头文化、体型文化、造型文化和综合文化等。活态传承尚须拥有经国家和省相关部门认定的非物质文化遗产传承人。

作为一个拥有悠久农耕文明史的国家，中国广袤的国土上遍布着众多形态各异、风情各具、历史悠久的传统村落。传统村落是在长期的农耕文明传承过程中逐步形成的，凝结着历史的记忆，反映着文明的进步。传统村落不仅具有历史文化传承等方面的功能，而且对于推进农业现代化进程、推进生态文明建设等具有重要价值（图2-1-1~图2-1-3）。

图2-1-1 沿山坡分布的早期窑洞聚落

图2-1-2 山环水抱的传统聚落

图2-1-3 传统聚落生活空间

第二节 宁夏传统聚落的历史脉络

宁夏地区传统聚落经历石器时代、西周至秦汉时期、魏晋南北朝至隋唐时期、宋、金、西夏时期以及元、明、清等几个历史阶段，人类聚居环境、社会环境、生产方式以及人文宗教的变化与乡村聚落、乡土建筑之间有着其内在的演进机制。

宁夏全境地处边疆，人口迁徙频繁，流动性大，生产方式粗放，生活条件简陋；北部及中部地区居住环境恶劣，人口稀少，大多数人从事牧业、狩猎业，生产力发展水平滞后、缓慢；由于历代汉人屯垦戍边时将农耕文明传入当地，使得当地以牧业经济为主逐渐演变为农牧兼具的生产方式。传统聚落的分布方式与空间形态亦随之不断演变发展。

一、原始聚落群沿河流线形分布

远古时期的宁夏北部贺兰山地区，气候温润宜人，水草充沛，山林密布，先后为戎狄、匈奴、鲜卑、回鹘、吐蕃、突厥、党项、蒙古等民族的聚居区，在南北长200多公里的贺兰山腹地，其山口内外分布着近6000幅岩画，以及原始人类居住的山洞、房屋遗址和古代北方游牧民族的圈石墓等。

宁夏中部中卫地区的大麦地岩画也是我国岩画资源最为密集的地区之一。这一地区分布着2000多幅自旧石器时代以来的先民留下的岩画，其中不乏彩色岩画。以上证据表明，宁夏北部和中部沿黄河、贺兰山等地区在远古时代就分布着原始聚落（图2-2-1、图2-2-2）。

宁夏南部地区的原始自然环境是适宜人类居住的。考古资料表明，旧石器时代这一地区就有人类繁衍生息，至新石器时代，即原始社会晚期，地区气候温暖潮湿，生长着茂密的阔叶林。自然环境特别适宜人类聚居，以原始农业经济为标志的齐家文化尤其兴盛，区域内广泛分布着马家窑文化和齐家文化遗址。马家窑文化时期，居民

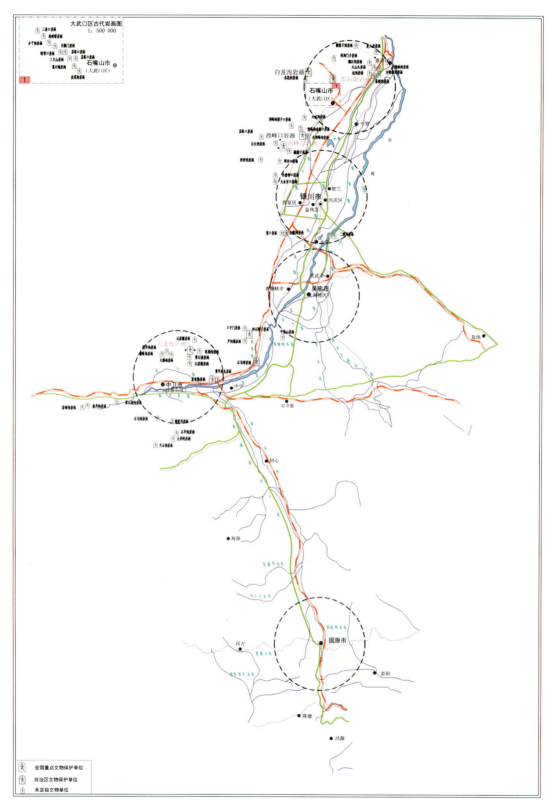

图2-2-1 宁夏古代岩画分布示意图

图2-2-2 贺兰山岩画太阳神

图2-2-3 固原市博物馆齐家文化陶尖底器

还不会凿井取水,遗址多分布于河流两岸阶地阳坡,出土有用于耕作松土、收获和砍伐树木的石器,代表以农为主、狩猎为辅的生产方式。根据以上考古资料表明这一地区在远古时代就存在较为完善的原始聚落(图2-2-3)。

宁夏南部的六盘山东西两侧,清水河、葫芦河、泾河流域等地都有古人类活动的足迹,共发现新石器时代文化遗存240多处。宁夏南部新石器时代文化遗址主要分布在固原市(包括原州区、西吉县、隆德县、彭阳县、泾源县,四县一区)境内,是以黄河一级支流清水河为界的东西两线,绵延百里以上呈条带状分布。东线范围南至南郊二十里铺,北达七营乡柴梁。西线在清水河河谷西部与六盘山脉东麓的开城乡、西郊乡小川子、中河乡油坊、庙湾、中河桥、孙家庄、彭堡乡臭水沟、杨郎乡铁家沟沿冬至河一线。这两条沿清水河东西两线分布的新石器同时期的聚落群,当时居住着一些氏族的血缘部落。这些部落有自己的名称以及生活、生产的特定区域,各个部落之间有边界地带作为缓冲。部落间利用各自生产的不同产品进行物品交换、友好往来。清水河以东的部落背靠黄峁山、东岳山、程儿山一线,拥有共同地质、地貌和自然条件,人们利用质地细腻的红胶泥、石英砂烧制陶器,这一优势应该是部落先民定居此地的因素之一。东部部落选择居址背山临水,避风向阳,适宜长期居住。西部部落处于河谷地带,地势平坦,水草丰美,便于迁徙,生产方式偏重牧业,这一类型的部落推断应是后来河谷川道型聚落的原始形态(图2-2-4)。

二、游牧部落居无定所

距今3000年前的殷商时期,全新世大暖期结束,宁夏"北牧南农"的生产分布格局发生了巨大变化。由于气候由温暖潮湿转向干旱寒冷,森林植被界线随之向东南迁移,北方原始农业区南移到中原一带,导致草原环境恶化,从而迫使西戎等游牧部落向东南迁移。故从

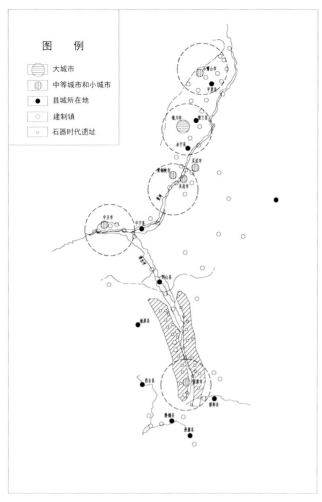

图2-2-4 石器时代西海固聚落遗址分布示意图

商至周,西戎部落遍及宁夏南北各地区[1]。西海固地区则被义渠戎等部落占据。由于义渠戎是当时游牧民族较为强盛的一支,主要居住在六盘山东西两侧,文化落后于中原地区,常常以游牧为生。匈奴、朐衍主要活动在宁夏北部地区,过着逐水草而居的游牧生活。宁夏中北部的中卫市狼窝子坑匈奴墓,被断代为春秋前期。该墓葬区位于中卫市城东南约30公里处的南山台子。南山台子在黄河以南,香山北麓以北,为黄河淤积平原与香山山区间的过渡地段。墓区所在地南靠青驼崖,北临黄河,东有清水河,西有羊圈沟,红色泥制残陶片在该处常有发现。这里历史上水草丰美,适宜放牧,向来为西北游牧民族的活动范围[2]。

春秋战国时期,宁夏地区主要有匈奴、义渠戎、乌氏戎、大荔戎等氏族部落,过着"依随水草,居无定所"的游牧生活。氏族部落的百分之九十分布在清水河河谷的彭堡、头营、杨郎一带,以群落面貌出现。部落之间"各分散居溪谷,自有君长,往往而聚者百有余戎,然莫能相一"[3]。这些史书的记载表明当时部族聚落的散居状态。义渠戎"所居无常,依随水草。地少五谷,以户牧为业",因当时以户为单位的原始部落从事的主要是牧业生产,很少土地耕种,所以聚落的选址一般为靠近水源、草地以方便饮水和放牧,由于他们一直过着狩猎、采集的生活,随着季节、气温、雨水的变化,视牧草生长情况,居所必须不断迁徙,故居住形态推测应为"庐帐"。

在早期的关中先进文化与宁夏土著游牧文化的冲突交流中,那时的西周或秦文化自身就是农牧兼重的文化类型,在社会行为和心态方面与北方的游牧文化相差无几[4]。所以,随后一个时期,以关陇地区为发源地的西周文化、秦文化北上,与原在西海固及邻近甘肃等地的义渠戎的游牧文化发生社会组织层次上的接触,使义渠戎人学会筑城、农业耕种,开始定居生活(图2-2-5)。

三、各民族杂居的格局

魏晋南北朝至隋唐时期,宁夏地区各民族杂居的格局已经形成,但由于处于原始社会部落阶段游牧民族之

---

① 后汉书,卷八十七西羌传载。
② 周兴华. 宁夏中卫县狼窝子坑的青铜短剑墓群[J]. 考古,1989(11):971-980.
③ 《史记·匈奴列传》。
④ 1981年在宁夏南部固原县中河乡曾发现一座西周早期墓葬,出土有铜鼎、铜戈等,其器形、纹饰都与陕西等地发现同期周人用具相同,另外有的学者亦撰文指出,宁夏南部也存在青铜器文化。

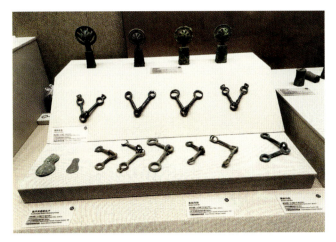

图2-2-5　固原博物馆藏春秋时期青铜马衔

——鲜卑族在其扩张的过程中引发了历时10年的鲜卑反晋的斗争。处于战争时期的聚落，其建设是很难开展的，同时，前一时期不断积累形成的较为稳定的聚落形态也会遭到大规模的破坏。

北魏时，杂居在今固原境内的民族有鲜卑、柔然、高车、氐、羌、杂胡、汉族等。这个时期，固原地区是中西交通要道"丝绸之路"中段北路上的重镇，也是佛教传入关中及中原地区的重要通道之一。北魏太和年间（公元477～公元499年），与山西大同云冈石窟和洛阳龙门石窟属于同一时期的固原须弥山石窟开始建设，为固原文化史上重要事件（图2-2-6）。

南北朝时期宁夏地区再次成为北方多个游牧民族频繁交替和相互融合的基地，成为以牧为主的半农半牧区。宁夏南部地区先后属魏和西晋的雍州安定郡、前秦和后秦的雍州陇东郡，有鲜卑族万余口陆续南移进入清水河流域。公元4世纪末，清水河中游出现他楼城，反映该地得到逐步开发，人口也有所增长。三国和魏晋时期，匈奴、鲜卑、羌等北方游牧部族纷纷迁入宁夏及邻近地区，如西晋太康初年（公元280年）鲜卑族10000余人，陆续迁入宁夏南部的清水河流域和六盘山地区。"秦筑长城于义渠，其进于村落之时欤。汉唐以降，密迩羌狄，变乱迭兴，人民居处仍疏疏落落，飘摇不定。"根据上述史料，不难推测，这一时期，以半农半牧生产方式为主的游牧民族不断频繁进入南部地区，迁徙无定，处于各少数民族杂居时期。

隋唐时期，宁夏地区为汉、突厥、铁勒、吐谷浑、粟特、党项等多民族居住活动地区。"封建社会生产力水平不是明显地表现在工具和技术的发展上，而是表现在劳动力的增减上。人口的增加，往往标志着生产力的发

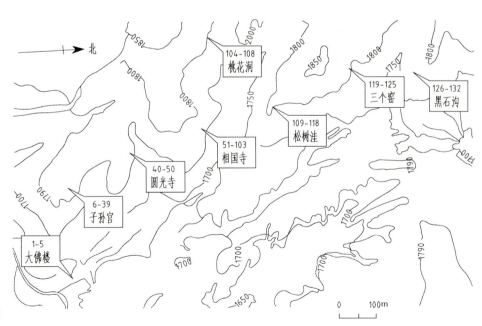

图2-2-6　须弥山石窟窟区分布示意图

展;人口的减少,则往往标志着生产力的下降。"唐代前期,南部固原境内由于众多民众的迁入促进了当地农业的发展,人口大增。依据《旧唐书·地理志》有关资料推算,唐贞观十年(公元636年)、唐天宝元年(公元742年),平凉郡(旧原州,今固原市)所属的2县及会灵郡(旧会州)所属的1个县(今海原一带),固原地区当时的户数分别约为2517户、11319人、8460户、40491人。

唐代,宁夏地区成为全国最大的为骑兵提供军用马匹的养马中心。当地的居民构成中,军队士兵占相当大的比例,除此以外还有部分游牧部族。正所谓"天下劲兵在朔方",唐朝全盛时期,据《元和郡县图志》记载,属于泾原节度使的宁南地区,下辖固原市原州区及四县,其中原州(古称高平)、古城乡(古称百泉,固原城东约25公里)、萧关三县均位于宁夏境内。唐开元到天宝年间,原州人口、户数增3.1倍(表2-2-1)。汉族为当时原州地区居住的主体民族,同时先后有粟特、吐谷浑、铁勒、突厥、回纥、吐蕃、党项等多民族居住和活动。唐贞观六年(公元632年),在原州高平县他楼城(今固原-七营北嘴子)安置突厥降户。这一时期使得宁夏地区的聚落体系得到了一定程度的恢复,然而,由于吐蕃的长期占据和突厥的不断侵扰,刚刚得到恢复的聚落体系又一次次被打破。

唐代灵州、原州人口统计表 表2-2-1

年代	贞观年间			开元年间			天宝年间(一)			天宝年间(二)		
人口	户数	人口	户均	户数	人口	户均	户数	人口	户均	户数	人口	户均
灵州	3640	21462	5.9	9606			11456	53163	4.6	12090	53700	4.4
原州	2443	10512	4.3				7349	33146	4.5	7580	39123	5.2
总计	6083	31974	5.3	9606			18805	86309	4.6	19670	92823	4.7
资料来源	《旧唐书·地理志》卷38			《元和郡县志》卷4			《旧唐书·地理志》卷38			《通典·州郡》卷173		

(来源:根据《宁夏农牧业发展与环境变迁研究》改绘。)

四、"城—寨—堡"军政聚落体系

公元11世纪初至13世纪初,聚居于今宁、甘、陕和内蒙古河套一带的党项族建立了"地方万余里"的"大夏"王朝,与宋、辽(金)鼎足而立,史称西夏。当时南部六盘山地区属宋(后属金)。西夏在宁夏北部立国,广建宫殿、离宫以及佛教寺院,建筑用材主要取自北部的贺兰山。宋朝与西夏王朝在宁夏境内交战过程中,在陇山东西两侧大量进行军屯、民屯,建筑堡寨、城池,对周边的土地开发强度不断增大,甚至将山地、坡地也纳入垦殖的范围。加之连年战争不断,陇山林木消耗殆尽。

宋(金)统治地区,设置大量州、军、寨、堡,大量屯田。在宁夏境内的主要城镇有治今宁夏固原市原州区黄铎堡古城的怀德军;治今原州区的镇戎军以及位于海原县西安乡老城村的西安州(图2-2-7、图2-2-8)。金统治时期主要的城镇有治今固原的镇戎州,下设位于固原以东东山县;治今隆德县城的德顺州,下辖今西吉县硝河古城一带和陇干(与州同城)两县。另有今泾源县(古平凉府化平县)。北宋咸平年间(公元998~1003年),由于在镇戎军屯田,在六盘山东麓以及葫芦河流域出现了一些新城镇,例如:六盘山以西兴建的笼竿城(陇干城),很快发展成为"蕃汉交易,市邑富庶"之地,之后又设置陇干县(今隆德县),使得六盘山一带的土地开发与聚落营建有了新的进展。

图2-2-7 西安州古城平面图

图2-2-8 西安州古城遗址鸟瞰

宋、金时期随着农牧业的发展，人口增长很快。据不完全统计，北宋初年，原州仅6000多户；过了100年，到北宋元丰三年（1080年）增至22000多户，宁南总户数达31000多户；金元光二年（1223年）又达43000多户。宋朝在原州等地屯垦开荒，大建堡寨。北宋时，由于宁夏南部地区处于"极边"，北宋政府对于当地的镇戎、德顺、环庆等地区实行由关—堡—寨—城—军由低到高的军事体制。城、寨、堡的规模，一般以城最大，寨次之，堡又次之，关的数量很少。"其堡寨城围，务必（备）要占尽地势，以为永固，其非九百步之寨，二百步之堡所能包尽地势处，则随宜增展。亦有四面崖险，可以朘削为城"。城寨堡内设有营房、廨舍、仓库、炮台、草场、散楼子等。千步以上的大寨还配有专门供给防守器具的城堡一座（图2-2-9～图2-2-11）。

宋代宁夏南部地区成为防御西夏用兵的前沿，苑马牧监制度被废除，取而代之以大规模军屯建制州、军、寨、堡，大量开垦沿边土地，一定程度上促进了农业定居聚落的广泛分布。此时，清水河流域已成为集聚移民的屯垦基地，约有军屯兵士3万余，民屯4000余户。

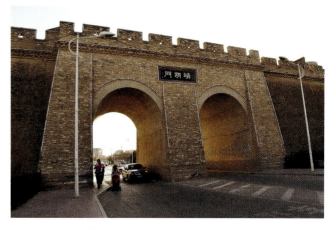

图2-2-9　固原城靖朔门

图2-2-10　固原黄铎堡古城

图2-2-11　凤凰古城遗址

五、回族聚落的形成与重构

宁夏地区回族聚落的产生、分布格局以及空间形态的结构演化，既受到生态、自然环境变化的影响，同时也是政治环境变化的产物。回族聚落分布格局以"大分散、小集中""大分散、大集中"为基本特征。

元明时期，回族聚落沿河谷川道布局，空间结构表现为相对集中的点状格局。早期的回族和汉族及其他少数民族杂居、混居，聚落布局显现出传统汉族乡村聚落的特征。回族乡村聚落形态在平原、川地、较大的盆地基本是大量人口聚落的状态，即"大集中"，而在空间比较局促的川道、河谷、山间等地区，则呈线状、串珠分布态势。

明、清两代西海固地区的回族聚落得到了较快的发展，由北向南数量逐渐增多，聚落个体也逐渐由小到大发展壮大。回族聚落的总体分布格局为"大分散、小聚集""大分散、大聚集"的特征。"大分散"是宁夏地区大的区域内回族聚落分布状态。导致这种分布特征的原因有二：一是当地的地形地貌特征决定的，宁夏南部地处黄土高原的丘陵沟壑区，地形起伏较大，聚落选址十分困难，直接导致平面上聚落的大分散格局；二是各民族之间、种族之间长期斗争、博弈的结果，最终达成平衡后对空间资源划定的归属范围。"小聚集"通常与地形地貌相关联，聚落的聚集人口较少，依托于沟壑、小型川道、小型盆地等小型聚落。"大聚集"则是在某一区域内由多个小型聚落形成的同一族群的共同居住地。

清前期，西北地区已经成为回族主要的聚居区，同治年间则是回族大量进入宁夏南部地区的历史转折时期。《固原县志》载：清乾隆中官文书城：东西"固原至靖远四百余里"，南北"平凉至宁夏千余里""回汉杂处"。咸丰中，境内"汉七回三"。1862~1873年间，发生在陕西、甘肃（包括今宁夏回族自治区和青海省部分地区）两省的回族抗争暴动，史称陕甘回民起义，又称"同治陕甘回变""同治回乱""陕甘回变""陕甘回乱""回回乱"等。这场动乱极大地改变了陕甘两省的民族分布。在战争中，回汉两族在陕西、甘肃两省互相仇杀。陕西人口在战乱中损失达622万，甘肃（此时的甘肃包括今宁夏回族自治区和青海省西宁市海东地区）人口损失达1455.5万，陕甘合计约2000万，其中汉族损失人口约1300万，回民损失人口约700万（"回民"还包括信仰伊斯兰教的其他少数民族如撒拉族、东乡

族等）。陕西的回民只有居住在西安的两万多人存留。

清代回族起义被镇压之后，宁夏地区回族人口的居住格局发生了较为显著的变化。至此，沿黄河两岸的交通干线、冲积平原地带呈带状分布的回族街巷社区和村落社区大部被迁往荒凉的滩边、湖边、河边和渠梢、沟梢及山沟谷地，由此形成"三边两梢一山"的社区分布格局。"三边"指滩边、湖边和河边；"两梢"指渠梢和沟梢；"一山"指南部山区。这一时期的回族人口大规模的迁徙，使得宁夏境内沿黄河两岸交通干线及平原地带呈带状分布的回族聚落消失，形成了以宁夏南部西海固为中心的陇东、宁南山区回族聚落"大集中"的分布格局（图2-2-12、图2-2-13）。

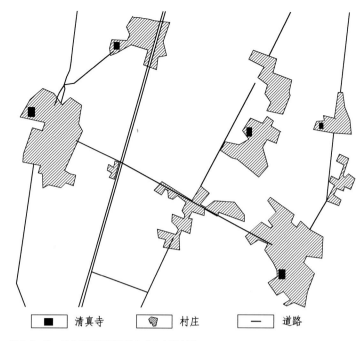

图2-2-12　同心县回族聚落散点式分布示意图

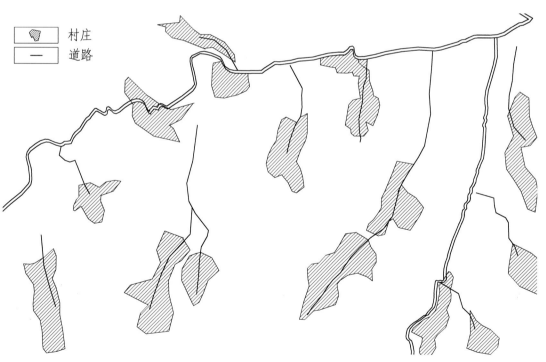

图2-2-13　西吉县回族聚落枝状分布示意图

第三节 传统聚落的演变特征

一、原始聚落选址

宁夏地区原始先民聚落选址特征表现为首先考虑自然环境条件的适宜性，而自然环境主要指当地的气候条件，包括干旱、气温、日照、风等；自然资源包括水资源、土地资源、植被资源。故原始聚落大多分布在气候宜人的河流两岸、湖泊周边，表现出近水、向阳的显著特征。

（一）近水

旧石器时代，宁夏北部的水洞沟遗址位于银川市以东灵武市境内的黄河边地上。在这里发现了距今3万年前人类居住的痕迹，大量的动物化石和石制品都展现了这一带先民生生不息的创造力。

宁夏南部旧石器时代遗址——岭儿遗址，则位于宁夏南部固原市彭阳县白阳镇姚河村。而这一原始聚落的选址则位于宁夏南部泾水河流域的支流茹河流域，历史上这一地区一直是关中北出塞外的重要通道。这里属黄土高原边缘地带，气候温润，植被原始，疏松的黄土适宜耕作，沿河台地适于耕种。

新石器时代宁夏南部地区的聚落大多位于河流附近，主要是位于祖厉河、清水河、葫芦河、泾河及其支流的近边，多数是依山傍水。当时先民生活的时期因正值"仰韶温暖期"，气温普遍比现在高，气候也较适宜，加之他们生活在河流附近的土壤比较肥沃，灌溉也较便利。由此判断当时的先民在这样的气候、自然条件下发展原始农业是比较合理的。例如，海原县西安乡菜园村新石器时代遗址靠山临沟，背风向阳，接近水源，面积达10平方公里。根据菜园遗址示意图可以看出（图2-3-1），聚落群位于南华山以北，靠近山地的区域有林场，较为平坦的区域内有多处水库、泉眼，村庄则穿插布置其中，墓地与聚落的联系十分紧密，几乎成为村庄的边界、村与村之间的缓冲地带。

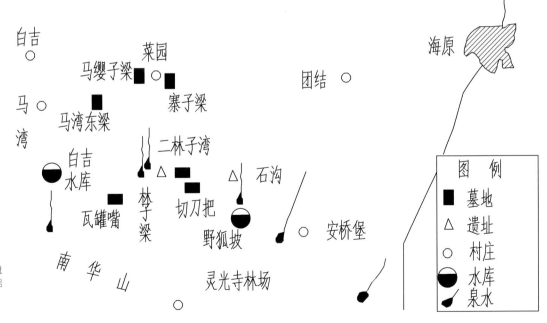

图2-3-1 海原县菜园村遗址位置示意图（来源：根据《宁夏海原县菜园村遗址、墓地发掘简报》改绘）

这些遗迹揭示了宁夏原始社会经历了从原始社会向奴隶社会的转变，游牧文化、畜牧并重文化到农业文化的过渡与变更。随着先民认识和改造自然能力的提高，居住地也从原先临近水源的高坡向河岸的二、三级台地上迁移，居住方式由穴居、半穴居向地面建筑转变。

（二）向阳

根据《固原地区新石器时代遗址调查简报》所摘绘的表2-3-1所示，新石器时代西海固地区广泛分布着人类居住遗址，这些遗址大多位于海原县、西吉县、隆德县、固原市（原州区）、彭阳县等地区。根据统计发现，原始人类对居住地的选择有相同的特征，即"依水而居"，所有居址无一例外地选择了在河流、河沟两岸以及有泉水的区域；房屋的选址则根据山形地势，选择在中坡、缓坡、台地及平地，不但可以预防洪涝灾害，而且方便人畜取水，以及进行原始农业的耕作。在居住地朝向方面，22个统计遗址中有7例选择朝南或东南，5例选择朝西或西北（仅1例），6例选择朝东，其他4例因在平地或台地上无法判断朝向。据此，基本可以推断原始人类在对居住建筑的朝向会根据所处山沟、山坡与太阳的关系以及气温、风向等进行选择，大多会选择南、东、西，仅有位于西吉县白崖乡的坟曲梁遗址选择了西北的朝向，根据红套河在北侧，向东流入寺臭水的地形地貌以及当地的地名判断，应该是由于河谷的北边是陡坡或者悬崖，只能选择坐南朝北的方向了。

根据相关考古资料总结发现，宁夏地区原始聚落选址和营造有如下特征：①聚落分布在面向东南20°左右的坡地上；②聚落选址靠近水源、背山临沟、避风向阳；③聚落墓地位于朝西或者朝西北的坡地上；④墓地与房址的方向相背，聚落内部组织结构特征明显。

宁夏地区新石器时代遗址调查统计表　　　　表2-3-1

编号	遗址名称	位置	地势地貌	朝向	附近水流	水系	长(m)×宽(m)	年代
1	杨家大庄	海原县树台乡	中坡、东靠山	西	园河在西侧，向北流入清水河	清水河	100×50	中
2	三滴水	西吉县白城乡	中坡、西靠树儿梁	东	宝河在东侧，向西南流入祖历河	祖历河	200×100	中
3	坟曲梁	西吉县白崖乡	陡坡、圆顶	西北	红套河在北侧，向东流入寺臭水	清水河	100×50	晚中
4	王河	西吉县兴隆镇	陡坡、西靠高山	东	葫芦河在东边，向南流入渭河	葫芦河	100×20	中
5	黄沟	西吉县十字乡	陡坡、西靠高山黄沟梁	东	黄沟在东侧，向北流入什字路河	葫芦河	100×（不详）	中
6	毛沟	隆德县联财乡	中坡、北靠山	南	毛沟在西侧，向西南流入渝河	葫芦河	50×50	中
7	高坪	隆德县联财乡	中坡、北靠山	西	渝河在北边，向西流入葫芦河	葫芦河	60×30	中
8	周家嘴头	隆德县神林乡	台地、东靠堡子坨山	西	渝河在北侧；朱家河在南侧，向西流入渝河	葫芦河	200×80	中
9	页河子	隆德县沙塘乡	缓坡、北靠北山	南	渝河在南边	葫芦河	295×255	晚中
10	马家河	隆德县沙塘乡	中坡、东靠山	西	沙塘川在南边，向西流入渝河	葫芦河	100×50	中早
11	胜利	隆德县凤岭乡	缓坡、西北靠山	东南	烫羊沟在东侧，向北流入朱家河	葫芦河	300×200	早
12	上齐家	隆德县凤岭乡	中坡、西靠山	东	冲沟在东侧，向北流入朱家河	葫芦河	100×80	中
13	铁家沟	固原县杨郎乡	中坡、北靠山	南	方家堡沟在南侧，向东流入清水河	清水河	40×40	中早

续表

编号	遗址名称	位置	地势地貌	朝向	附近水流	水系	长(m)×宽(m)	年代
14	套子沟	固原县彭堡乡	平地		盐关沟在北侧，套子沟在南侧，都向东流入冬至河	清水河	100×100	中
15	沈家泉	固原县彭堡乡	平地		大营河在东边，向北流入冬至河	清水河	50×50	中
16	中河桥	固原县中河乡	平地		中河在西侧，向北流入冬至河	清水河	150×20	晚中中
17	明川	固原县河川乡	陡坡、圆顶	南	明川在南边，向东流入白河	泾河	50×50	中
18	黑马湾	固原县河川乡	中坡、西靠山	东	大沟在东侧，向北流入明川	泾河	50×30	中
19	打石沟	彭阳县古城乡	中坡、北靠山	南	茹河在南侧，向东流入泾河	泾河	100×50	中中早
20	刘庄	彭阳县新集乡	中坡、北靠山	南	小河在南边，向东流入红河	泾河	50×40	中
21	海子	彭阳县沟口乡	台地		姚河在东侧，向南流入大河	泾河	30×30	晚中
22	陈沟	彭阳县城阳乡	陡坡、西靠高山	东	陈沟在东侧，向北流入茹河	泾河	40×20	早

（来源：根据《宁夏农牧业发展与环境变迁研究》表一改绘，说明亦引自该表。）
说明：（1）地势地貌：7°以下有平地和台地；7°～15°为中坡；25°以上为陡坡。（2）水系：祖历河在甘肃境内向西北流入黄河；清水河在宁夏境内向北流入黄河；葫芦河在甘肃境内向南流入渭河；泾河在陕西境内向东南流入渭河。（3）年代：早，相当于石岭下类型；中，相当于宁夏海原县菜园村林子梁遗址一期和二期；晚，相当于齐家文化。

二、原始聚落构筑

大约7000年以前，宁夏地区的居民便进入了定居的、以原始农业为主要生产方式的社会发展阶段。根据已经发掘的多处新石器时期遗址，可以推断宁夏地区原始人类房屋的基本类型为窑洞式、半地穴式、夯土墙体房屋。

（一）窑洞式房屋

宁夏地区大多数的原始人类遗址所表现的居住建筑类型是窑洞。其中海原县菜园村遗址的窑洞式房址被称为"中国窑洞的鼻祖"。其遗址平面呈椭圆形，现存部分残口东西长3.8米，南北宽3.4米，由室外场地、门道、房屋三部分组成（图2-3-2）。窑洞的朝向为东北方向，根据许成等专家的研究，门洞北壁的方向为77°。房屋是典型的窑洞式，开凿在厚厚的黄土层中，由地面、墙面、屋顶三部分组成。房屋平面呈椭圆形，东西向进深4.1米，南北向开间4.8米，地面厚度为4～7厘米，面积约20平方米。根据考古资料可以看出，原始人类开凿的窑洞有深深的隧道式门道，有室内外高差，同时设置有防止雨水进入的门槛，屋顶高度为3米左右，室内空间以灶坑为中心且略呈圆形。

（二）半地穴式房屋

半地穴式房屋是先从地表向下挖出一个方形或圆形的穴坑，在穴坑中埋设立柱，然后沿坑壁用树枝捆绑成围墙，内外抹上草泥，最后架设屋顶。屋内地面修整得十分平实，中间设有一个灶坑，用来烧煮食物、取暖以及照明，睡觉的地方高于地面。

隆德县沙塘新石器时代遗址位于沙塘镇北侧塬地上，文化主体相当于龙山文化类型，距今约4500年。遗址发掘面积约450平方米，已清理的房址有半地穴式

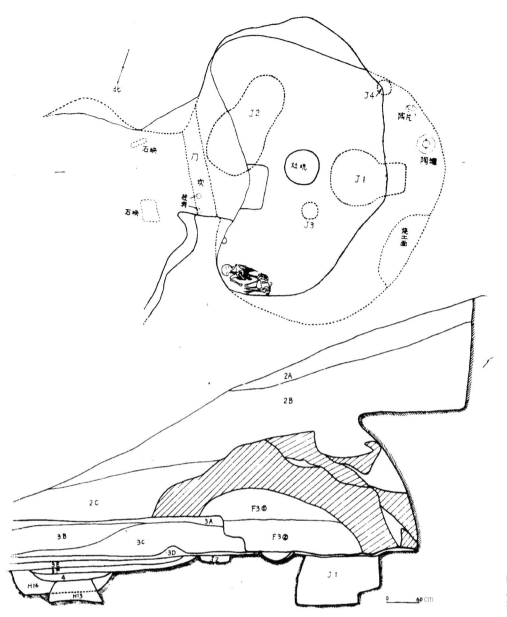

图2-3-2 菜园遗址窑洞房址平面图及剖面图（来源：根据《宁夏海原县菜园村遗址、墓地发掘简报》改绘）

和窑洞式两种。半地穴式房址有八座，可分三种：第一种为带有白灰面，五座；第二种为未带白灰面，一座；第三种为窖穴式，两座。窑洞式房址只发现一座。

白灰涂面的房址以F3为例，平面呈"凸"字形，南北总长5.41米，东西宽2.42～2.94米。墙角为圆角，壁面由下至上稍有外扩倾斜，涂抹过一层很薄的白灰，壁面残高仅36～58厘米。地面北高南低，表面抹有一层约0.4厘米厚的白灰。房室中部有一直径约90厘米的圆形灶坑。门道位于房室的南端，基本可以判断房屋位置坐北朝南。地面发现五个柱洞，其中有四个基本对称，形制较小，也比较浅，有一个形制较大，位于灶坑西侧，柱窝明显，呈锥形，周围填有经夯实的黑垆土，柱洞应该是用来支撑屋顶的。根据以上考古勘探资料基本能判定这是典型的半地穴式房址。

宁夏考古工作者在宁夏北部的贺兰县暖泉村南约3公里的贺兰山洪积扇坡地东缘，发现了一处有多座房屋居室的新石器时代文化遗址。这是迄今为止所知的银川境域较早时期的房址及聚落。这处四五千年前的民居遗址，均为一个个单间结构的居室，聚集在一起形成小小的聚落，每间房屋都略呈正方形且为圆角，边长3米左右。房屋遗址距地表甚浅，门向东开，门前有一条狭长的门道，供居民出入。在正对门道的房址中央，有一座圆形的火塘，火塘的后壁还安放着一口红色夹砂圆底陶罐，罐底沿装饰为锯齿纹，腹部为绳纹，主要用来保存火种。在火塘旁边，有一副石质磨盘和磨棒。室内除了少量细石器外别无其他遗存。这些居室的结构相对简单，比较窄小，大概只能适用于对偶婚的小家庭使用，说明当时的人类已经告别了杂居群婚的婚姻制度。室内文化层堆积很薄和缺少大型农业工具的情况，说明当时的居民虽已定居，但只是短暂的，其基本经济形态仍然是半农半牧的游牧生活。遗址均东向开门，说明古代人类在最初建房时已考虑到了朝阳的问题。设在房屋中间的火塘，除了用来煮炊食物外，还用来取暖和照明。石磨盘和磨棒用来研磨粮食或植物籽粒。这些居室遗址与西安半坡仰韶文化遗址十分接近。

（三）夯土墙体房屋

在2013年5月发掘的彭阳县打石沟遗址是距今4000多年前的新石器时代晚期人类氏族部落的聚落遗址。遗址发现大量袋状窖穴、半地穴和夯土墙体的房址。推断当时人们已经较为熟练地掌握利用夯土墙体建造房屋技术。遗址已经挖掘1000平方米。发掘的主要房址依山而建，成排分布，均为夯土墙体，地面和内壁面用白灰涂抹光滑，中部一个圆形火塘，墙体残存最高的达2米，由于修整土地破坏，部分房屋高1米左右。从平整土地已被破坏的房址断面观察，有的房址经过多次利用，白灰层地面多达三层。时任彭阳县文管所所长杨宁国介绍："房址出现的草拌泥、夯墙等建筑工艺可与现代固原地区土坯房建造技艺媲美，夯墙房址是宁夏发现的最早地面建筑遗址；白灰是用当地的石灰石烧制的，用白灰涂抹的地面和墙壁用来防潮，质量和工艺一点都不比现在的地板砖差（图2-3-3～图2-3-5）。"

根据以上遗址情况基本可以判断旧石器时代到新石器时代晚期，宁夏地区人类居住形式以集中居住的聚落为主，房屋基本形式主要有窑洞式、半地穴式和地面房屋三种，实际上是由穴居、半穴居向木骨泥墙房屋的过渡。

图2-3-3　固原中和乡出土的新石器时代石磨棒

图2-3-4　固原新集出土北魏墓夯土建筑

图2-3-5 彭阳县打石沟遗址

三、城出现、乡没落

战国时期"义渠之戎,筑城郭以自守",开始进入城居时代。这表明,当时出现了乡村聚落与城邑的分化。秦惠文王十年(公元前315年)征战讨伐义渠,"遂拔义渠二十五城",说明当时的义渠国已经筑有大量城池,已有相当数量的人在城中居住,过着城居生活。但由于战争的原因,乡村聚落处于稀疏的分散状态,同时分布状态并不稳定。秦始皇三十三年(公元前214年),派蒙恬北征匈奴,夺取黄河以南地区,"为筑城郭,徙民充之",自此以后宁夏全境纳入中原王朝的领土范围。与此相应行政中心城镇建立。

这一时期,由于气候转暖,宁夏南部地区雨水增多,为发展农业提供了较为有利的条件,本地区农业第一次大规模开发,农业人口激增,不少林地变为农地。公元前7世纪从西戎中分化出来的先秦,以关中地区为中心,开始从游牧经济转变为农业经济为主的农业社会,并把农业生产经营从关中地区推移至今天的西吉、固原、彭阳一带。彭阳县古城出土的文物——先秦铜鼎,鼎上则刻有"咸阳一斗三升"和"今二斗一升十一斤十五两"铭文,根据这种专属农业社会的量具的出土,可以推断战国时期宁夏南部大部分地区农业生产的发展状况,同时作为农业社会物质载体的乡村聚落也会相应有所发展。

秦统一中国后,置北地郡,辖有宁夏南部地区的一部分。西汉武帝元鼎三年(公元前114年)分地置安定郡,郡治高平(今固原),辖二十一县。这是宁夏南部地区归属中央政权和建制之始。秦灭义渠戎国,"于陇西、北地、上郡,筑长城以拒胡"。秦长城因地制宜,就地取土,夯筑而成。筑长城时在外侧取土,取土处自然形成陡直壕沟。每隔200米设有敌台,现存遗迹残高5~20米。长城沿途的要道及隘口,都建有用于防御和屯戍的边城(图2-3-6~图2-3-8)。固原古城附近就有严家庄、孙家庄、北十里铺三个边城。

图2-3-6 同心下马关城墙

图2-3-7 固原大营古城

图2-3-8 固原长城

四、屯垦戍边的乡土聚落

西汉时期，宁夏地区军事、政治地位进一步巩固，社会经济有了较快的恢复和发展，由于屯田加速了当地农业生产的发展和人口的快速增长，汉人从内地带来了铁制的农具和耕作技术，促进了地区的生产力发展。同时，随着农耕民族在黄河上游地区的农业开发，使得原来的游牧区大量草原发展为农耕经济为主的聚居区，郡县级城镇随之不断发展。

固原为安定郡治，辖21县（道），因地位险要，古称高平第一城。从古城遗址发现陶水井、陶排水管道（陶管有五角形、圆形、直筒和曲尺形等），表明当时已有供排水设施。据《汉书·地理志》记载，公元2年安定郡共有人口42725户，143294人，平均每县约2000余户，6000余人，可见当时的城市规模之大。根据晁错移民实边方案，在边地建立城邑，每个城邑迁徙千户以上的居民，此为最低限度。以此推算安定郡治高平有民千户以上，加上郡兵，估计高平城人口近万人。据史载，东汉初年，安定郡"土广人稀，饶谷多畜"，说明当时畜牧业和农业同时发展，呈现兴旺局面。汉文帝时期，朝廷在边地（包括今固原）建立马苑36所，用官婢3万人，养马30万匹。同时汉代安定郡与内地的交通联系也大大增强，"邮亭驿置相望于道"（图2-3-9～图2-3-11）。

从固原出土的汉代文物建筑材料中，有瓦、瓦当、排水管道的丰富遗存，当时城市的繁荣可见一斑（图2-3-12、图2-3-13）。今泾源县果家山西汉城垣遗址面积约50万平方米，地面还保存着一些城垣的遗迹，有大量瓦当、板瓦、筒瓦、砖及圆筒形陶制排水管等建筑材料。东汉顺帝永建四年（公元129年），尚书仆射虞诩上疏中谈到北地、安定诸郡"沃野千里、谷稼殷积……水草丰美，土宜产畜，牛马衔尾，群羊塞

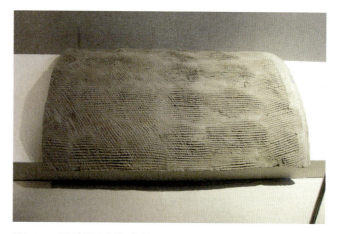

图2-3-9 固原彭堡出土的汉代板瓦

图2-3-10 固原市博物馆固原城模型

图2-3-11 固原城关出土汉代陶制排水管

图2-3-12　固原城关出土汉代瓦当

图2-3-13　固原城关出土汉代陶漏斗

道"①。东汉灵帝，建宁元年（公元168年），在高平西北大战中，羌族死8000多人，损失牛羊等20余万头。次年又在瓦亭山（今固原南）大战，羌众死1.9万余人。两年间，段颎部获牛、马、羊骡、驼达427500余头。②一次战争就损失如此大量的人口及牲畜，基本可以推断当时少数民族聚落畜牧经济已经十分发达，聚落人口密度及规模已经相当大。

根据以上史料，可以推断秦汉时期宁夏地区仍旧为各民族杂居的格局，聚落的分布、形态与这一时期的战争局势和朝廷的防御部署有着直接的联系，聚落选址倾向于沿着长城沿线设城以形成完整的防御体系，聚落是军事性的，居民多数与军屯有关，居民中士兵也占有相当大的比例。

西夏时期，以今海原县城为中心的天都山地区为西夏重要的军事指挥中心，元昊称帝后，更加重视对天都山地区的经营，建立南牟会城，戍守兵丁达数万人。宋元符元年（1098年），梁太后亲率40万大军攻占天都山地区。宋以南牟会新城建西安州（今海原西安乡），

隶属秦凤路，领荡羌、通会、天都、横岭、定戎等6堡寨，西安州驻宋兵7000余人，天都、临羌两寨守兵各3000人（图2-3-14～图2-3-18）。

章楶在北宋元符元年（1098年）回顾道："早在宋真宗时期（公元998~1022年），窃观李继和筑寨置堡，其意概可参证，三川、定川两寨，相去才十八里，而山外堡寨处处相望，地里至近，西贼尚或寇掠，然不能为大患，捍蔽坚全，至今蒙利。"寨堡与寨堡之间的距离大致由十数里至数十里不等。堡寨之间，辅建烽堠（图2-3-19）。

当时军、城、寨、堡、关星罗棋布，林立宁夏境内。根据军事防御功能的要求，堡寨一般都建在形势之地，"选择形势要害，堪作守御寨基去处"。作为一个防御区域，寨、堡分布密度甚高，为了增强堡寨之间的联络能力和综合抵御能力，常常将几个城、堡、寨构成几何形的联防堡寨群。这一时期宁夏地区的聚落建设开始显现出真正的军事防御特征，聚落的主要形态表现为堡寨。堡寨就是为保护屯田经济和便于驻军防守而设（图2-3-20～图2-3-22）。

---

① 《后汉书·西羌列传》。
② 同上。

图2-3-14 固原开成乡出土琉璃龙纹滴水瓦当

图2-3-15 固原开成乡安西王府遗址出土元代蓝釉龙形建筑构件

图2-3-16 海原县天都山石窟

图2-3-17 西夏南都西安州古城全景图

图2-3-18 西夏省嵬城遗址

图2-3-19 堡寨建筑

图2-3-20 始建于宋代的柳州古城

图2-3-21 凤凰古城遗址

图2-3-22 下马关古城遗址全景图

五、土木为材的聚落营建

（一）聚落营建板屋土墙

六盘山地区居民很早即以木板建房，《诗经》秦风"小戎篇"所描述的"在其板屋"即为西戎在此地建造板屋居住的证明。古代六盘山区气候湿润，森林丰茂，木材作为建筑材料取材十分方便，故当地"民以板为室屋"。"板屋"据推测应是木板材料营建的房屋。秦人发迹天水，受西戎习俗影响（故多居板屋）及适应地理环境（秦地寒故用板，恐雪落不得用）所需，广泛使用板屋，渐成习俗。"板"为形声，从木，反声，本义为片状的木头，凡施于宫室器用的片状物皆可称板。《汉书·地理志》说："天水陇西山多林木，民以板为屋室。"这里所指陇西就包括西海固六盘山地区。

板屋与土木结构的房屋从建筑材料和建筑构造角度看区别较大，板屋是以木板作为主要建筑材料的房屋。《南齐书·氐羌传》之"氐族板屋"："氐于上平地立宫室果园仓库，无贵贱，皆为板屋土墙。""板屋"是地势高而气候寒冷干燥，同时盛产林木地区的典型民居。板屋的做法有两种说法：①完全木结构房屋，选择一处平地，以木板自下而上紧密排列成墙壁，用绳索将木板捆扎结实、牢固后用泥土将木板间的缝隙抹平填好，出入口留出门的位置，由于墙体上使用泥土，外观看像是土墙。屋顶构造与墙体相同，也采用木板和绳索而不用上泥挂瓦，只是用大石头压住木板的两端用来防风；②用板筑的方式夯筑房屋墙体，屋顶用木板覆盖，所谓"板屋土墙"。

（二）生土民居回归

唐代宁夏地区农牧兼并，生态环境相对平衡，但是山地生态系统的复原能力已遭破坏，生态环境非常脆弱，加之宋朝与西夏王朝在宁夏所处的边界地区的不断军事冲突，六盘山林木被用于军事和城、寨、堡的建设，导致森林资源锐减，生态环境遭到致命打击。森林木材产量的直接萎缩，使得原来由古老的西戎族遗留下来的板屋已经无法建造，因此最为原始的生土建筑重新回到民居形态中来（图2-3-23~图2-3-25）。

直到明清以来，宁夏北部地区以土坯房为主，有经济条件的重要建筑采用瓦屋面，条件有限的中部、南部地区则恢复了以窑洞和土坯、夯土建筑为主要建筑材料的民居形态（图2-3-26、图2-3-27）。

图2-3-24　固原原州区出土北宋灰陶鸱吻

图2-3-25　固原原州区出土北宋凤鸟形脊瓦

图2-3-23　固原博物馆唐代朱雀图壁画

图2-3-26 彭阳县早期窑洞

图2-3-27 同心县堡寨建筑全景

056

第四节　传统聚落形态的演变机制

一、聚落形态构成要素

形态一词意指形式的构成逻辑，对应于一定的物质空间表现形式和内部结构特征。聚落形态不仅在空间上具有多层次的特征，而且包含多重内涵，即在物质空间的表层现象中，蕴含着行为方式、制度政策及社会文化观念的影响因素。因此聚居生活方式、聚落空间特征与社会结构特征构成了聚落形态三个主要方面。

聚居的行为方式以关注人的活动为主要特征，包括聚落的生产方式和生活方式。聚落空间特征则是聚落物质构成及其形态，包括聚落的分布形态、外部轮廓特征、内部结构形态及其建筑形态。社会结构特征则蕴含于以上两者之中，是人类聚居活动形成和演变发展的方式及组织形式，包括经济、制度、技术、文化等关联与结构。聚落的物质空间作为聚居生活的载体及场所，是与社会、经济、制度、文化相关的空间构成表现形式。特定的物质空间形式在一定程度上约束着聚落生活。

综上，聚居生活方式、聚落空间特征与社会结构特征是聚落形态构成的三要素。

二、聚落分布形态特征

（一）依渠而建——灌区聚落

宁夏中北部地区引黄灌溉历史悠久，始于秦汉时期，距今已有2200多年的历史，素有"天下黄河富宁夏"之说，与四川的都江堰、陕西的郑国渠齐名，是三大古老灌区之一，生产水稻、小麦，年种年收，被誉为"塞上江南、鱼米之乡"。宁夏全区灌溉面积884余万亩，其中扬水灌溉面积250万亩，自流灌溉面积533万亩，山区库井灌区81万亩。走在宁夏平原上，引水渠、排水沟、水稻田随处可见，以渠、沟、桥、闸、坝、滩为名的乡镇、村庄和农场不时遇到。2017年10月，宁夏引黄古灌区入选世界灌溉工程遗产，这也是黄河干流上的首个世界灌溉工程遗产。国际灌排委员会称赞它为世界灌排工程的典范，代表着中国古代水利工程技术的卓越成就。宁夏引黄古灌区南北长320公里，东西最宽40公里，面积达6600平方公里，是中国最古老的大型灌区之一。到中华人民共和国成立前夕，全灌区直接从黄河引水的大小干渠共39条，总长1350公里，灌溉面积192万亩（图2-4-1~图2-4-3）。

自汉代到明清，宁夏地区农业由于引黄灌溉工程的不断发展，创造了大量的水渠灌溉农田，早期的滩涂、荒滩等都演变成为传统的灌溉农业区，由于土地承载力增加，道路网密集，唐徕渠等大的渠道两岸大量居民的集聚，形成了大量传统聚落。聚落发展沿着道路和大渠两侧呈线形排布，水流的天然属性决定了例如唐徕渠等重要人工水道两侧聚落，形成以渠为中心，两岸分布其左右，整体排列为"一"字形。随着移民工程的不断展开，明代以后沿渠两侧的交通空间得到了开发，渠道两侧的聚落空间成为重要的村落中心，这一时期民居的建造多以土坯为主要材料，由于降雨量小，形成了大量平屋顶院落。

以永宁县为例，西部边界上的贺兰山是我国内流区和外流区分界线的重要组成部分。境内均属黄河水系，西部出自贺兰山中的洪沟小东流至洪积扇、老阶地，即被干旱的土地吸收，而隐入地下，东部平原上有密如蛛网的灌溉渠和排水及众多的湖泊沼泽。黄河永宁段自永宁县仁存渡口南700米入境，在通桥乡东升村东北入银川市区，境内长度约27公里。永宁县位于黄

图2-4-1 宁夏北部水系及水利工程布局图

图2-4-2 宁夏中部水系及水利工程布局图

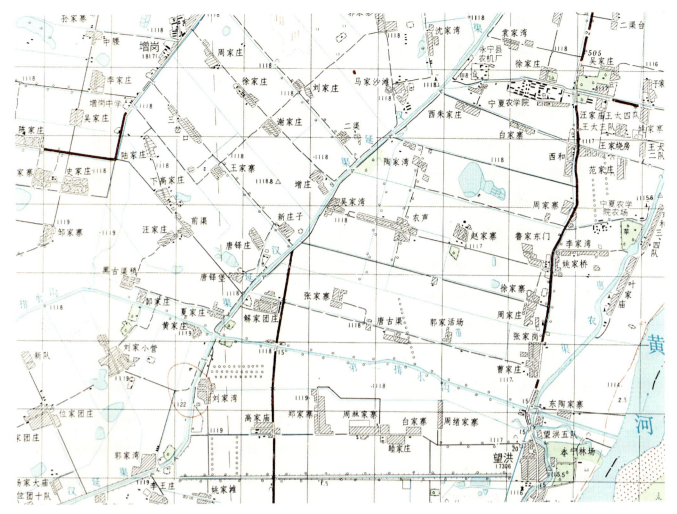

图2-4-3 宁夏北部灌区水系与聚落关系图

河青铜峡—石嘴山河段中的仁存渡至头道墩过渡型河段，河宽500～1500米，主槽宽400～900米。河道纵比降1.5‰，平均年过境流量为320亿立方米。主要灌溉渠有唐徕渠、汉延渠、惠农渠、西干渠等。沿主要灌溉渠两岸分布有大量聚落，聚落形态大多以团状聚集，也有沿渠线状分布、串珠状分布的。

（二）点的集中——屯堡聚落

明代陆续设置"九边"重镇，固原位列其一。固原地区为"土达"、回回等各族人口聚居。据明嘉靖年间的《宁夏新志》和《固原州志》统计（表2-4-1），可得知当时固原州有8257户、52921人（不包括驻军），每户平均人口数为6.41人，其中，原州区每户平均人口达10.2人，从人口规模可推断当时固原地区居民生活稳定。

明洪武九年（1376年）立宁夏卫"徙五方之人实之"[①]，开始大规模的屯田。同时又行屯堡之制，民屯的基本组织是屯，每屯100户，洪武初年已实行屯堡之制。至永乐初年基于屯田的屯堡之制得以完善，若干

---

① 《嘉靖宁夏新志》卷1《宁夏总镇.建置沿革》第8页。

明代宁夏地区南部人口分布表 表2-4-1

	天顺五年（1461年）		嘉靖二十一年（1542年）			
	里数	估计户数	户数	口数	占合计口数（%）	每户平均口数
宁夏南部合计	18	1890	8257	52921	100	6.4
固原州	9	990	2366	24111	45.6	10.2
固原州军卫			2112	4981	9.4	2.4
隆德县	5	550	1942	13843	26.2	7.1
镇戎所			650	5780	10.9	8.9
西安州所			480	720	1.3	1.5
平虏所			707	3486	6.6	4.9
华亭县（半数）	4	440				

（来源：引自《宁夏历史人口状况》《贺兰集》。）

小屯堡合并为较大的屯堡，"（永乐）初，上命边将置屯堡为守备计，每小屯五七所或四五所。择近便地筑一大堡，环以土城，高七八尺或一二丈，城门八；围以壕堑，阔一丈或四五尺，深与阔等，聚各屯粮色于内。其小屯量存日引用粮食，有警则人畜尽入大堡，并力固守"[1]。至此，军事化的屯堡之制在宁夏开始推行（图2-4-4）。

"宁夏多屯所，虏寇至恐各屯先受掠，故可与四五屯内择一屯有水草者，四周浚壕，广丈五尺，深则广之半；筑土城约高二丈，开八门以便出入，旁边周围四五屯辎重粮草皆集于此。无警则各居本屯耕作，有警则驱牛羊从土门入土城固守，以待援兵，则寇无所掠。"明中叶，边防稳定，因此鼓励农民垦荒，并向偏僻地区移民直至明末。根据统计的明代中期宁夏地区各阶段的战争次数和堡寨建筑数量关系表（表2-4-2），可以看出随着战争数量的增加堡寨建筑的建设量逐年增加。今天的城市、乡镇、乡村聚落体系的布局格局仍然受到当时堡寨聚落分布的影响，那个时期的城、寨、堡、关等名称直到今天还在使用。

明代中期宁夏地区各阶段的战争次数和堡寨建筑数量关系表 表2-4-2

时期	统治年数（年）	战争次数（次）	堡寨数量（个）
正统	14	2	8
景泰	8	3	1
天顺	8	6	1
成化	23	12	6
弘治	18	8	7
正德	16	4	4
嘉靖	45	14	9

（来源：战争次数根据《明史》卷79《兵志》和《明通鉴》统计得出。表格引自《宁夏地区明代城镇地理研究》。）

由于当时军事屯田、屯堡大兴土木，根据明嘉靖固原部分卫所与属城的分布图可以看出（图2-4-5），

---

[1]《永乐实录》卷93。

图2-4-4 远眺堡寨建筑

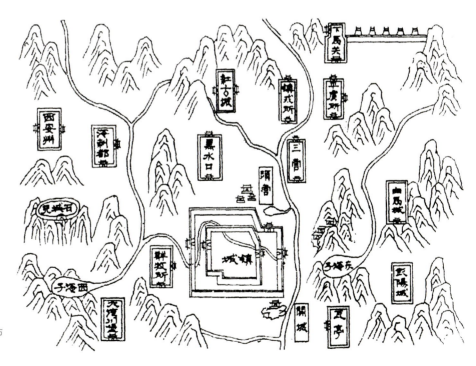

图2-4-5 明嘉靖间固原部分卫所与属城分布图（来源：《嘉靖固原州志》）

当时固原周边卫所林立，不大的区域内集中大量人口，使得当地森林破坏严重，水土流失严重。明弘治十四年（1501年）根据督察院左副都御史督理陕西马政的杨一清上朝廷的奏折："况各苑地方（设在固原的牧马监苑），木植难得，土人以窑洞为家，乃其素习。"可见当时的民居仍旧以窑洞为主。

明清时期，系统建立的地方堡寨及其民堡化和聚落化奠定了宁夏近现代聚落体系和分布格局的基础。陈明猷认为："宁夏北部人口在明代最初10年里有过全出全进的大更新。洪武三年至五年（1370~1372年），明朝将宁夏境内全部居民迁往关中，一度使宁夏府、灵州和鸣沙州等成为空城。而在五六年之后又大量迁进新的居民，大兴屯垦，军事卫所星罗棋布，从而奠定了宁夏近现代人口聚落的布局。"军事堡寨在这一时期开始了民堡化的进程，大量军事化的堡、寨、关、城等都逐渐转为城镇或村落，堡寨这种居住方式被当地的百姓所逐渐接受，加之社会动荡，为了躲避战乱、土匪等，聚落常常在形势险要之处设置。民用堡寨一般平面呈长方形或正方形，四周设置高大的围墙，一种是占地面积较小，内部仅有少量辅助建筑或者仓储空间；另一种是占地面积大，设置高大的寨门，堡寨内部则设置了公共建筑、民用建筑、宗教建筑等，形成了完备的生活、生产、防御甚至战争体系。

（三）散居聚落——面的扩散

清朝，在宁夏地区移民充实边疆，借用土地来供养移民。同时，将大量汉族人口迁移至此，充实当地乡土聚落，耕耘明代遗留的耕地。此时，社会安定，不必躲避战乱和土匪的骚扰，百姓从堡寨中搬出来，为了方便农作，都居住在耕地周围。当地长期以来具有军事特征的农业生产性质逐渐消失了，土地开垦速度极快，优势耕地基本已经开垦殆尽，彼时清政府下令"凡边省、内地、零星地上可以开垦者，悉听本地夷垦种，免其升科"①。即凡是边疆省份、内地省份，哪怕是零星的土地都可以垦殖，还可以免税。于是，当地百姓将农业垦殖区域由清水河、葫芦河、祖厉河等耕地、水源等耕种条件好的地区向耕地稀少、不适于居住的地区转移。至此，西海固地区的乡村聚落第一次不以战争、军事防御等原因布局，使得土地开发、农业生产成为聚落分布格局的重要决定因素。

在南部黄土丘陵地区，清朝将明代的藩王牧地全部招民开垦。河谷川道、山间盆地以至浅山缓坡的草场、林地不断被垦殖，牧业逐渐为种植业所取代，从而打破了唐代奠定的"南牧"格局，这里天寒土薄，人口稀少，只能以广种薄收的方式粗放经营旱作农业，以至一家种数十百亩，"四乡中有十余家为一村者，有三五家为一村者，甚至一家一村而彼此相隔数里、十里不等者"②。其时畜牧仍为重要副业，尤以羊牛马为多。如海城县（今为海原县）"羊皮之佳者不让宁夏滩皮""以羊毛制毡、织口袋、袜子、搪连等件"③。基本可以推断，这一时期的聚落规模有大有小，大的十余家为一村，小的甚至一家为一村，聚落规模可以从统计数据推断（表2-4-3），清代乡村聚落以"庄"为单位，每庄户数由十几户至上百户不等。每户人数少则4人，多则15人不等。形成如此规模和分布特征的主要原因应该是贫瘠的土地（旱作农业区），广种薄收，当地百姓只能"就耕地而居"。

---

① 《清实录》。
② 咸丰《固原州宪纲事宜册》《海城厅志》《海城县志》，宣统《新修固原直隶州志》。
③ 《海城厅志》《海城县志》。

清宣统元年（1909年）宁夏南部各州县户口一览表　表2-4-3

州县名	户数（户）	人口数（人）	每户平均人口数（人）
固原州	14912	98737	6.6
硝河城	962	5131	5.3
海城县	6930	42334	6.1
化平厅	3176	16612	5.2
隆德县	7476	41872	5.6
平远县	3659	19659	5.4

（来源：《宁夏通史·古代卷》第328页，本表格引自《宁夏农牧业发展与环境变迁研究》。）

清代，宁夏地区的乡村聚落组织结构和地域分布上也出现了两个新的特点：①从人口组成上看是驻军人数大减，同时家庭人口结构也趋向合理，如明代因驻军较多，户均人口不足两人，到了清代户均人口人多数超过五人；②聚落分布已由明代点的集中转为清代面的扩散，人口开始由明代的城、堡、寨中扩散至较为分散的乡村聚落，这说明宁夏地区的聚落分布，已由古代的边防据点型，转变为清代的农村分散型。

三、聚落形态演变机制

不同时期乡村聚落形态的演变，总是建立在地区人类利用和改造地理环境的基础之上。加之，不同时期地理环境、社会军事环境、宗教人文以及政策因素可能都会有不同的耦合方式。地理环境是聚落形成和发展的基础，社会、军事、文化环境往往对聚落形态产生决定性作用。

"房屋是地理环境的表现。应当把这个环境理解为自然和人文影响的整体，它能决定农民采取这种或那种住房。"宁夏地区人类历史时期的居住形式当然也是自然、气候、生态环境和人文、社会、政治、军事等因素共同作用的结果。通过上述对历史时期宁夏地区聚落的发展演变历程的研究可以看出，该地区聚落演进有着受自然环境约束、军事防御、移民文化以及人文宗教影响下的演变特征。

（一）军事体系下的聚落形态动因

人类从史前开始就在聚落外围设置防御设施进行自然防御，随着部族的不断发展，为了抵抗氏族部落间的对立进攻逐渐转为社会防御。防御设施也从最早抵御洪水猛兽的壕沟、栅垣逐渐发展为高墙、深堑、宽壕环绕的城、寨、堡。

宁夏地区自秦汉至明清，为历代边远州郡属地，亦为历代各民族角逐的征战场所，故自秦汉以来战争频繁，堡寨成为宁夏地区古代军事工程。历代王朝都很重视城池、堡寨的修筑。堡寨聚落选址一般在不宜耕种的土地上，目的是依险而居，而其真正作用在于争夺边境地区的人口和土地资源，并满足军队后勤补给的需要。所以有研究表明，城、堡、寨的功能除了防御、安民外，还有屯田、护耕、交通等重要作用（图2-4-6）。

宁夏地区的城—寨—堡是北宋边防体系重要组成部分，在御敌、安民等方面均有积极的作用。大量城—寨—堡随着功能的完善，使当地经济得到不同程度的发展，逐步具备了设立州、县、集镇的基础。因此，当地城—寨—堡体系的发展完善，在非战争时期成了西海固地区城市、乡镇、聚落体系的布局基础。

（二）回族聚落空间变迁的作用方式

元、明、清时期宁夏南部地区依然以军屯牧业为主要生产方式，但是开发强度比隋唐时期减弱了。元代宁夏的多数地区聚居着蒙古族游牧民，六盘山地区的森林资源有所恢复。元至元八年（1271年），忽必烈正式建国为元，次年封皇子忙哥剌为安西王，在六盘山设安西王府。《元史·地理志》载："安西王分守西土，即立开

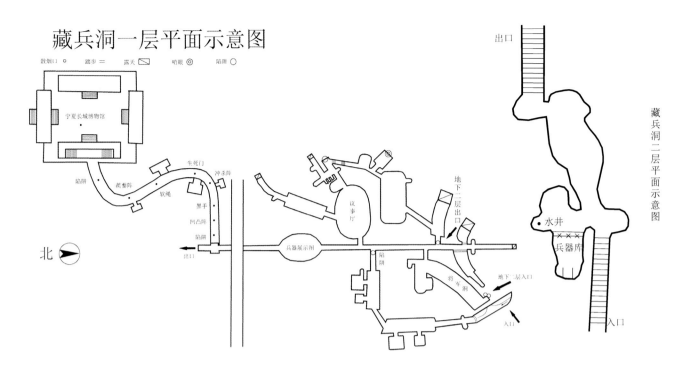

图2-4-6 红山堡军事工程平面示意图

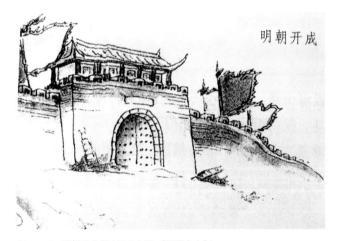

图2-4-7 明朝开成府城门（来源：《固原市志》）

成路"。开成路"当冲要者"，所以为上路。在设开成路的同时，设立开成府（图2-4-7），领开成（今开城乡）、广安（彭阳）两县。

13世纪上半叶，有大批中亚和西亚的居民（伊斯兰教徒）迁入中国，成为元代色目人的一部分，称为回回。回族的一部分从元朝起就定居于固原。据《多桑蒙古史》记载，忽必烈之孙阿难答因幼年受伊斯兰教徒的抚养而信奉伊斯兰教，并且传教于唐兀之地（即西夏故地，以前统治这里的西夏党项族是信奉佛教的），阿难答所统辖的15万士兵中，信奉伊斯兰教的居大半。由于伊斯兰教的传播，西海固地区回族人口大增，形成"坊"的独特回族聚居空间形态。

川道、河谷地的逐渐萎缩，森林、草原等植被的减少，黄土梁、土崩也不得不被垦殖，生态环境进一步恶化，迫使宁夏地区回族乡村聚落逐步向台地、坡面迁移，由于台地、坡地面积有限，以户为单位的单体院落开始趋向分散布局，聚落日趋结构松散，随回族乡村聚落的空间结构的转化，导致宗教文化的约束与宗教活动的限定对聚落空间结构的变化起着决定性作用，而与回族群体排异性和聚集力的加强、社会政治环境的改变相关联。

清同治年间（1862~1873年）的陕甘宁回民大起义失败后，大量陕甘及宁夏北部川区回民被迫移民至西海固地区。在当地，回族自发地实行同族聚居，聚落群空间格局呈现明显的居住分异。聚落层面空间则呈现以清真寺为中心展开的扇形布局，道路结构也以清真寺为重要节点呈辐射状向居住单元展开，聚落发展方向为东、南、北三个方向（图2-4-8）。

（三）聚落营建与自然环境的耦合

根据多处已经发掘的新石器时期遗址，可以断定宁夏地区原始人类房屋的基本类型为窑洞式、半地穴式、夯土墙体房屋。之后的几千年这里的民居体系一直以生土作为最主要的建筑材料，始终未变。

西周至秦汉时期曾经出现过短时间的"板屋"民居，隋唐、宋则以堡寨最为盛行。元代，宁夏地区气候变化频率加大，气候干旱少雨、灾害频发，导致当地生态环境逐渐恶化。森林、草原、植被退化，土地荒漠化，出现了严重的土地沙化。"清乾隆二十五年（1760年）秋七月，始于适中之恩棘段，因旧筑土垣，为设市集，以便民交易焉。"① 黄河以南香山一带，"民资水草牧耕，多因山崖筑室，或掏穴以居。旧有七十二水头，分东西八旗。今生齿渐繁，皆成村落。"② 清代，宁夏地区北部以平顶土屋为主要民居形式，由北向南随着降雨量的增加，屋顶也由平顶向一面坡、两流水逐渐变化。城、镇的有钱人屋顶有装饰华丽的覆瓦，贫困百姓多建土坯房或者挖窑洞居住。用土作为建筑材料建造房屋，或者垒砌墙体，通常先用木条做筐，将土倒入其中压实，再打桩使之坚硬，夯土成墙垣。屋顶也用土敷设，"平坦如广场，少数作舟形"。据清《宁夏纪要》中对当地民居的描述如下："以黄土性黏，层层相因，颇为坚厚，无雨雪侵漏及冲毁之虞，色几与地面无异。人畜可以在上行走。并可曝晒衣服、谷麦、堆集草秆杂物等……此种房屋，自墙垣至屋顶几莫不用土，仅少数梁柱用木，及门牖窗棂略见木条而已，实为纯粹之土屋（图2-4-9）。"③

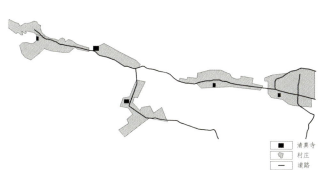

图2-4-8 泾源县回族聚落分布示意图

图2-4-9 以土为材建设家园

---

① 清道光《中卫县志》（卷二）建置考·堡寨。
② 同上。
③ 《宁夏纪要》。

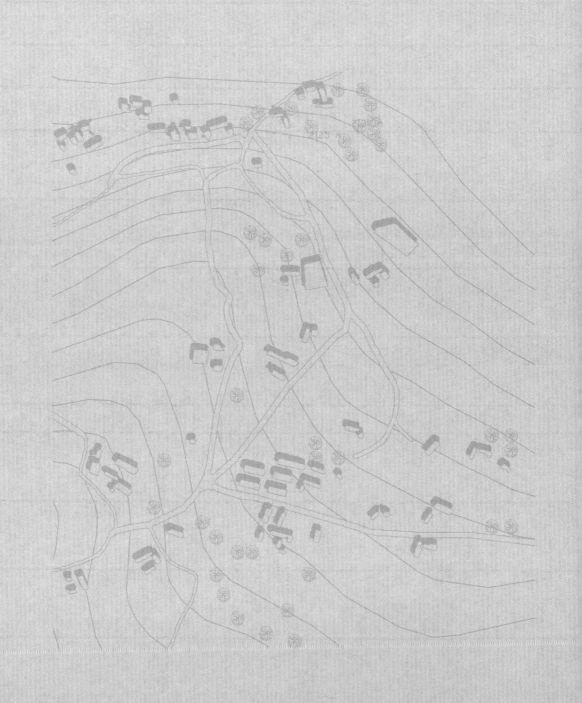

第一节　聚落的空间分布格局

聚落是人类按照人们行为方式（生活、生产活动）的需要而形成的多样的集聚定居点，其空间分布是区域自然环境、社会制度、经济、历史文化等多种因素相互影响和作用的结果，对人的行为方式产生一定的影响，同时，聚落空间格局及其动态迁移也影响着区域经济的发展规模、方向及潜力。

传统聚落的形成与发展离不开客观的地理环境，有利于防御的地形、方便取得的水源、充足的阳光、便利的交通等。我国地形地貌千姿百态，气候条件自然环境各不相同，从而为各族人民自由选择聚落地址创造了有利条件。同时，各民族由于地处不同区域，拥有不同生产方式、生活习惯、风俗等，从而形成了不同的选址模式，构成了丰富多彩的地方特色。

我国西部黄土丘陵区，空间扩展特征显著，斑块数量、面积、密度增加，斑块破碎化程度加剧；地形坡度低处沿道路、沿河流集聚趋向明显，且表现出明显的空间集聚态势；城郊、集镇中心和沟谷地带聚落分布密集。西部尤其是西北地区，人口分散分布，依据地形条件形成了大量的坡地聚落，地形起伏较大，聚落形态远比平原地区复杂。由于区域内适宜开展农业生产和产业开发的空间有限，为了节约有限的坪坝地和缓坡地资源用于耕作和生产，区内人民群众居住空间基本选择在坡面建筑房屋。

宁夏南北各地均以黄河作为主要水源地赖以生存，北部从中卫经银川平原向北河套平原，主要的传统聚落分布在黄河两岸，中部海原地区有聚落分布在泉水丰富地区，南部则以黄河一级支流清水河为主线，绝大多数传统聚落也都分布在河流两岸。传统村落空间分布呈显著的"近水"性以及黄河干支流差异性，彰显着流域这一特殊地理单元的个性。首先，在自然地理环境下，宁夏地区黄河流域传统村落主要分布在河网密度发达、降水量充沛、气温适宜地区，此类区域在一定程度上为传统村落的生产、生活提供了便利，成为传统村落布局的福地；其次，社会经济条件为外在因素，主导着村落的延续和文化的传承，对村落的形成和发展也产生一定的影响。黄河流域传统村落多分布于交通相对便利、经济发展水平较低地区，此类区域居民的生活方式、传统习俗受外来文化入侵和外界开发破坏的影响较小，易于保持村落民居的原始风貌并使其得以长期保留。

宁夏地处黄土高原与干旱风沙区的过渡带，自然地理环境（自然生态系统）具有明显的脆弱性和易变性。宁夏全区从自然地理区划及地形地貌角度分为贺兰山地、银川平原（宁夏平原）、宁中台地山地山间平原、六盘山山地、宁南黄土高原。宁夏地区中部南部传统聚落的空间分布整体呈现"大分散、小集中"的特征，聚落分布密度呈现北、西、南三面高，东部低的特征。同时，受坡度、海拔、河流水系和道路交通的影响较大，具有强烈的低坡度、低海拔的区位取向以及明显的河流、道路趋向性分布特点。

宁夏传统聚落的建设时期，地区经济技术水平相对落后，人们的生产、生活都直接依赖自然环境得以维系。人们驾驭自然的能力较弱，只能被动顺应自然条件的限定，一方面充分利用当地有利自然资源营造聚落微气候，一方面则通过聚落选址与布局，防御或减小不利的自然气候影响因素（图3-1-1）。

一、北部银川平原传统聚落

银川平原是我国河套平原的组成部分，位于阿拉善高原、鄂尔多斯高原之间，南接黄土高原，其北、

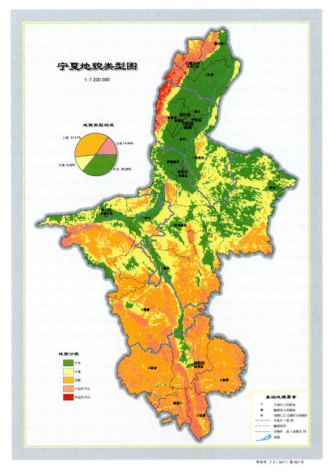

图3-1-1 宁夏地形地貌分布图

图3-1-2 银川平原水草丰美

贺兰山东麓为天然牧场（图3-1-2）。

银川平原自古以来就是多民族聚居区域，汉族、匈奴族、党项族、蒙古族、回族等都曾在此长期活动，加之历史上战争不断，故该地区村落选址上安全和防御是其重要的特征之一。聚落分布的总体特征是贺兰山洪积区聚落分散、数量少，沿黄河聚落分布相对稠密，而由黄河从西向东逐渐进入沙化地带，聚落分布开始减少，再向西则聚落密度增加（图3-1-3~图3-1-5）。

二、中部台地山地山间平原传统聚落

宁夏中北部台地山地山间平原地处银川平原以东、以南，盐池县麻黄山经罗山、海原关桥、香山南麓以北，包括鄂尔多斯高原西南边缘的陶乐—盐池—灵武台地以及同心、海原、灵武荒漠草原区。该区域地貌上主要是丘陵台地、一系列近南北向山地和山间盆地。整体上看，地形比较平坦，起伏不大，一般海拔在1200~2000米之间。该区域土壤沙化严重，草原退化严重，气候干旱，风多沙广，日照充足，蒸发强烈，地广人稀，矿产资源丰富（图3-1-6、图3-1-7）。

东、西三面为沙漠环绕，但因其引黄灌溉，河渠纵横，水乡景色与周边形成强烈反差，故有"塞上江南"之美誉。黄河穿宁夏平原而过，秦统一全国后，便开始在宁夏中北部设置郡县，移民开垦，引黄灌溉，农耕开始发展，但主要仍以戎族等游牧民族为多，以畜牧经济为主。从汉初开始，该地区气候温暖湿润，宁夏境内水草丰美，生态环境优良，匈奴等退至漠北，由于地处汉王朝中心之地——关中之边位置，故汉朝在此实施"屯田耕战，移民戍边"的政策，向宁夏平原等北地郡大规模移民，并修筑了光禄渠、七星渠、汉渠等数条大规模的引黄灌溉渠道，绿洲灌溉农业发展迅速，以农耕为主的村落主要集中在银川平原的南部地区，银川平原以北及

图3-1-3 北部平原聚落

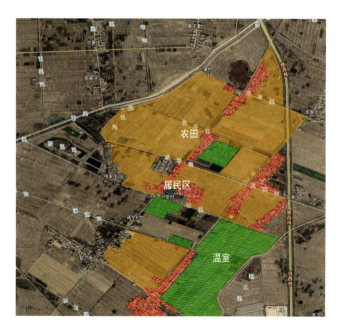

图3-1-4 银川市永宁县杨和镇北全村居民区与农田分布

图3-1-5 吴忠市青铜峡大坝韦桥村平面布局

图3-1-6　中部干旱带堡寨聚落遗址

图3-1-7　聚落分布鸟瞰图

宁夏中部干旱带是我国生态环境脆弱、社会经济落后的典型区域。人居环境恶化、建筑风貌特色缺失，是当地聚落建设面临的首要问题。中部干旱带多年平均降水量在200～400毫米之间，引黄灌区以南的区域，涉及四市的11个县（区），土地总面积约2.87万平方公里，包括吴忠市的盐池县、同心县、红寺堡开发区和利通区山区部分；中卫市的海原县、中宁县山区部分和中卫山区部分；固原市的原州区北部、西吉县西部、彭阳县北部及银川市的灵武山区部分。该地区是我国最干旱缺水的几个地区之一，人口147万，其中农村人口136万，地貌以黄土丘陵沟壑为主，植被稀疏，地表水、地下水匮乏，水土流失严重，生态环境极其恶劣。极度的干旱缺水，使这里的人畜饮水一直处于十分困难的境地。11个县（区）中有7个为国家级贫困县。

历史上，这一地区长期处于游牧民族与农耕民族的交汇区域，战争、冲突频繁，是西北的重要军事据点，同时是历代统治阶层"移民戍边"的重要地区。元代以来成为回回民族聚居的重要区域，所以当地军事、移民、回族文化积淀十分深厚。该区域的主要水源是清水河、苦水河、红柳沟，以及盐环定扬黄干渠等，地区建筑体系扎根本土，历经发展演变，吸取区域文化，形成了特色鲜明的地域建筑，较好地解决了黄土高原寒冷干旱气候下人居环境建设面临的问题。传统聚落分布呈现离散型分布，聚落具有规模小、结构松散、就田地附近建设的特征（图3-1-8～图3-1-11）。

图3-1-8　吴忠市盐池县惠安堡镇潘儿庄

图3-1-9 中卫市海原县曹洼乡脱烈村

图3-1-10 西吉县西滩乡回族民居

图3-1-11 海原县九彩坪回族民居

三、南部黄土高原及六盘山地传统聚落

宁夏南部黄土高原是我国黄土高原的组成部分，北接宁中台地、山间盆地区域，东、西、南与甘肃为邻，包括六盘山以东和以西的黄土高原区。六盘山是宁夏西南部的山地，与贺兰山南、北遥相对峙。六盘山北起海原县西华山，南伸至甘肃和陕西境内，是陇东和陇西黄土高原的天然界山，平均海拔2000米以上，主峰米缸山海拔2924米。六盘山山地属温带大陆性季风气候，年平均气温0.9℃，平均降水675毫米（图3-1-12~图3-1-15）。

这一区域传统聚落根据地形地貌及气候特征进行聚落选址与布局，由于地形地貌的多样性决定了该地区传统聚落选址的多元化。根据地貌及聚落形态特征大体可以分为平川型、坡地型、半川半坡型、山地型以及河谷型。聚落选址的空间区位遵循便于生活、节省土地、利于耕作的原则，以及近水、近路、依山面川、背山面水、向阳背风的特征。

图3-1-13　固原市泾源县泾河源镇冶家村

传统聚落选址及其空间布局与地区的综合因素直接相关，水资源、土地资源、地形地貌和小气候是最基本、最重要的自然因素，其次则是制度、人文、交通等社会因素。

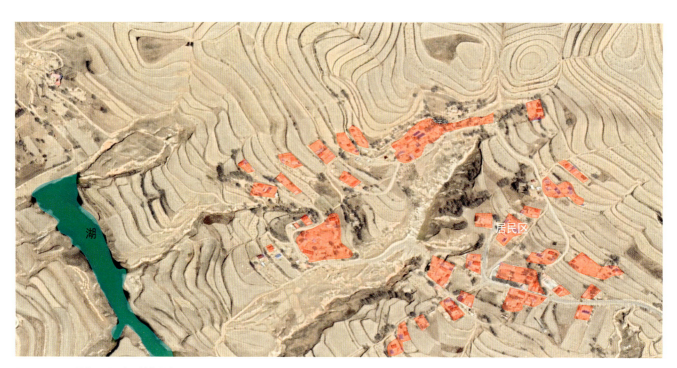

图3-1-12　固原市原州区张易镇芦子沟

图3-1-14 南部黄土高原乡村聚落

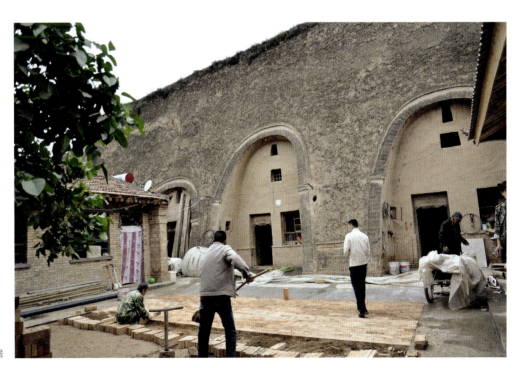

图3-1-15 彭阳县窑洞民居

第二节　聚落选址与空间布局的自然因素

宁夏各地虽然自然环境和气候不同，但传统聚落选址与空间布局基本都是水源、地形、气候作为最重要的影响因素。管子云："高勿近阜而水用足，低勿近泽而沟防省"。筑城时，向上不要靠近高地，就可以有充足的水源；向下不要靠近潮湿低洼的地方，就能避免洪涝灾害，也可以省去排水的沟渠。传统聚落选址与空间布局的自然驱动因素通常包括水资源、土地资源、地形地貌以及小气候。

一、水资源

从地理上看，宁夏以黄河为母体，萌芽于黄河流域的文化，最初较为集中地分布在黄河中游的河谷地带。黄河自西南向东北流经宁夏平原，地势平坦，水流平稳舒缓，属导流性灌溉。北部因灌溉而开凿的秦渠、汉延渠、汉渠、唐徕渠等形成了宁夏重要的灌溉农业渠，"塞北江南"因此得名。宁夏南部黄河的支流清水河、祖历河、泾河、葫芦河等河流集中分布在西吉县、原州区、隆德县、泾源县以及彭阳县等区域，中部盐池县位于宁夏中部干旱带年降水量仅256毫米，县域南部黄土高原水土流失严重，北部为鄂尔多斯缓坡丘陵。同心县所在地区属于宁夏中部干旱带，这里是我国最干旱缺水的地区之一，属于天上降水少、地面径流少、地下好水少的"三少"地区，"十年九旱、逢旱缺水"成为自然规律。

我国水资源严重匮乏，且分布不均。宁夏则是全国水资源最匮乏的省区，水资源具有量少、质差、空间分布不均、时间变率很大等特征。宁夏地区水资源现状及特征如下：

（一）水资源量少，蒸发量大

宁夏降水量少，地区变化大。全区多年平均年降水量289毫米，不足全国平均值的一半、黄河流域平均值的二分之一，而多年平均水面蒸发量达到1296毫米，是降水量的4.4倍。按照2010年末人口统计值计算，宁夏人均水资源量198立方米（表3-2-1），不足全国人均水资源量的十分之一，远低于西北其他省区和内蒙古自治区（表3-2-2），如果加上国家分配的黄河水，人均占有量也仅有706立方米，不足全国平均值的1/3。

宁夏与全国水资源比较　　　　　　　　　表3-2-1

指标	全国	宁夏	宁夏占全国（％）
年降水量（亿m^3）	61900	149.50	0.24
年降水深（mm）	648	289.00	44.60
河川年径流量（亿m^3）	27000	9.50	0.035
年径流深（mm）	276	18.30	6.63
地下水资源量（亿m^3）	8000	30.73	0.38
水资源总量（亿m^3）	28000	11.633	0.04
人均水资源量（m^3）	2154	198.00	9.19

（资料来源：1. 面积、水资源数据来源：《中国国土资源概况》；2. 人口数据来源：《2011年中国人口统计年鉴》）

宁夏与部分省区水资源比较　　　　表3-2-2

省区	面积（km²）	人口（万人）	河川径流量（亿m³）	径流深（mm）	水资源总量（亿m³）	产水模数（万m³/a·km²）	人均水资源（m³/人）
宁夏	51800	630	9.50	18.3	11.63	2.25	185
陕西	205800	3732	422.00	205.0	443.00	21.53	1187
甘肃	405600	2557	273.00	67.3	280.00	6.90	1095
青海	717200	562	621.00	86.6	630.00	8.78	11210
新疆	1663100	2181	830.00	49.9	866.00	5.21	3971
内蒙古	1143300	2470	369.00	32.3	499.00	4.36	2020

（来源：1. 面积、水资源数据来源：《中国国土资源概况》；2. 人口数据来源：《2011年中国人口统计年鉴》）

（二）水资源时空分布极不均匀，变率大

宁夏水资源空间分布不均匀，地区差异很大，按照自然地理条件全区分为北部引黄灌区、中部干旱带和南部山区。北部引黄灌区面积占全区总面积的25.3%，灌溉面积36万公顷，素有"塞上江南""天下黄河富宁夏"之称；中部干旱带面积占45.9%，水资源匮乏，土地荒漠化、水土流失十分严重，人畜饮水困难；南部黄土丘陵面积占28.8%，水土流失严重，是国家重点扶贫地区之一。仅有的少量水资源地表径流在时间分配上，年内、年际变化明显。径流年内分配呈明显的单峰型，与年降水过程线吻合，大部分河流70%~80%的径流量集中在6~9月，最大月径流量（8月）是最小月径流量（1月）的10~40倍。

所以，宁夏水资源北部平原地区得到黄河灌溉，南部则水资源极度匮乏。因此全区南北地区水资源分布极不均匀。南部地区国土面积和人口均占全区总数的近60%，而水资源仅占全区的19%，故当地是宁夏水资源最匮乏的区域。加之，水资源开发利用率仅为31.2%。相关研究表明，自1990年代以来，因降雨持续减少，西海固地区水资源总量急剧减少，而随着工业、生活用水的不断增加，用水量则在日益增大，水资源供需矛盾十分突出。

（三）水质差、矿化度高、含沙量大

宁夏地区水资源质量较差，地表水矿化度高、含沙量大。矿化度一般0.5~7.0克/升，最高达19克/升（苦水河支流小河）。矿化度≥2克/升的地表水约2.4亿立方米，占地表水总量的25.3%，分布面积占宁夏总面积的58.4%。南部黄土丘陵区河流年平均含沙量100~380千克/立方米，清水河支流折死沟、苋麻河、双井子沟，泾河支流茹河、蒲河等，年平均含沙量300千克/立方米，实测最大含沙量1580千克/立方米（折死沟冯川里站，1964年）。南部地区则表现为地下水资源贫乏。埋藏较少，且多数为苦水。区域内除了葫芦河谷、红茹河川、固原北川、南华山山前盆地为淡水富集地区，其余大部分为苦水，无法饮用，这给当地人民的生产和生活造成了很大的困难。

（四）传统聚落的维水性

从宁夏整体的水资源情况来看，黄河流域的北部灌区水资源总量最高，南部次之，中部盐池、同心最少。水资源的总体状况决定了城镇的整体分布态势以及乡村聚落的分布密度，因此宁夏北部城镇、乡村密度最高，南部次之，中部最少。水资源的极度匮乏直接约束着宁夏南部地区农业生产的发展，严重威胁着当地居民的生

存环境。从原始部族聚落至今，宁夏南部地区聚落的维水性始终未变。

1. 水资源的分布影响地区传统聚落的空间分布

传统聚落的选址也受到当地降水量、气温等因素影响。从黄河流域传统聚落的分布特征可以看出，古人优先选择降水资源较为丰富的地区作为农业生产可持续发展的条件，从宁夏地区传统村落分布的密集程度来看，也呈现由南向北逐渐稀疏的特征。尤其突出的是中部干旱区，降水量少，旱灾多发，极不利于农业生产和聚落的形成，成为宁夏地区传统村落分布较少的区域；而降水量较多的南部固原地区则成为宁夏地区传统聚落分布最为密集的区域，也是文化遗产最为丰富的地区。

宁夏地区聚落的发展与变迁是以河流水系的变化为转移的，这反映在很多村乡镇、村庄的名称都与周边河流、湖泊一致，据不完全统计，宁夏南部地区有40%左右的村庄都以河流、河沟得名。历史上当地聚落的兴衰都与河流的变化直接相关，如图3-2-1所示，海原县聚落分布特征表现在聚落与河流的分布有着密切关系，聚落沿着河流两侧有规律地分布；图3-2-2所示的西吉县表现更为突出，由于地形属于黄土丘陵沟壑区，地表支离破碎，聚落的维水性表现更为明显，沿着河流呈树枝状分布。另外，海原县村落与泉水的关系，以海原县西安乡菜园村为例，因为泉水原始聚落选址于此，而今天的菜园村与原始村落近一山之隔，调研时全村现在依然有赖于这四眼泉水生活。而如表3-2-3所列，几乎所有的村庄都会在有泉水或者可以得到泉水灌溉的区域内生产、生活，这是人类生存离不开水的见证，也是聚落选址最重要的决定性因素之一（图3-2-3、图3-2-4）。

《乾隆盐茶厅志》记载海原县山村与泉水的关系　　　　表3-2-3

地名	泉水与村落生活、灌溉情况
五泉	源出华山，甘泉数十道，随地涌出……本城及城南北之羊房岔、白家墩、王家庄、李家庄、五里墩皆赖之
芦茨沟	沟南山巅有小泉数眼，水流不绝；山根大泉一眼，阔丈有余，深倍之。回民七十余户，皆赖山田以生
大山口	有泉眼十七眼，旧为本城及庙山、牛房三堡十九庄浇灌之用
小山儿	有泉十余眼，不择地出，虽沙土壅塞而激射自如
安桥门	山峡中有大泉一眼，小泉七眼。又西半里为茨沟儿，大泉仅二眼。两水会于干沙沟，灌溉七庄地亩
山汉河	河内皆乱石，石中有大泉二眼，出水胜于诸泉，而待则之村庄已多
菜园	平地大泉一眼，小泉三眼。去菜园十里余，曰陡沟儿，皆需此五泉以活
东河、西河	西安州南十余里，地名芨冲山坳，有泉五眼，水流不竭，州人称为东河。 西安州南十余里，地名堡子台、齐家湾，有大泉一眼，小泉五眼；又刘家湾大小泉十眼；狼沟儿泉四眼；张家湾大小泉十三眼；以上各泉皆在干河之内。北流三十里，州人称为西河。沿河村落并西安州新旧城皆沾足焉
蒙古堡	西南四五里有泉之处：一曰龙官沟，一曰挖狼沟，一曰深沟，一曰毛草滩，一曰罾子沟门，各有大小泉四五眼、十余眼不等。其水皆入干河，自南向北，河东西村落二十余处，皆资利赖焉
芦沟堡	南有大泉一眼，浇灌堡十余里
乱泉子	有泉数十眼，乃十庄用水之地
郝家沟	有大泉一眼，亦有小泉一眼。二泉合流六十余里，至双河堡而式微
甜水河	在红古城西门外，味甘可饮，且便于灌溉，居人引之以种稻

（来源：《乾隆盐茶厅志》第七卷《水利》；《历史时期宁夏居住形式的演变及其与环境的关系》）

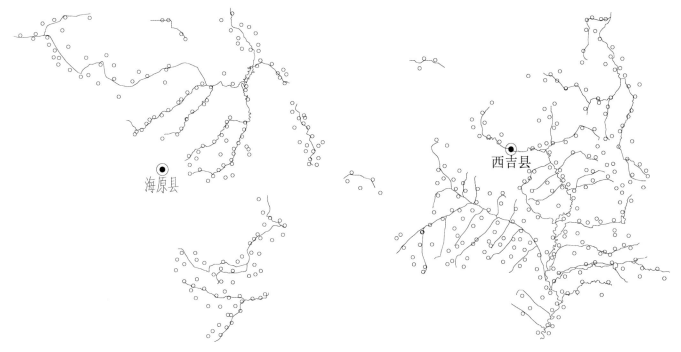

图3-2-1 海原县河流与聚落分布关系示意图　　　　图3-2-2 西吉县河流与聚落分布关系示意图

图3-2-3 吴忠市东塔寺乡石佛寺村与河流的关系

图3-2-4 吴忠市山水沟村与河流的关系

杨坪村的南边自东向西流淌着茹河，水体满足了茹河周边田地的灌溉。村内的北侧山上有一个蓄水池，水源来自山下的三口井，它们主要作为村民主要的生活用水来源。

2. 传统聚落对水资源的储备

宁夏地区水资源匮乏，气候干旱，降雨量极少，蒸发量是降雨量的10~20倍，地下水的利用率极低，水质极差、不符合饮用标准。当地百姓为了生存，用水窖储水（图3-2-5），利用水窖存储雨雪，沉淀后可以饮用，以备不时之需。水窖主要有土窖和石窖两种类型。一般尺寸为深4米左右，直径3.2米左右（最宽处），上部窖口为400毫米×400毫米的正方形或400毫米直径的圆形，窖底为圆形，直径400毫米。

作为宁夏地区传统聚落的一个重要组成部分，水窖具有一定的生态学价值意义。张承志在其著作《心灵史》中对宁夏南部水窖的描写十分经典："但在这片天地里闻名的是窖水。用胶泥把一口大窖底壁糊实，冬天凿遍一切沟汊的坚冰，背尽一切山洼的积雪——连着草根土块干羊粪倒进窖里——夏日消融成一窖污水，养活一家生命。娶妻说媳妇，先要显示水窖存量；有几窖水，就是有几分财力的证明。"

图3-2-5 聚落水窖

图3-2-6 西吉民居土窖

水窖的制作较为简易，在庭院内部或外部的低洼处挖掘一个大坑，底壁均用黄胶泥糊严实，在离窖口的附近留有进水的入口，以便下雨时，雨水流入窖中。到冬季如遇降雪，居民会全家出动一起扫雪，将之收集起来，收入窖中，融化成水，以便人畜饮用和生活洗涤之用。

1）土窖

土窖，一般在降雨量少、黄土层较厚的丘陵地区，如海原、同心、西吉、彭阳等地区较为常见。土窖一般深10~20米，在其内壁四周用不掺麦草的土坯砌筑加固，然后在表面涂抹细文泥或甜泥多遍，以致达到平整光滑的效果。最外层则用红胶泥或黄胶泥做防渗处理，即先在窖壁上均匀间隔凿出大量深约15厘米的孔洞，将和好的胶泥搓成孔洞大小的棍状填塞进去，然后用锤将留在外面的胶泥锤平抹光（图3-2-6）。

2）石窖

石窖，主要在降雨量较大、河流密集、地下水相对丰富的泾源县、六盘山地区。因地下水位较高，这些区域一般打深些就会有地下水，所以泾源、六盘山地区的水窖多为水井，用来储水。做法与土窖类似，只是当地石材丰富，在距地面2~5米的一段用石头垒砌加固，有的甚至全部用石头箍窖。例如泾源县园子乡的园子村有口上百年的老窖，是过去全村同心尽力挖凿的水窖，窖口约60厘米，深约15米，窖内壁和窖底全部用石头垒砌，水质干净，现在仍然能供全村人饮用。

3. 传统聚落创造水环境

原始人类选择居址大多位于河流附近，大部分背靠山或梁，面对河流，即北边靠山，南面临河；西靠山、梁则东面临河；东靠山则西临河。居住在河流附近，人畜饮水方便、灌溉便利，邻近的土地肥沃，对于水资源、土地资源的利用以及发展农业生产非常有利。宁夏当地传统村落基本选址都与水相关，接近河流、湖泊或者泉水集中之处。

除了用窖藏储水的方式来存贮雨水和雪水之外，宁夏民居的院落空间格外注重水环境的创造。夏季虽然较短，但干旱炎热，因此当地百姓常常在院落中种植果树、花卉、蔬菜等绿色植物，通过植物吸纳并遮挡阳光，涵养水分，改善微环境的同时也起到了防风防沙的作用（图3-2-7）。

（五）典型实例

宁夏境内传统聚落的选址与空间布局大多遵循"天

图3-2-7 民居院落绿植

人合一"的理念,充分尊重自然,顺应自然。南长滩村位于宁夏中卫市沙坡头区香山乡,距离中卫市西南约85公里,是黄河进入宁夏流经的第一个村落。2008年被国家批准为宁夏首个"全国历史文化名村"。南长滩是拓跋家族发展起来的村落。南长滩村70%的人,复姓拓拔,自称是西夏人的后裔,并保存有完整的族谱,祖上是在元明以前寻水而居迁移至此定居,主要从事农业及水运。

南长滩的选址符合古代聚落的选址原则"背山面水,负阴抱阳",它位于宁夏、甘肃两省区交界处,黄河黑山峡冲刷淤积形成狭长河滩地,是黄河臂弯中的绿洲。村落北、西、南三面环黄河,东面靠香山,面积约195.4平方公里,人口1260人。农业用地紧靠黄河,可得黄河水灌溉,居住用地略向山地,可见是一处自然环境和宗族发展余地较大的村居理想之地(图3-2-8~图3-2-10)。

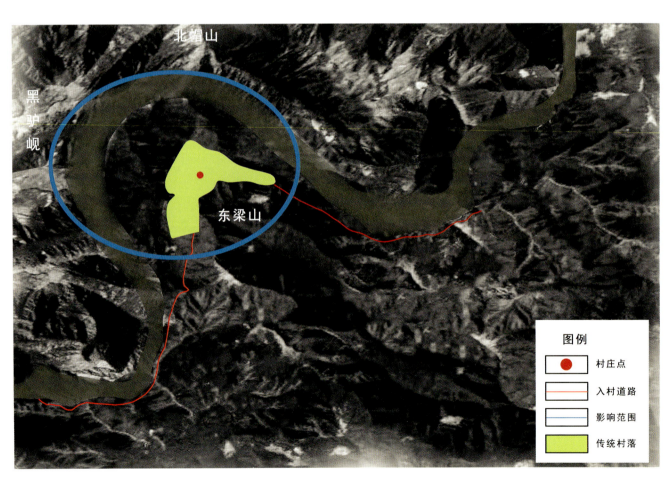

图3-2-8 南长滩聚落选址平面示意图

图3-2-9 南长滩村卫星图

图3-2-10 山环水抱的南长滩聚落选址

二、土地资源

村落形态与村落生产方式存在着高度必然关联，即经济发展模式和生产方式对村落形态生成会起到决定性的意义。任何意义、层面的村落规划都应当与村落的生产方式密切协调，必须将其与地形地貌、气候特征以及生态环境等因素相结合，因地制宜地形成村落的特定风貌。

土地与水源一样也是人类赖以生存的基本条件，是人类进行物质生产、保障生存需求的条件。宁夏北部历史上以牧业为主，农业为辅，故村庄选址随水草而居，居无定所。同时，因为土地广袤而人员稀少，村庄建筑往往较为稀疏、布局自由、星星点点散布在广袤的土地中。而南部山区则将较好的土地留给耕地，在耕地周边较高的区域选择二阶台地来盖房子。通过调整村落规划用地结构，积极促进村落合理的生产布局，使其从原有内向封闭的格局向外向开放的格局转变，对于村落的未来发展意义深远（图3-2-11）。

（一）宁夏土地资源概况

从秦汉时期起，宁夏地区农牧业主要分布在以固原为中心的六盘山地区，以及西北部的乌水流域，此时的聚落也大体沿着这一区域分布。至隋唐时期六盘山地区、北部的蔚如水流域为养马地区，而东北部为游牧民族区域，盐州亦为养马的牧区。明清时期六盘山（古称陇山）地区保留一部分森林，北部固原州继续实行马政，以及西安所（今海源地区）、韦州所、平虏所（今同心县）均为明代的军屯所在。其他区域则全部为农业区。因此，土地资源对聚落选址、区域分布的数量和密度起着基础性的作用（图3-2-12~图3-2-19）。

目前宁夏土地资源（特指与乡村生产相关的土地面积，包括耕地、园地、林地、草地等，不包括交通运输用地、城镇村及工矿用地、水域及水利设施用地等）总面积达4198550公顷，其中耕地面积1293243公顷，占总土地资源面积的30.8%，园地面积有50041公顷，占总土地资源面积的1.2%，林地面积767263公顷，占总

图3-2-11 宁夏北部灌区水系与农田关系（来源：王德全 提供）

土地资源面积的18.3%，草地面积2088003公顷，占总土地资源面积的49.7%。从土地资源的分布可以清楚地了解到，宁夏当地的耕地资源不到1/3，而其中旱地就占了60.4%，灌溉水田仅占耕地资源的14.3%，水浇地占耕地的25.3%，而草地资源则较为丰富，占到土地资源的将近一半。作为传统村落成长的农耕社会来说，土地资源极为紧缺，这是不争的事实，因此，历史上半农半牧聚落在宁夏传统聚落中占比较多也是当地人选择生产方式和居住方式的必然结果。

对于乡村聚落来说，土地是最重要的生产和生活资源，土地资源品质的优劣和数量的多少直接影响着聚落的选址、规模、密度和聚落群的空间分布，对聚落区域分布的数量和密度起着决定性的作用。只有当聚落的人口规模与土地资源、产业规模发展相互匹配的时候，乡村聚落才能达到最佳的发展状态。

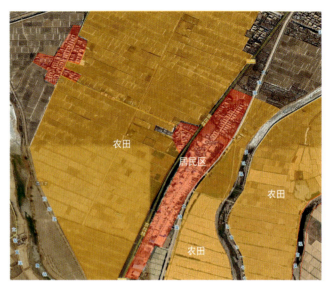

图3-2-12　吴忠市青铜峡市大坝镇韦桥村

图3-2-13　丘陵区聚落与土地

图3-2-14 彭阳县聚落与土地

图3-2-15 彭阳县长城村乔区组聚落东部与土地

图3-2-16 彭阳县长城村乔区组聚落北部与土地

以宁夏南部地区为例,进行土地资源特征分析,研究土地资源与聚落选址及空间布局的关系(图3-2-20)。

(二)宁夏土地资源特征分析

宁夏正处于西北干旱区和东部季风区两个大自然区域的过渡和交汇地带,自然环境的交汇特征影响着该地区土地资源的开发和利用。中南部地区总面积为3.052万平方公里,占宁夏总土地面积的58.7%。境内地形复杂,起伏较大,形态兼备,有山地、丘陵、水域等,耕地面积达953324.55公顷,占土地总面积的31.2%;园地70088.6公顷,占土地总面积的0.2%;林地228095.96公顷,占土地总面积的7.5%;牧草地1362487.08公顷,占土地总面积的44.6%;居民点及工矿用地79145.13公顷,占土地总面积的2.6%;交通用地18739.47公顷,占土地总面积的0.6%;水域26520.67公顷,占土地总面积的0.9%;未利用土地377138.29公顷,占土地总面积的12.4%。

1. 土地资源比较丰富,开发潜力较大

中南部地区人均土地面积达到1.5公顷,且类型多样,既有广泛分布的黄土丘陵,也有海拔较低的河谷平川,人均川、台、塬等平缓土地2.7亩,优于黄土丘陵沟壑区的其他地区。现有耕地中,南部山区有中低产田1445.16万亩,占耕地94.32%。土壤多为黑垆土,土层深厚,可耕性良好,加之坡度15°以下尚可改造的农耕地,人均耕地可达3.7亩。黄土丘陵地区有大面积的天然草场,发展畜牧业有一定的基础。地势平坦的河谷川地,热量条件较好,灌溉便利,可开发成为农耕用地,类型丰富的土地资源可分区发展农林牧业,土地开发潜力较大。

2. 土地质量较差，旱作农业面积大且垦殖率高

本地区土壤肥力不高，大部分土壤质地粗，有机质含量低，水分不足；北部地区，土地资源较丰富，仅银川、石嘴山两市就占全区耕地的17.9%，园地的37.8%，林地占59.1%。地区光热资源较充足，但水资源稀缺，土地资源难以开发利用。中南部地区，年降水量多在200~400毫米以上，地形破碎，坡地多，水土流失严重，荒漠化土地面积297万公顷，占宁夏总面积的57.4%。

中南部地区土地利用在空间分布上的特点是耕地占土地面积的35.9%，主要集中于梁峁为主的丘陵地带，且以坡耕地为主；缺点则是耕地质量差、水土流失严重。彭阳县分布有主要的园地，林地相对集中在西吉县境内，牧草地则主要集中在同心、海原两县。

由于土地类型以坡地为主，在梁、峁、塬的三大地貌类型中，坡度大于25°的占11.8%~26%，坡度15°~25°的占20%，坡度5°~15°的占20%~38%，坡度小于5°的占21%~30%。西海固地区建设用地仅占土地总面积的2.5%，其中居民点用地占68.5%，比例显然过高，交通用地主要是农村道路占19.1%。居民点及工矿用地一项中主要是村落居民点用地。村落居民点用地占建设用地的比例过高，人均占地面积过大；村落居民点及乡镇内部布局不合理，土地利用率低，浪费严重。因乡村聚落分散，山路崎岖，道路利用率较低，虽然道路用地所占比例较高，但农村交通依然不便。西海固地区土地利用结构不合理，耕地比重过大。土地利用方式粗放，广种薄收，集约化程度太低（图3-2-21）。

（三）耕地对聚落分布的影响

乡村聚落的空间生成与拓展是与农民赖以生存的土地资源的分布息息相关的。《礼记·王制》："凡制邑，度地以制邑，量地以居民，地、邑、居民必相参也。"也就是说凡安置民众，必须根据土地的面积来确定修建城邑的大小，根据土地的面积来确定安置人口的数量，要使土地面积、城邑大小、被安置人口的多少这三者互相配合得当，老百姓才能安居乐业。

耕地对以农业为主要生产方式的聚落规模与形态的影响有两个方面：①乡村聚落的开发与建设是人类按照时间的先后、质量的优劣对耕地资源的利用过程，因而一定区域内耕地数量、品质特征，以及农业生产方式、生产力水平的高低直接决定了宁夏地区乡村聚落分布格局；②耕地资源对乡村聚落的发展轨迹、形态布局影响极大。宁夏作为我国西北农牧交错带，生态环境脆弱，这一区域的乡村聚落居住用地服从生产用地的布局特征突出，反映出农业生产的重要地位。

（四）典型实例

百窑古村——彭阳县杨坪村河沟组位于一条沟谷内，谷内土质厚且坚硬，村民充分利用天然地形，尊重土地，在不可耕种的沟内进行窑洞的修建，在沟外的平地进行耕种，一方面节省了建房的材料，另一方面体现了当地人民的生存智慧。

杨坪村的选址属于利用平原处的冲沟地形，充分利用地形带来的优势，直接在冲沟所形成的垂直壁面上，进行窑洞的挖建，这样一方面节省了建造房屋所需要的自然材料，另一方面降低了建筑的能耗。

杨坪村河沟组位于一条河沟内，河沟为南北向，村落中的民居沿山谷两侧分布，其民居为靠崖窑，街巷沿河沟呈"人"字形分布。河沟外为村落的耕地，种植玉米、烤烟等，并分布有村委会、关公庙、九天娘娘庙、戏台等公共建筑。

土地也是影响杨坪村村落空间形态的重要因素。农田的耕地主要选择沟外的平地以及沟上的平地。这些土地满足村民基本的生产及生活。村民一般尽量在不占用

图3-2-17 海原县菜园村自然村（上）聚落北部与土地

图3-2-18　海原县菜园村自然村（下）聚落北部与土地

图3-2-19 海原县菜园行政村西塘自然村与土地

图3-2-20 固原市泾源县泾河源镇冶家村居民区域农田的关系

可耕地土地面积的前提下进行一些建筑的修建,体现了人地和谐的生态理念(图3-2-22)。

三、地形地貌

宁夏国土面积仅占全国总面积的0.6%,但因其特定的自然地理位置,南北狭长的轮廓和复杂多样的构造以及悠久的开发历史,自然地理环境表现出多样性特征。就地貌类型而言,有山地(占20.92%)、丘陵(占34.08%)、台地(占17.93%)、盆地(平原,占25.73%)等多种类型,此外还分布有典型的黄土地貌、风沙地貌和丹霞地貌(图3-2-23)。

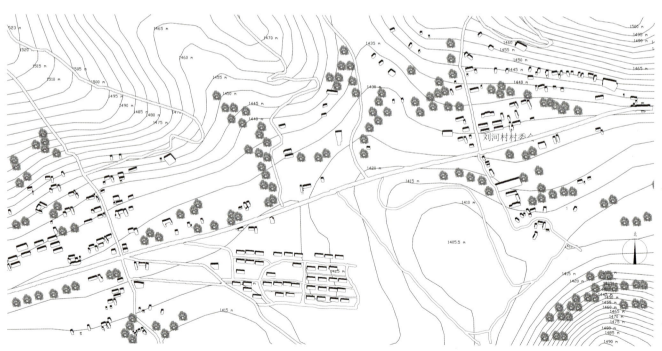

图3-2-21 南部坡地型聚落

图3-2-22 百窑村聚落与耕地

（一）地形地貌特征解读

地形地貌是聚落的基础，决定了聚落的基本形态。宁夏地区从地貌状况和水热条件看，大体可分为四部分：①北部贺兰山地是我国季风区与非季风区、内流流域和外流流域、荒漠草原和荒漠的分界线，也是农用地理上牧区与半农半牧区的分界线，贺兰山山前洪积倾斜平原是宁夏重要的畜牧业基地之一。银川平原降水稀少、气候干旱、日照丰富、地势平坦、地形辽阔，基本上属于黄河冲积形成的内陆平原，非常有利于农牧业生产（图3-2-24）。②中部灵武市、盐池县、同心县、海原县的地貌主要是丘陵台地、近南北向山地和山前盆地，地表广布黄土和沙地，丘陵梁峁和荒漠草原面积大，气候干旱，风多沙广，日照充足，蒸发强烈，不利于农业生产。该区域地广人稀，邻近黄河，是宁夏移民开发的重要地区（图3-2-25）。③南部西吉县、固原市原州区是我国黄土高原的一部分，地表崎岖破碎，丘陵沟壑纵横，是典型的黄土高原丘陵区（图3-2-26），属于温带

图3-2-23 西吉火石寨丹霞地貌

图3-2-24 银川平原

图3-2-25 中部荒漠草原地貌

图3-2-26 黄土丘陵区地貌

大陆性季风气候，降水量在300～500毫米之间，生态环境形成恶性退化，自然资源匮乏，是宁夏经济滞后的欠发达地区。④最南部的彭阳、泾源、隆德处于六盘山地，海拔高，形成阴湿低温的山地聚落群；六盘山阴湿地区，热量不足，降水不稳定，湿度较大，地形以山地和梁峁为主，崎岖不平，限制了对外联系和经济的发展。

平原地区的村落，主要考虑朝向，院落往往坐北朝南，同心和盐池地区由于深受游牧民族的影响，往往不设院落，平整场地后直接将主房建在场地中央，其他附属建筑以"一"字形或"L"形排开，不设院墙（图3-2-27）。丘陵区及山区的村庄则大多选址在山地或丘陵的阳坡，或者依傍河谷的平坦地带。大多背山面水建设房屋，这些区域往往易守难攻，易于排水而不易内涝。

宁夏中部干旱带的典型区域——盐池县处于我国西北农牧交错带，也是地形、地貌、气候、土壤、植被、资源利用上的过渡地带，历史上资源的过度开发，导致该地区成为典型的生态脆弱区。传统村落的空间分布受自然地形、地貌、生态环境的影响导致南部麻黄山分布密度最高，该区域属于典型的黄土丘陵梁峁地形，海拔较高，地形破碎，形成很多山地相隔的小平地，而且南部降水较多，风力较弱，土壤肥力高，有利于耕作。同时村落布局同样会选择采光好、避风向阳的坡向。此外，较为平缓的阳坡不但采光好，温度适宜，而且较阴坡有更加丰富的降水，有利于耕作生产。这表明居民在

图3-2-27 无院墙"一"字形民居

图3-2-28 盐池县典型民居

图3-2-29 盐池县民居后院的滩羊

对乡村聚落区位进行选择的时候，会在高程和坡度的基础上综合考虑坡向因素（图3-2-28、图3-2-29）。

（二）地形地貌与聚落空间布局特征

在各种自然环境要素当中，地形地貌条件不仅限定了区域的地面径流与水的运动方向，同时对太阳辐射、水热条件等在局部地段的再分配起着决定性的作用。因此在一定程度上，地形地貌条件构成了聚落以及区域发展的最基础条件，深刻影响聚落的空间布局，如平原地区、山地、丘陵区，往往表现出不同的聚落布局结构。

宁夏中部同心、盐池地区是宁夏回族自治区水土资源组合最差的干旱半干旱区，以牧业生产方式为主、农业为辅，社会经济多年停滞不前，城乡之间经济和社会联系很薄弱。受干旱区地形、地貌及气候影响，区域内土地贫瘠、沙化，水土流失较为严重，耕地生产能力低，土地及环境承载力低下，由于土地广种薄收，一户往往有上百亩旱地，为了便于耕作，有劳作半径限定，当地百姓多数就地（耕地）而居，故聚落零落、分散。户与户之间联系不紧密，信息传递不畅，交通十分困难，导致聚落发展缓慢，基本属于国内乡村聚落体系发展的最低阶段，特征如下：①乡村聚落规模极小，有的甚至只有一两户人家，经济基础十分薄弱，尚未形成一定的集聚规模优势；②聚落分布松散，呈点状发展；③聚落的空间分布表现出明显的牧业经济特征，聚落之间距离远，空间联系弱。

由于地形地貌的特殊性对乡村聚落的分布限制极大，中部、南部属丘陵沟壑区以及六盘山地，其乡村聚落特征体现着当地地形地貌的回应：①聚落规模较小，乡村聚落选址局促，一般坐落在山坡上，将位置较好的、便于灌溉的平坦土地留作耕地；②区域内乡村聚落的形成严格受制于河谷、山地所形成的交通、道路的基础设施的走向，住宅选择一般背风向阳，整体布局沿等高线平行或垂直布局，建筑朝向也因地形原因多变而没有统一朝向；③聚落的空间分布不均匀，与河流的分布特征相近，表现为枝状特征。其余聚落则分散于河谷川道与山前盆地之中。空间表现特征为：平原地区——分布密集，成串珠状；台地——散点状；河谷地区——枝状（图3-2-30～图3-2-32）。

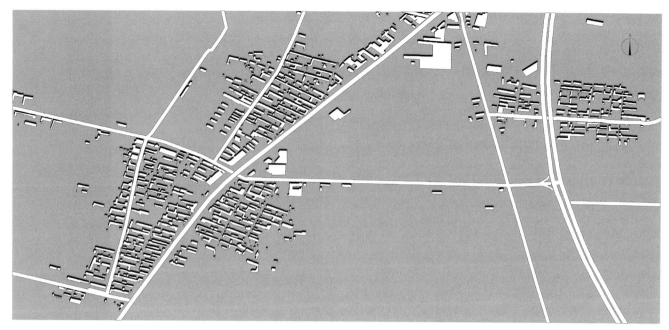

图3-2-30 北部平川聚落

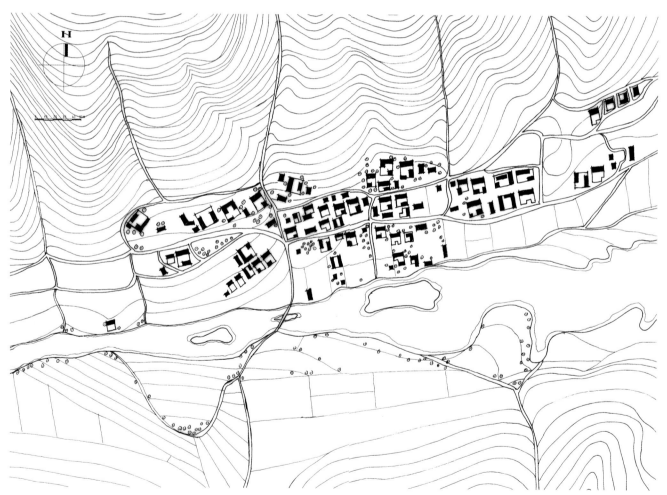

图3-2-31 中部河谷聚落

102

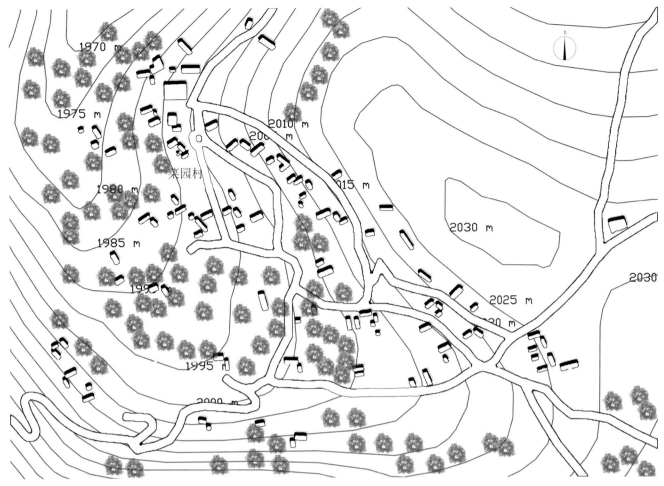

图3-2-32 海原县菜园村民居与坡地的关系

（三）地形地貌与聚落类型及特征

宁夏地区的居住形态是由其千沟万壑的塬、梁、峁、沟等地形地貌所演化而来的乡村聚落的地域类型。原来的平原、川地的较大规模的聚落发展缓慢，小型聚落则星罗棋布，整体分布格局由集中式向分散式演化。宁夏地区聚落按照所处地形、地貌特征可分为平川型、坡地型、半川半坡型和河谷型四种类型。

1. 平川型

平川型聚落的主要特征是选址于平原、川区，或较大的盆地、塬地中，由于地势平坦便于聚落的扩展，故聚落规模一般比较大。聚落平面形状近似于矩形、多边形或圆形，此类聚落多由早期定居者住房的周边不断拓展形成，道路外部交通便捷，内部则复杂多样、纵横交错，院落或呈平行，或从聚落中心向外发散状排列，回族聚落的中心往往是位于村西北的清真寺、拱北或道堂。如同心县王团镇北村、南村体现了集居型聚落特征，人口较集中、房屋布局较为紧凑，朝向相对统一。此类聚落在宁夏中北部的银川市、吴忠市境内较为多见（图3-2-33～图3-2-35）。

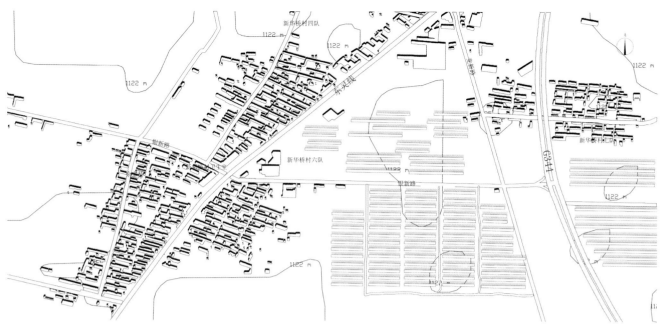

图3-2-33 吴忠市利通区新华桥村

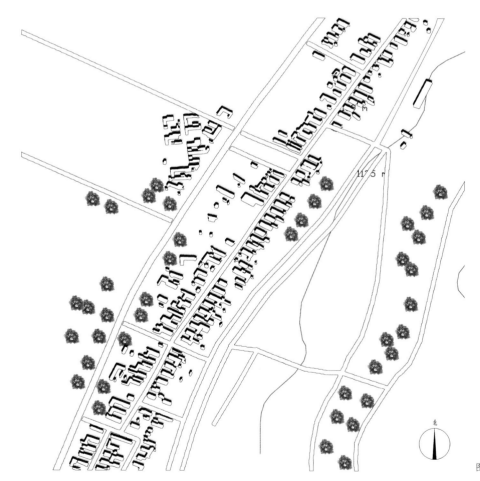

图3-2-34 吴忠市青铜峡大坝镇韦桥村

图3-2-35 银川通贵乡聚落

2. 坡地型

坡地型聚落往往规模较之平川型聚落要小很多,聚落的主要特征是选址于山坡之上,将较为平坦且交通、取水便利的土地留给耕地。由于选址的原因,聚落形状与布局往往沿着山坡的走向,一般为山体等高线方向布局和垂直于等高线两种。以山体的坡度而定,聚落形态或呈扇面展开,或呈不规则几何体;聚落内部结构垂直空间变化明显,层级关系多为梯度状排列。回族聚落的清真寺、拱北或道堂等重要宗教建筑一般位于交通便利的平坦中心区。由于地形原因,聚落的空间拓展较为困难,常常沿等高线呈散点状展开。这类聚落在西吉、海原地区分布较广(图3-2-36、图3-2-38)。

3. 半川半坡型

半川半坡型聚落据推测早期应选址于川地区域,早期居住的人们修建住房,背山面川,利于出行耕作,又便于躲避土匪侵扰。随着人口的不断增长,聚落规模不断增加,川地空间日渐狭小,为保留耕地,人们只好将住宅沿着坡面建设,由靠崖窑洞式房屋,层层递增逐渐形成现在的半川半坡型居住形态。聚落的外部形态常常沿着川道呈线形分布,内部结构一般为上下错落多层级,回族聚落的清真寺、拱北、道堂等宗教建筑则建于平川地(图3-2-37、图3-2-39)。

4. 河谷川道型

河谷川道型聚落由于受空间狭窄的限制多为原始聚落,规模很小。聚落外部形态多为散点状、串珠状及带状,内部结构则散乱。聚落发展常常以点为中心,向四周呈不对称状发展,逐渐发展成较大的村落。回族聚落的清真寺、道堂、拱北等宗教建筑往往位于可达性较好的区域(图3-2-40、图3-2-41)。

(四)典型实例

黄河自西南甘肃省靖远县穿越黑山峡观音崖进入

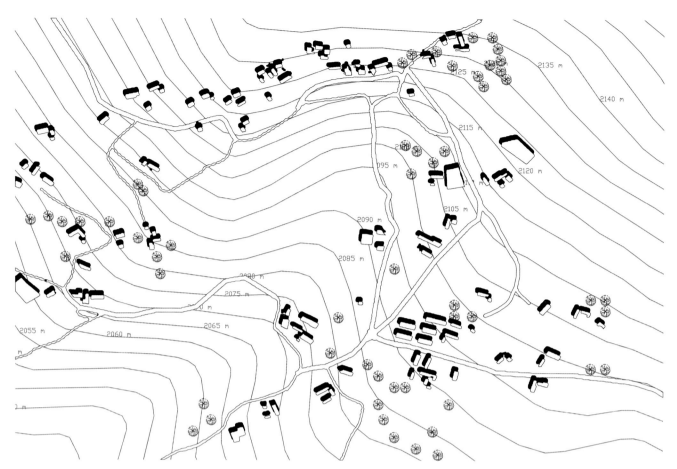

图3-2-36 原州区张易镇芦子沟村

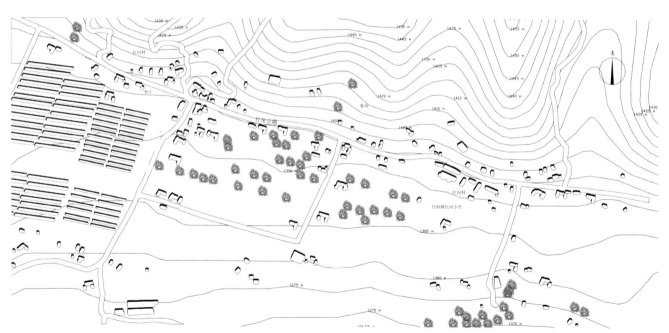

图3-2-37 固原市彭阳县红河镇红河村

宁夏中卫境内的香山乡南长滩，向东北流经帽儿山到达北长滩。这里是宁夏境内黄河经过的北岸第一个村庄——北长滩村，位于中卫市沙坡头区迎水桥镇西南约32公里处的黄河北岸。此处河床狭窄，河湾曲折，水流湍急，两岸山峰林立，峭壁相错，海拔高度在1600~1900米之间。黄河在北长滩形成了五六个大小不一的"S"形转弯，在黄河北岸随河弯形成几处弧形台地，台地高于河面5~30米之间，呈缓坡、阶梯状连接到北部山脉，北长滩传统村落就位于沿河的北岸带状台地之上，自西向东依次为上滩村、下滩村。周围群山环抱，黄河滔滔不绝地从村前绕行向东北方向流去。传统长城遗址从村落对岸沿山脉东西向蜿蜒分布。由于北长滩位于宁夏黄河北岸最西端，故被称为"宁夏黄河北岸第一村"。

北长滩传统村落隶属中卫市沙坡头区迎水桥镇管辖，由上滩村、下滩村两个自然村组成，总面积约1.33平方公里。黄河将北长滩分为南北两个部分，黄河以南与中卫香山乡黄泉村相连，东与常乐镇大柳树村相邻，西与南长滩村相接；黄河北岸西靠甘肃省景泰县翠柳村，东靠迎水镇孟家湾村，北部越过山脉与迎水镇长流水村相邻。

北长滩村民均居住在黄河北岸临河的台地之上，南岸多为耕地和放牧区。这里的地貌为祁连山余脉构成的基岩山地，属于黄土高原与北部沙漠过渡地带，多由东西向排列的鱼脊状山峰组成，逶迤连绵，岩石裸露，土壤瘠薄，为干旱性荒漠气候，气候干燥，雨水稀少，生长有耐旱植物。

北长滩村选址于山谷脚下，三面环山，具有"形局完整、山环水绕、负阴抱阳、金带环抱"之传统风水格局。数百年来，北长滩村一直延续着严谨的宗族聚居的聚落形式并逐步建设。村落依山就势、院落规整有序、村野相互交融，形成有机生长、和谐共生的村落布局形态（图3-2-42）。

上滩村、下滩村传统村落靠山面河，沿黄河北岸为带状分布的农田和茂密繁盛的果木园林，在较高的台地之上为村落居住带，房屋多坐北面南集中而建，整体自西向东分布，由南向北阶梯状不规则错落排列（图3-2-43~图3-2-46）。

四、小气候

气候影响聚落的营建，只有能够适应地区气候的聚落才能创造出良好的人居环境。气候对于乡村聚落选址、布局以及乡土建筑空间、形态的形成有着重要的影响，地区气候的适宜与否直接决定着建筑形态、建筑材料、构造技术、结构选型等乡土建筑建造选择的自由度，同时对于聚落营建的限制也更多。

长期可持续发展的传统村落，往往具有很好的小气候。宁夏地区南北气候差异主要体现在降水和蒸发量上，总体位于中国气候区划的寒冷地区，每年有五个月以上的寒冷期。因此，避风、保暖是聚落创造小气候的关键所在，山地聚落，往往东、西、北三面最好有山环抱，以保证聚落在漫长的冬季不受寒冷的北风侵袭；丘陵盆地的聚落往往东南角有豁口，以便在夏季能够使得聚落充分通风。

对于中部干旱带的聚落来说，土地沙化、荒漠化对人们生产生活造成很大的负面影响，防风避沙是聚落建设必须采取的防御措施。选址上就会主动避开流动性沙地，同时避开风速较快的区域，风向自然也是聚落建设必须考虑的主要影响因素之一，也是"相其阴阳之和，尝其水泉之味，审其土地之宜，正阡陌之界"的反映。

（一）气温时空分布特征

宁夏大部分地区的海拔高度在1000米以上，年

图3-2-38 海原县菜园村鸟瞰图

图3-2-39 海原县半川半坡型聚落

图3-2-40 河谷川道型聚落

图3-2-41 固原河谷川道型聚落

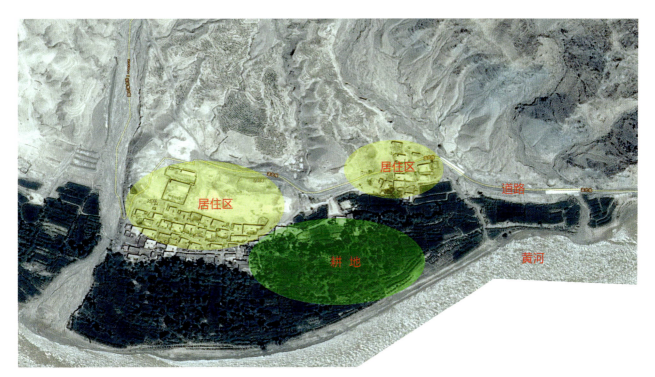

图3-2-42 北长滩上滩村现状示意图

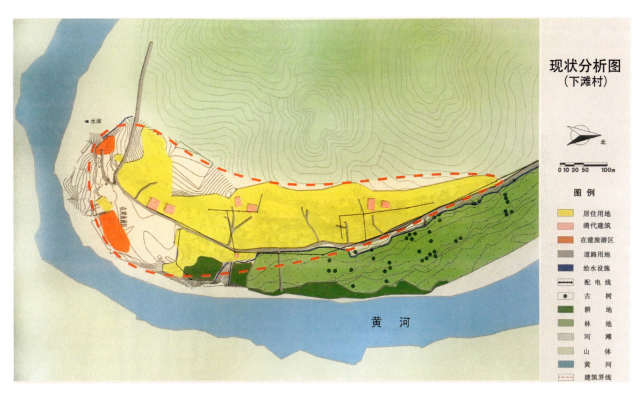

图3-2-43 北长滩下滩村现状总平面图

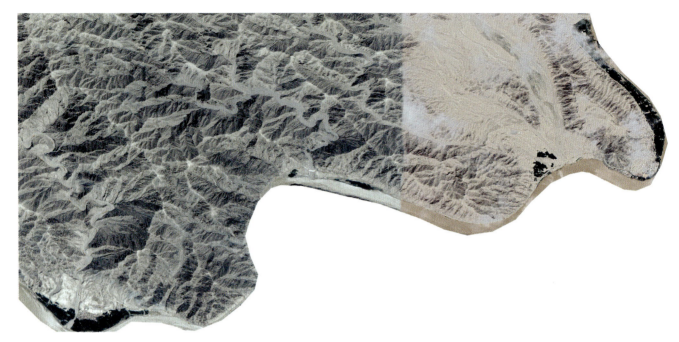

图3-2-44 北长滩卫星图

图3-2-45 北长滩聚落民居院落

图3-2-46 北长滩聚落环境

平均温度为4~9℃（不包括高山），同心以北地区为8~9℃，固原地区为4~9℃。宁夏境内由于受到南高北低、贺兰山屏障作用以及其他诸如纬度、地貌等因素的综合影响，温度分布比较复杂，有以下特征：

（1）南凉北暖，年平均温度分布呈"一脊两坡"状态

从年平均温度看，灌区温度高于山区，按地理变化来说，呈"一脊两坡"状。即以中宁为高温中心区（9.2℃），向东、西、北部为平原地区，向东为盐池，向西为中卫，向北为石嘴山，基本呈现递降的趋势；而向山区，则由中宁向西南到兴仁，东南到韦州及麻黄山，南到海原、固原、隆德、泾源一带，也基本呈现递降的趋势。

（2）冬季南温北寒，夏季北热南凉

从整个冬季气温来看，宁夏冬季以海原为暖中心，而固原、泾源等大部分山区的气温都较之川区更高，分布类型与年总趋势正好相反。

（3）极端气温及日较差

宁夏最高气温极端值北部高于南部，而最低气温极端值南部高于北部。例如灵武（北部）曾出现过41.4℃的极端最高气温值；银川、兴仁都曾出现过-30℃以下的极端最低气温值。

因此宁夏地区冬季的严寒以及日较差大是聚落营造的重要影响因素。

（二）聚落保温

1. 选址背阴向阳

村落选址一般选择山地南坡朝阳地带，这成为聚落选址的经验。而且由于当地的主导风向是西北风，南向

图3-2-47 负阴抱阳的坡地聚落

山坡除了充分接纳阳光外，这种基址还能够有效地阻挡寒流（图3-2-47、图3-2-48）。

2. 院落围合保暖空间

宁夏地区民居院落基本都是以院墙或者房屋的后墙、山墙将建筑单体组合在一起围合成一个整体院落以获得更好的内聚性特征，从聚落保暖方面来看也是必不可少的措施。当地的院落布局方式有"一"字形带院墙、二合院、"L"形带院墙、三合院，以及四合院等几种。其中以"一"字形带院墙和"L"形带院墙为主要围合方式。

院落的布局方式一是心里归属感的需要，二是领域感的需要，三是由于当地气候寒冷、风大沙多、气候恶劣，通过院落的围合可以获得小空间内气候的调节，对聚落保暖有一定的积极作用（图3-2-49）。

（三）聚落采光

太阳能作为一种新型能源与传统能源（石油、天然气、煤等化石能源）、核能等相比，有着清洁性、长久性、普遍性等特点。能够高效地开发利用太阳能资源，是应对能源危机挑战的最佳选择，将有助于保证在全球能源紧张形势下的国家安全，增强国家在国际能源竞争中的优势。

宁夏地区太阳能资源丰富，同时因地域不同而变化较大，总体特征是北部多于南部，南北相差1000兆焦/平方米。西海固地区同时也是宁夏乃至全国太阳能资源最为丰富、分布最为均匀的地区，特别是北部盐

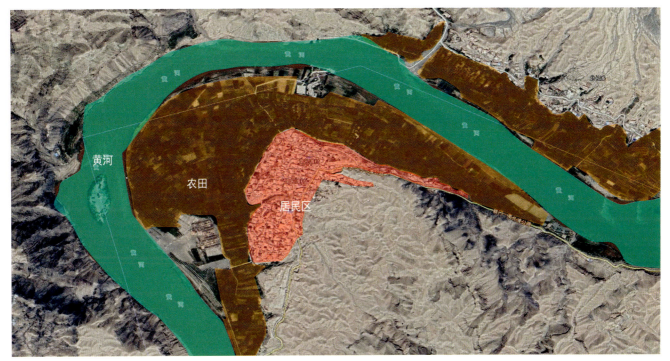

(a) 南长滩聚落选址背阴向阳

(b) 南长滩聚落房屋背阴向阳

图3-2-48 南长滩聚落

图3-2-49 三面围合的民居院落

池、同心两县,每年太阳能辐射总量达5000~6100兆焦/平方米。

1. 日照时数较多

宁夏年日照时数为2194~2082小时,由北向南递减(图3-2-50),且太阳辐射能直接辐射多、散射辐射少,对太阳能利用十分有利。全年平均总云量低于50%,阴天少,晴天多,年日照百分率达64%,北部石嘴山地区年日照时数高达3100小时,据分析在全国31个省会城市太阳能可利用状况综合排序中,银川太阳能可利用状况占第三位,仅次于拉萨和呼和浩特。

宁夏年平均气温较低(5~9℃),无霜期短(日最低气温2℃,无霜期为113~161天),均呈由南向北逐渐增大的变化趋势。中部、北部灌溉区,年太阳辐射总量140~145千卡/平方厘米,年日照时数3000小时左右,是我国太阳能高值地区之一;南部山区,年太阳辐射总量118~128千卡/平方厘米,年日照时数2200~2700小时。

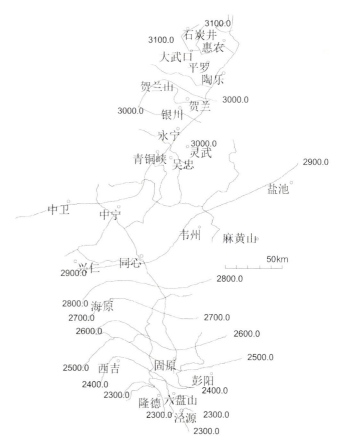

图3-2-50 宁夏全区日照时数分布图(0.1小时)

宁夏中南部各地太阳辐射表（单位：兆焦/平方米） 表3-2-4

月份	1	2	3	4	5	6	7	8	9	10	11	12	全年
盐池	310.25	365.17	456.28	569.22	658.10	678.68	650.73	558.15	446.45	432.19	305.39	280.88	5711.49
同心	318.99	387.52	493.32	577.21	707.61	734.68	678.56	626.90	462.19	454.60	346.80	314.19	6102.57
海原	298.98	353.31	468.17	525.92	656.14	694.51	651.47	545.93	419.36	428.56	305.37	294.06	5641.78
西吉	269.33	314.29	432.16	492.31	620.28	659.56	573.15	504.74	375.41	359.63	283.11	276.38	5160.35
隆德	257.37	309.65	406.45	477.56	601.87	625.29	553.45	498.58	359.92	360.32	273.39	274.22	4998.07
固原	279.31	330.60	422.35	505.27	633.25	676.51	601.66	525.23	378.30	395.84	298.98	285.95	5333.25

（来源：整理自《宁夏太阳能资源评估分析》）。

2. 太阳能辐射丰富

西海固地区太阳辐射分布较均匀，总体上看，北部辐射量大于南部，南北相差约1000兆焦/平方米，统一区域年际变化相对稳定。从太阳辐射量来看，同心县最大，达6100兆焦/平方米以上，全区平均5781兆焦/平方米（表3-2-4）。盐池县次之，在5711兆焦/平方米，以上两县是我国太阳辐射的高能区之一。固原原州区比较少为4947~5641兆焦/平方米。从各月分布情况看，各地均在5、6月出现最大值，12月出现最小值。

1）聚落用地布局松散、房屋密度低

宁夏大部地区位于北纬35°14′~37°32′，纬度高，冬季寒冷漫长，采暖期一般达到6个月以上，太阳高度角小，为了接收更多的太阳辐射，加之地区草原荒漠区地形平坦，多为平原团状聚落，中部、北部的同心县与盐池县的聚落人口密度较低，聚落居住用地布局松散，房屋密度较低（图3-2-51~图3-2-58）。

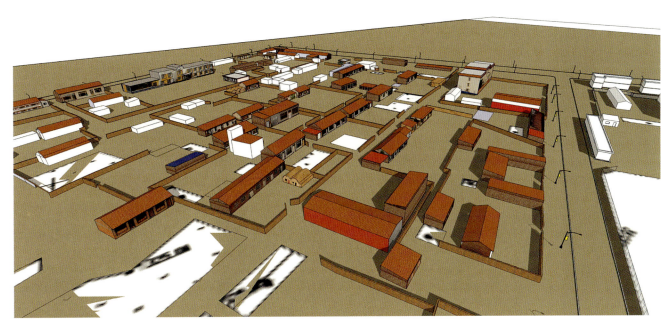

图3-2-51 同心县王团镇北村

图3-2-52　王团镇北村聚落鸟瞰图

图3-2-53　王团镇北村东部鸟瞰图

图3-2-54 王团镇北村北部与土地

图3-2-55 王团镇北村清真寺鸟瞰图

图3-2-56　王团镇北村松散的院落

图3-2-57　王团镇北村民居风貌

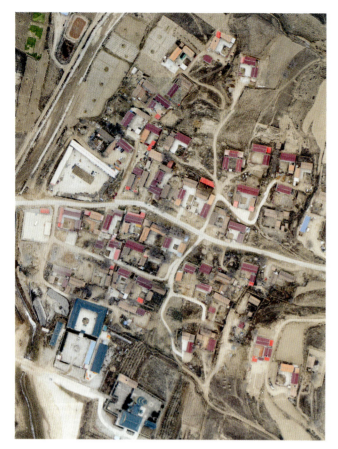

图3-2-58 海原县王井村民居布局松散

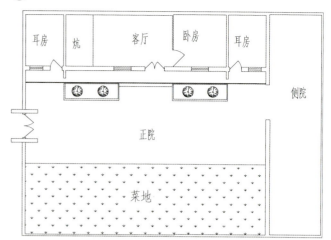

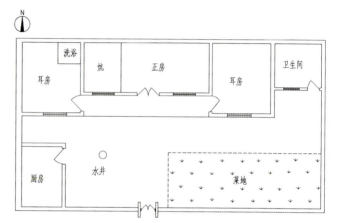

2）大而松散的横向院落布局

横向院落式是指院落的面宽远大于进深，通常面宽能够达到进深的两倍左右。建筑东西向展开布局，一家或几家呈"一"字形朝南排开，院落开阔。这时由于特殊的日照条件（纬度较高，太阳高度角小），为了充分利用太阳能加之人少地广的原因，当地院落空间较为开阔，从而形成了院落较为丰富的光环境，充分满足了院落中居住建筑间的日照间距。一般院落的规模为：东西向27米左右，南北向15米左右，最大可达45米×20米，建筑布局松散，尽量让每个房间都能接收到阳光，这就完全不同于关中地区的窄长院落，更区别于新疆的紧凑内院、建筑单体的稠密布局（图3-2-59）。

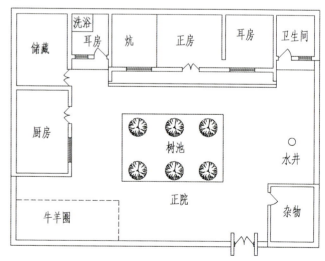

图3-2-59 典型的大而松散的院落布局

第三节　聚落选址与空间布局的社会因素

对于乡村聚落来说，水资源是聚落赖以生存的决定性因素，水资源的承载力决定着聚落选址及规模；土地资源是农民最重要的生活和生产资料，直接影响着聚落的选址、规模、密度和聚落群的空间分布。随着社会经济的不断发展，交通的便利性也日益成为聚落不断扩张、发展的引导性因素。

一、制度因素

从宁夏地区村落演变的历史来看，与中原地区有较大差异性。原始社会至春秋时期，宁夏境内由于多民族融合、迁徙及战争的影响，并未形成真正意义上的村落体系，当地部族均以狩猎游牧为主。秦至汉代，初步形成村落体系雏形，但十分不稳定。西汉时期因郡县体制而建立的村落体系被冲击和打破以后，近1400年里，宁夏地区较为完整并持续稳定的地方村落体系一直没有建立起来，这种情况一直到明清时代才有所改变。明清时代系统建立的地方堡寨及其民堡化和村落化奠定了宁夏近现代村落体系和分布格局的基础。清朝建立以后，宁夏地区长期的军事对峙和战争基本结束，遗留下来的军事卫所堡寨日渐民堡化，从而发展为一个个村镇，使得村落体系较为全面和完整地建立。民国《固原县志》述其村落情况，固原辖境辽阔，地广人稀。四乡中，有十余家为一村者，有三五家为一村者；甚至一家一村，而彼此相隔数里、十数里不等者。

根据上述相关研究成果，基本可以得出的结论是：从宏观角度看，影响宁夏地区的村落选址、分布的社会因素首先是制度因素，由于国家朝代、制度的不断更替，村落体系形成、破坏，再次经历上千年的变迁，汉代不断积累，唐代逐渐巩固，明朝由于国家稳定之后，才真正逐步建立。同时，宁夏是我国回族的重要聚居地，也是我国唯一的省级回族自治区。千百年来，从"灵州回回"到"三边两梢一山"的分布格局，并且形成了聚族而居的聚落模式。但是，随着"吊庄""生态移民工程"的不断实施，回族聚落的分布格局也发生了较大的变化，与汉族的杂居则成为回族聚落重要居住形态。受这种因素影响的聚落实例有隆德县梁堡村、彭阳县杨坪村等。

（一）隆德县梁堡村

1. 村落区位与选址

隆德县奠安乡梁堡村，位于六盘山东麓，是奠安乡下辖的一个自然村。村落依山而建，随地就势，高低错落，村落在柴家沟和范家峡两道沟壑中间凸起的山丘平台上，两道沟壑在村前汇合，常年有水，是渭河的支流，向西直通甘肃，是丝绸之路的通道之一。村落布局随地势呈东北高、西南低的走向，居高临下，北靠山，南临河，避风向阳，民居呈扇面状分布（图3-3-1）。

梁堡村所处地理区位是六盘山西出陇右的通道之一，与隆德县军事防御关联较为密切。其地势险要，介于山川之间，易守难攻，具有重要的军事防御功能。据《隆德县文物志》记载，梁堡村的堡子主要用来防御战事。

从梁堡村的选址也同样可以推断堡子明显的军事特征，堡子环山而筑，堡墙设有马面，堡子两侧是河道，具有军事防御性特征，因此判断堡子的修筑应该与军事防御有关。当地人称梁堡为"宋城堡"，这与第二章对宁夏地区聚落的特征总结十分吻合，即：宋西夏时期当地由于宋与西夏常年交战，故形成了城—寨—堡的聚落体系（图3-3-2～图3-3-8）。

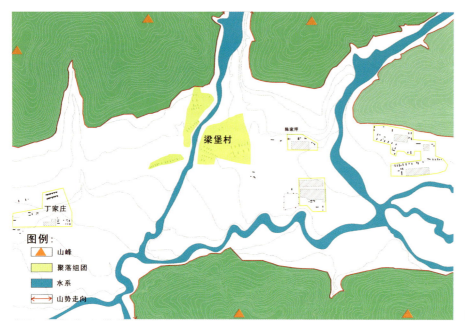

图3-3-1 梁堡村选址与格局分析图

1:6000

图3-3-2 奠安乡梁堡村卫星图

图3-3-3　梁堡村堡子鸟瞰图

图3-3-4　梁堡村堡子内主要街巷

图3-3-5 梁堡村山形地势

图3-3-6 梁堡村堡子内院落肌理

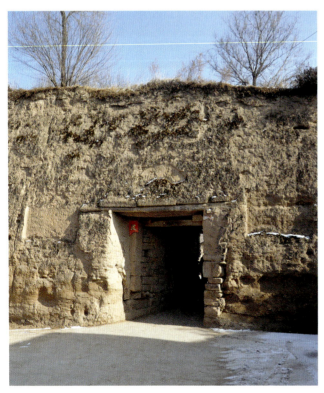

图3-3-7 梁堡村堡门

图3-3-8 梁堡村巷道

自元代以来，这里是西通陇右之孔道，丝绸之路之要冲，曾商贾云集，是当地贸易集散地。甘渭河东西贯通，交通十分便利。翻越六盘山，沿范家峡河谷地西进，这里山谷隐蔽，河道畅通，路面平缓向阳，十分适合商贸交易。

(二)彭阳县杨坪村

1. 村落区位与选址

杨坪村地处构造剥蚀丘陵区,四周一般为负地形环抱,顶部开阔平整或微微倾斜。杨坪村河沟位于一条沟谷内,地形北高南低,自西南向东北逐步降低,平均海拔1300米。沟谷内土质厚且坚硬,村民充分利用天然地形,尊重土地,在不可耕种的沟内进行窑洞的修建,在沟外的平地进行耕种,一方面节省了建房的材料,另一方面体现了当地人民的生存智慧(图3-3-9、图3-3-10)。

2. 村落的发展与变迁

据《杨氏族谱》记载:"杨坪杨氏有杨坪名,无杨坪队(组)",说明杨坪是该族的统一族号。现相对集

图3-3-9 彭阳县地貌

图3-3-10 杨坪村鸟瞰图

中的有杨坪村的吊岔、西庄、南岔、南沟、刘沟、河沟六个组；杨塬村的杨塬、岔脑、杨沟、杨洼四组；北塬村的上湾、下塬、岔濠、陈湾四组；涝池的小庄，长城的叶寨，刘塬的亮马台，孟塬的施坪、李沟等五组，分布在小沟两边二十多里长的山塬地带上。集中居住分为三乡六村十九组。另外，还有散居于彭阳、环县两地的十四个组，是清代移民搬迁而形成。明代移民后，于洪武十四年（1381年）编制"黄册"，一直到洪武二十四年（1391年）全国黄册才编制完成。以所编黄册为依据管理全国户籍。查阅资料，杨氏从1391年以"军屯"落居杨坪，当时叫什么名字，不得而知，相传叫"吊州府"，但未见史籍记载。据楼院房杨志贤老先生保存契约文本来看，杨坪应称："平凉卫后所三屯三旗"，当时"黄册"是一总旗五小旗，"鱼鳞册"则为"杨家坪""杨家北塬""杨家南塬"。行政区域隶属为陕西承宣布政使司（现陕西省）平凉府镇原县平安寨（现城阳乡）杨坪屯（村）。据《府志》和杨志贤老人契约文本记载，平凉卫及后所均驻平凉城，"百户"（屯）驻红河苏什堡，总旗驻杨坪南岔。

3. 村落空间布局

村落的整体空间上，在水平方向上，受地形地貌的影响，冲沟型村落大多随地形、地势、道路或水系方向顺势延展形成线形布局的带形空间。此类村落，空间语言表现出线的形态，具有方向性，聚落一般轴向生长，无法形成纵向内部道路网络，而是利用街巷连接路网，此类聚落规模较小，人口少，有单个村落形式，也有与其他村落连接形成网状空间布局形式。

在垂直方向上，村落断面高度一般为7~10米，两个相对崖面方向最窄处一般有20米，最宽处有270米，沿着地形分布的村落总长一般为400~1000米（图3-3-11）。

4. 院落空间特征

靠崖窑与土木结构的房屋共同构成了窑洞建筑四合院，空间秩序井然。院落空间上受地形的限制，窑洞的院落沿着等高线分布，形成冲沟型村落特有的沿沟两侧

图3-3-11 村落竖向空间分析（来源：王军 提供）

平行分布的院落。围墙一般用当地的材料黄土进行夯筑，用高高的夯土墙围合成院落，以此创造出窑洞微气候。院落内种植有当地村民自己家的瓜果蔬菜，可以调节院落内的风速、温度与湿度。在材料的使用上，村落里的生土建筑——窑洞，则充分发挥了生土材料解放土地、节约能源、保护环境、争取空间、节省投资、热稳定好、保温性能良好、节省工料、就地取材、因地制宜的优势，同时生土材料还有调湿、隔声、透气、防火、能耗低、造价低等特点，并且使用后可以回归自然或回收再利用，完全符合低碳、节能的要求。一般的院落为长方形，长边尺寸在18~35米之间，短边在6~18米之间，窑洞面宽一般为3.3米，窑腿宽为3~3.6米，窑洞室内高为3.5~4.3米，窑洞进深9~12米。

二、"天人合一"生态观

儒家学派代表人物孔子认为："夫大人者，与天地合其德，与日月合其明，与四时合其序，与鬼神合吉凶。先天而天弗违，后天而奉天时。"[①]基本可以推断，古人在农业生产过程中充分了解并认识了天、地、日、月以及春、夏、秋、冬四季的轮回与自然规律，认为人类只有顺应自然轮回的周期、遵循自然规律，才能真正获得自由。这个观点表达了儒家学派所倡导的人对自然的认识、人和自然和谐共存的真谛。

生态伦理观，是指人们对待地球上的动物、植物、生态系统和自然界中其他事物的行为的道德态度和行为规范的知识体系。从当代意义上看，中国传统文化中蕴含着尊重大自然的规律、合理利用和开发自然等具有鲜明特色的生态伦理思想。

被视为"最不适合人类生存"的宁夏西海固地区的人类却顽强地生存了下来，在如此恶劣的自然条件下，最关键的支撑应该是文化与精神。本土生态环境在相当恶劣的状况下与人类的生存一样基本维持下来，可以说在很大程度上是基于一种可持续的、稳定的并富有实效的制度性资源——文化的维系。在生存方式极其有限的条件下，传统村落是当地群众经过长期选择、积淀的人类聚居环境的复杂系统。这些聚落在长期的形成与发展过程中体现出明显的生态性特征，记载了历史、人文发展的沧桑以及人类顺应自然、改造自然、利用自然的过程（图3-3-12~图3-3-14）。

三、交通因素

交通线路是影响乡村聚落空间格局的重要因子，且不同类型等级的交通与乡村聚落空间分布的相关性不同。研究表明，一般省道和县道与乡村聚落空间分布有较高的正相关性，铁路和高速公路与其则表现为负相关关系。

宁夏地区村落选址及布局受到地形、地貌的影响，较为平坦的盆地、川地聚落布点较多，同时规模较大；在地势较为平坦的中部干旱区的同心县，则呈现出单个聚落面积较小的散点式布局特征，规模最小的聚落只有三五户，最大的也不过二三十户（图3-3-15）。丘陵地区则聚落分布较少，西吉县坡地则聚落枝状分布较多（图3-3-16），同时规模有限，呈现出"满天星"的布局特征（图3-3-17）。

宁夏平原顺应黄河走势呈条带状，主要交通干线在黄河西侧南北向通过，宁夏平原大中小城市、主要建制镇如串珠一样分布于交通干线上。在山区或丘陵地区，由于受地形地貌及水源的影响，居民点往往沿山谷、公路及河流分布；在比较平坦的地区，为了发展商品农业的便利而借助交通干线呈条带状分布。这种居民

---

① 《周易·文言传》。

图3-3-12 顺应地形与气候的聚落

图3-3-13　海原县菜园行政村陡沟自然村

图3-3-14　海原县菜园行政村二沟自然村

图3-3-15 隆德县沿着道路线形布局的村庄格局

图3-3-16 盐池县沿着道路分散布局的村庄

图3-3-17 彭阳县村庄与道路的布局关系

点布局形式能够方便农村交通，增加各个村之间的交流与联系，方便农民的生产生活。

未来产业的转型及农业现代化发展对乡村聚落交通的可达性提出了更高的要求，距离道路近的地块垦殖、收割、农产品运输的便捷性大大优于偏远地段交通封闭的地区。因此，宁夏地区应将距离公路超过5公里、交通不便、人口规模极小的山地、坡地型村庄进行生态移民。

（一）红崖村

1. 村落区位与选址

红崖老巷子即六盘人家红崖民俗文化村，位于宁夏回族自治区固原市隆德县城关镇红崖社区，紧邻青兰高速隆德出口，距县城1公里，总占地面积20万平方米。全村有住户300户，常住人口1324人，老巷了（红崖村一组）有102户。红崖老巷子东倚龟山，西临清流河，南靠清凉寺，村子东山及西川为农田，村落整体依山而建，居民区坐落在东山台地，避风向阳，靠近水源，汲水方便，南北排布，错落有致，从山底向半山腰按扇形分布，各家各户大门向西，清凉大道南北贯穿全村（图3-3-18～图3-3-23）。

红崖村自宋元以来一直是隆德县的东南门户，历史上的红崖村，曾数次成为争夺隆德县城的指挥中心，其中重大的战事如宋金争夺德顺军之战、成吉思汗拔德顺州、李自成攻占隆德城等，都曾在红崖村安营扎寨。民国24年（1935年）秋，红二十五军长征途经隆德，其先遣部队宿营在红崖村，召开党委扩大会议，研究部署工作，为该村留下了鲜明的红色革命文化印记。

2. 村落非物质文化遗产

宁夏隆德县，位于宁夏南部六盘山下，正当古丝绸之路必经的要道。在地理方位上，与甘肃省的静宁和庄浪相邻，是一处蕴含古文化非常丰厚的地方，体现在非物质文化遗存方面，同样显得深厚。红崖村民间艺术内

图3-3-18 红崖村总平面布局图

容丰富，表现形式多样，其历史渊源十分悠久。早在新石器时期，人们借助原始绘画和雕塑，开始探索用艺术的语言来表达祈求和愿望，为民间艺术的发展开创了历史先河。

（二）单家集村

1. 村落区位与选址

单家集，又名"单民"，位于宁夏西吉县东南葫芦河与好水川交汇处，地处宁夏、甘肃两省区交界地带，行政上隶属于西吉县兴隆镇，是一个大型的自然村落。该村位于六盘山西麓，三面环山，葫芦河沿村子西侧流过，属于河谷型聚落，是一个以回族为主的回汉杂居村，回族占95%以上，单姓约占70%。其中村内的单南清真寺为自治区文物保护单位。

图3-3-19　红崖村居民区与道路关系

图3-3-20　红崖村鸟瞰图

144

图3-3-21 红崖村村口

图3-3-22 红崖村主要街巷肌理

图3-3-23　红崖村三合院民居

2. 村落的发展与变迁

单家集历史悠久,早在新石器时代就有人居住。单姓回族来此之前,这里居住的是许姓和杨姓汉族人。回族开始聚居相传是从山东单姓两兄弟于明朝年间在此定居开始。与《西吉县志》的记载相符"明成化年间,山东济南府单姓回族来本县单家集村定居"。随单家集集市的兴起,聚落经济向农商结合型经济发展,使得更多的姓氏人相继迁入村子,逐渐形成以单姓为主、多元姓氏并存的格局。其迁入移民主要是陕甘回民起义失败后安插于此的陕西籍回民,例如单家集南大寺全称"单南陕义堂清真大寺",是全村陕西籍回民捐资而建。单姓定居下来分为四个房头,即四个大家庭大房头、二房头、三房头、四房头。房是家族的支系,房之下还有若干个家庭。从中可以看出,回族家庭虽然受宗教观念影响大,但仍是血缘社会,保留有较强的家族观念。最早单姓居住在村落东边,四房头由北向南依次排开,大房头在北边,与边家洼相邻的四房头在最南边。后来其他姓氏家族迁入,村庄从东向西发展,陕西籍回民居于村庄西南边,其他回民大多居于西北边缘,至此形成村落的基本格局。

西吉县单家集位于河谷川道区,东边是黄土丘陵,西边是葫芦河,受地形限制,南北长、东西窄。在葫芦河和村落之间有块相对平坦的谷地,是单家集祖辈赖以生存的最好土地。中静公路南北向贯穿单家集,将之分为东西两半,分别以公路为中心向两侧发展扩散。单家集共有四座清真寺,均坐落于公路西侧,与其前广场成为线状聚落的节点空间。同时沿公路还分布有集贸市场、打麦场及众多临时店铺。整体形成丘陵山地—村落—葫芦河—主村—公路—主村—农田—丘陵山地的空间格局。无论是自然环境还是人文环境,单家集都能反映宁夏南部地区回族聚居村落的基本特点:集聚式大村庄,由一个中心主村落和几个卫星村落构成。单家集有两个卫星村落，包括单南、单北两个行政村及若干村民小组。主村落一般地势平坦、交通条件较好，卫星村落地处偏远，交通不便，相对落后闭塞，如单家集的后湾村。村庄以回族为主、回汉杂居。单家集的村落范围是由东向西、从中心向南北逐渐扩展，所以处于村庄东头中间位置的庭院一般都比较古老，呈簇团状分布远离村庄中心的庭院则为近期修建，多为星点状分布。簇团状的分布形式更为紧凑，有利于节约耕地和能源。

第四章

宁夏传统聚落形态与空间

第一节 聚落形态与特征

第二节 聚落空间与功能

第一节　聚落形态与特征

聚落是农民生活、生产、民俗活动的集聚中心，受地区自然环境、社会经济发展、平面形态及国家行政区划的影响，每个聚落都有其特定的空间表述语言。岳邦瑞认为：聚落形态是指聚落的整体空间组织形式，即构成聚落的各实体要素在空间上的排布方式所呈现出的总体特征，包括二维的聚落平面布局形式，也包括三维的聚落立体布局形式。宁夏当地地形地貌丰富多样、气候条件差异较大，经济条件、交通状况北部和南部山区相比也有较大的差异性，诸多自然因素和社会人文因素导致当地北部和南部传统聚落形态与空间有着十分明显的多样性、多元化发展趋势。

形态一词意指形式的构成逻辑，对应于一定的物质空间表现形式和内部结构特征。聚落形态不仅在空间上具有多层次的特征，而且包含多重内涵，即在物质空间的表层现象中，蕴含着行为方式、制度政策及社会文化观念的影响因素。因此聚居生活方式、聚落空间特征与社会结构特征构成了聚落形态的三个主要方面。

聚居的行为方式以关注人的活动为主要特征，包括聚落的生产方式和生活方式；聚落空间特征则是聚落物质构成及其形态，包括聚落的分布形态、外部轮廓特征、内部结构形态，以及建筑形态；社会结构特征则蕴含于以上两者之中，是人类聚居活动形成和演变发展的方式及组织形式，包括经济、制度、技术、文化等关联与结构。聚落的物质空间作为聚居生活的载体及场所，是与社会、经济、制度、文化相关的空间构成表现形式。特定的物质空间形式在一定程度上约束着聚落生活。

聚落形态强调"外在的""实体的"聚落部分，而将"内在的""不可见"的因素排除在概念以外，着眼于组成聚落的各个实体要素（建筑、道路、水体、绿地及设施）在空间的水平与垂直分布形态及秩序特征。按照聚落主要建筑物、公共空间、街巷、道路等结合地形地貌的分布状态的不同，将宁夏地区的传统村落大体上可分为五种形态。

一、集聚组团型

集聚组团型聚落大多以一个或几个"核"为中心，是集中布局的内向型空间形态。聚落平面轮廓大致接近圆形、矩形或不规则的多边形。组团内部用地紧凑，受到水资源、土地资源及交通状况的影响，宁夏地区的集聚组团型聚落大多分布在水资源较为充沛的河流上游较为平坦的区域，这些区域往往土地资源广袤、交通便利，省道、县道穿村而过，或者邻近各级道路。这种聚落的空间语言是以点的形态构建空间核心结构，中心点对于汉族聚落而言是风水中"穴"的概念，是聚落公共空间的中心所在。汉族村落主要表现为土地庙、龙王庙、娘娘庙、宗祠等重要的公共建筑及其所属的小型广场空间，然而宁夏地区汉族聚落的上述宗教、宗祠建筑则不位于聚落中心，大都与聚落居民区有一定的距离，位于居民区的东侧或者西侧，反而距离农田比较近。对于回族村落则是指清真寺、拱北等宗教建筑形成的聚落天际线空间。宁夏地区的回族村落清真寺的位置往往位于村西或者村西北、村西南，以体现"以西为贵"的宗教理念。这种形态的村落由多个聚集组团随地形变化或道路、水系相联系的群体组合空间形态，其空间语言强调闭合的群体空间形态，村落边界往往面临着难以逾越的外在物质形态，例如山体、悬崖、道路、河流、水库等，使得聚落在这些方向上无法继续自由扩展，导致聚落边界明显且具有内向型特征，同时该类型的聚落往往规模较小，聚落扩张的范围受到边界限定（图4-1-1、图4-1-2）。

图4-1-1 单核集聚组团型回族聚落

图4-1-2 单核聚落之吴忠市同心县下马关镇南关村

然而受到聚落边界的限定，单核集聚组团型聚落往往无法发展成为更大规模的聚落，抑或是因为聚落扩张导致外围进入内部核心空间越来越困难，于是沿着道路、河流等聚落重要的生命线在不远处又发展出另一个单核聚落空间，与先前的聚落有联系又有距离，这样便形成了另一个单核集聚组团型聚落，与之前的聚落形成"双核"或者"多核"聚落形态。例如固原市泾源县泾河镇冶家村就表现为以两个"内核"空间为中心，集聚形成的两个组团的村落形态。南部的组团结构关系较为松散，边界并不明确，而北部组团则以道路为边界形成整齐排列的矩阵式组合形态。而海原县西安州古城村则表现为古城内布置居民区、农田以及相应的聚落公共宗教建筑，形成聚落核心空间，然而随着聚落规模不断扩张，古城墙内无法容纳更多的人口及土地，聚落在古城东部与乡镇联系形成另一个规模更大的组团型聚落。永宁县杨和镇北全村则表现为早期聚落沿着道路十字路口或者河流一侧发展，规模不大，又沿着新的道路交叉处形成小型核心，这种类型的聚落形态表现为"多核"，然而实际上聚落公共空间很难形成规模，随着人口规模的不断发展，最终趋向单核聚居组团型（图4-1-3~图4-1-6）。

图4-1-3　双核聚集组团型之泾源县泾河源镇冶家村

图4-1-4 双核聚集组团型之中卫市海原县西安州古城村

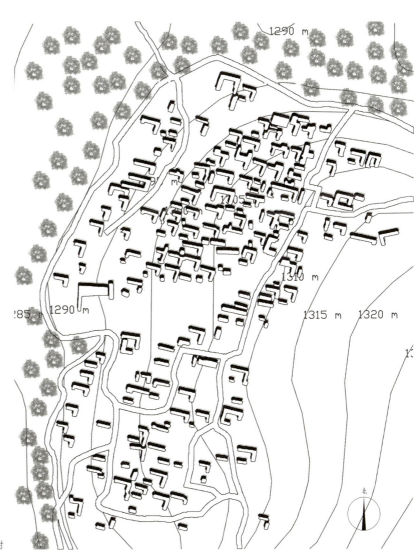

图4-1-5 双核聚集组团型之中卫市南长滩村

图4-1-6 多核聚居组团型之永宁县杨和镇北全村

二、带状"一"字型

带状"一"字型村落大多随地形、地势、道路或水系方向顺势延展形成线形布局的带形空间。对于一些梁峁聚落来说，则呈环状的带形空间。此类聚落，空间语言表现出线的形态，具有方向性，聚落一般沿轴线纵向生长，无法形成横向内部道路网络，而是直接利用街巷连接路网，此类聚落规模较小，人口少，有单个村落形式，也有与其他村落连接形成网状空间布局形式。例如，泾源县银钱沟村，村落沿沟壑东西线形方向展开的距离较长可达千米，而南北方向则最宽处不足百米，最窄处则仅有一户人家。带状"一"字型村落也会有一个或者几个聚落核心区，通常在"一"字形的中部，聚落会沿着垂直于"一"字形的方向稍加延伸，但由于受到地形限制，不会太宽。而村落的东西末梢处则房屋非常稀疏，与聚落中心的关系较为松散。

吴忠市青铜峡大坝镇韦桥村是平原地区由于道路限定而形成的带状"一"字型聚落，村落沿道路线形展开，形成沿南北方向线形生长的发展轴，民居院落沿道路东西两侧整齐布局，规模和形制类型，基本以东西两侧各一户为主，村落横向空间极为局促，东西向道路基本以南北道路距离为限定，聚落内部组团道路以宅前路为主。聚落核心空间往往在线形空间的中部东西向相对宽阔的位置，聚落结构较为松散，纵贯全村的道路是聚落唯一的联系。农田布置在聚落居住用地以外的道路两侧，方便耕种（图4-1-7）。

带状"一"字型聚落也有极为特殊的情况，例如泾源县某村，由于地形地势所限，整个聚落沿公路展开线形空间，且仅在道路北侧布局民居院落，南侧除去聚落公共建筑外，全部是梯田，层层展开，形成典型的北居南耕的聚落形态。

位于宁夏中部中卫市的北长滩上滩村与下滩村，依据地形地貌条件发展村落形态，村落由于地处黄河河道，两山夹一河，均属于河谷型聚落。上滩村由于黄河滩地较为宽阔向北有较大发展空间，故村落形态以平原团型为主，辅助点状分散民居，而下滩村则由于河滩地较为狭长，故村落形态为线形分布的沿河滩带状格局。上滩村的村落结构清晰，村落主要道路皆沿着等高线均匀分布，民居也沿道路两侧有组织地建设，公共区域与道路的关系明确（图4-1-8）。村落外围环境界限明确，农田、果树林木分布在河滩一阶台地上、居住建筑分布在二阶台地之上，两侧山体、冲沟与民居、黄河界限明确。北长滩村落是由两个沿黄河依山边而建的上滩村和下滩村组成。上滩村位于西南部，平面呈团型布局；下滩村位于东北部，呈南北向带状布局，两村皆沿河布置园林景观带，靠山处设置居民区。村落依山而建，因地势不同，屋舍高低错落。每户院落布局和房屋结构，仍保留了明清时代当地传统的建筑风格——"四梁八柱式"土木结构建筑。这里的传统民居建筑群，是目前宁夏境内具有地方特色、保存最为完整、数量最多，也是最集中的。从明清到民国时期，从解放初期到现在，一直没有改变，这在宁夏境内已经十分罕见。

海原县曹洼乡脱烈村则是沿着公路两侧布置居民区，在居民区两侧坡地布置耕地，由于两侧地势逐渐升高、交通受限，不能满足聚落扩张，于是沿着道路不断延展，形成带状"一"字形布局。当然也有少数民居建筑在丘陵地带农田边上，方便耕种。聚落内部交通较为随意，根据宅基地的位置自行开辟拓展，延伸至丘陵地带的民居（图4-1-9）。

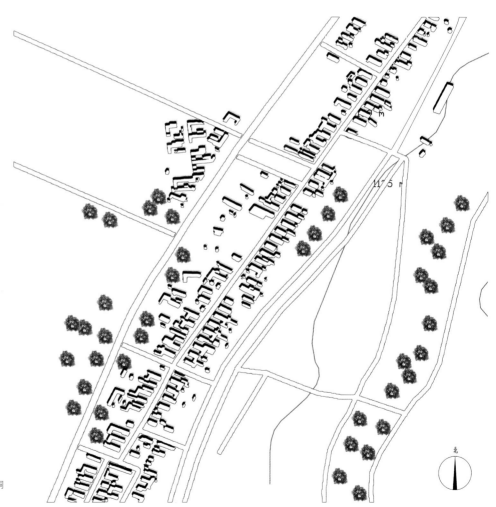

图4-1-7 带状"一"字型之吴忠市青铜峡大坝镇韦桥村

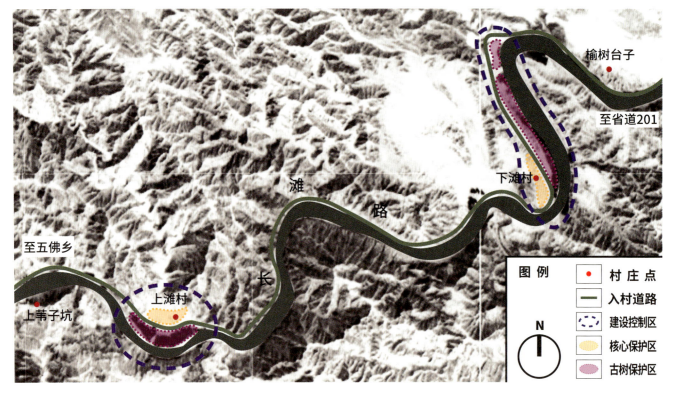

图4-1-8　沿黄河线形展开的北长滩村

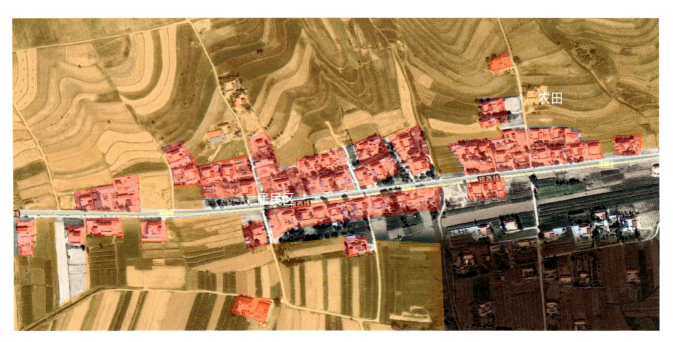

图4-1-9　沿公路展开的海原县曹洼乡脱烈村

156

三、核心放射型

核心放射型村落通常以较为开阔的公共空间为中心，沿地形变化或者道路伸展方向呈放射状外向延伸布局，形成较为开阔的空间形态。这种聚落与集聚组团型聚落空间语言相似，不同的是前者为内向型围合空间，后者为外向型、发散空间。聚落的生长方向可以沿着各个边界展开，不会被地形、地貌、河流等因素所限定。汉族聚落的明显特征是以村部、小型广场等公共建筑为中心区域，以村落主要道路向四周放射开，居住区则布置在主要道路两侧；回族村落的明显特征则是以清真寺作为形态核心划分出中心区域，其他民居建筑向四周展开布局，主要道路必须都能通向清真寺，即主要道路从清真寺发散构成村内主要道路结构，其他支路与之连接，形成了以清真寺区域为中心展开的放射型聚落形态（图4-1-10）。

位于宁夏南部的固原市原州区黄铎堡村就是典型的核心放射型聚落，聚落位于较为平坦的区域，不受地形或者道路水体等限定，规模较大，中心明确，内部道路四通八达，网格型道路布局规整，由中心向外展开，聚落边界不明显，民居布局自由，大多面向主要道路布局，聚落边缘的民居往往规模小、布局不太规整，组织结构也较为松散。固原市三营镇北沟沿村地势平坦，聚落形态呈现核心放射式，以较为开阔的中心区域为核心，沿道路向四周不断延伸发展，聚落内部结构组织清晰，路网与田地网格划分一致，整体排列，房屋朝向一致，规模相当。吴忠市同心县王团北镇北村、南村选址较为平坦，聚落发展仅仅受到西侧河流限定，于是西侧布置农田，居民区可沿东、南、北三个方向不断扩张延展，聚落内部道路发达，由于宅基地规模大小不一、住宅建设较为随意，聚落结构较为松散，主要的公共空间是王团清真寺南广场和村部与王团堡子南侧的中小型广场（图4-1-11、图4-1-12）。

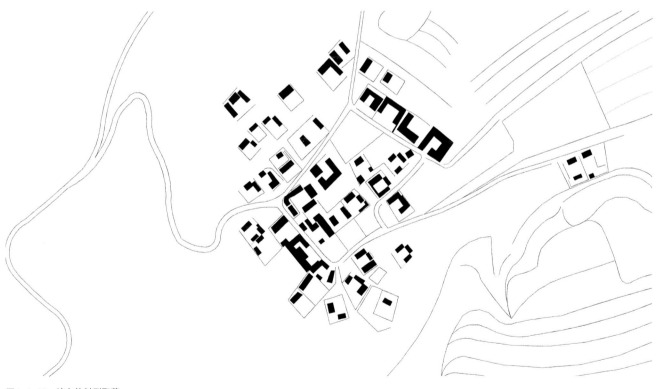

图4-1-10 核心放射型聚落

图4-1-11　固原市原州区黄铎堡村

图4-1-12　吴忠市同心县王团北镇北村、南村

四、串珠状自由型

串珠状自由型村落多位于地形、地貌复杂且地势高差变化较大的区域内，村落内空间序列随地形的变化而变化，布局自由灵活，当地耕地面积有限，村落建筑物穿插于山势中，山、田、宅互相交融。村落内道路往往有一条主干道，其余各支路迂回与主干道连接，个别位于山坡上的住户自行修建道路与盘山公路相连，故此类聚落道路网更加复杂多变，但由于住户分布稀疏，道路的使用率较低。由于山形地势的限定，村落发展空间没有固定的方向，随意性较大。住户对于村落公共空间的使用率低的同时，户与户之间的联系较弱。

固原市彭阳县城阳乡刘河村则表现为东西道路为聚落的主要联系和发展轴。此外，沿着南北和东西道路的交叉口形成若干村落的小核心，但宅院的布局并不以核心而聚集，而是沿道路或者河滩地自由展开。由于聚落主要道路方向明晰，故宅院朝向基本一致，但规模、形态也很自由。紧靠道路的宅院之间的联系较为容易，各家宅院与聚落公共空间的联系则只能依靠主要道路（图4-1-13）。

以固原市彭阳县红河乡红河村为例，聚落沿着一条贯通东西的主要道路展开，但并不如带状"一"字型聚落沿道路两侧整齐地布局民居，而是民居自由零散地布局在道路两侧，常常又因南北交叉的道路形成一个或几个类似核心，但结构关系总体松散，聚落内部几乎没有主要道路，宅前道路往往与聚落主干道直接相连，田地布置在居住用地的南部东西等方向，没有形成与宅基地的基本对应关系。宅院形态自由，甚至朝向不统一，大多以路网作为正房布置的朝向依据。聚落公共核心空间并不明显，往往会在道路的交叉口处，或者主干道一侧。聚落中各个宅基地的联系很弱，几乎"各自为政"，与聚落公共中心空间的关系也很松散（图4-1-14）。

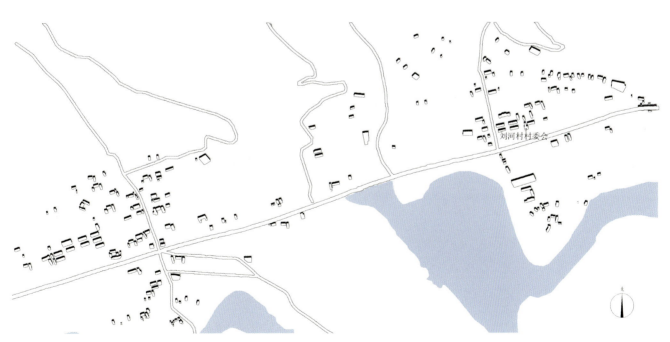

图4-1-13　固原市彭阳县城阳乡刘河村宅院布局示意图

图4-1-14　固原市彭阳县红河乡红河村宅院布局示意图

五、散点蔓延型

平面形态为散点蔓延型的聚落，有分布在中部农牧分界线附近的荒漠草原地带，这里土地贫瘠、沙化严重、地广人稀；也有聚落分布在丘陵坡地、河谷地带，这些区域则是因地形导致田地和宅基地的选址不得不依山就势，往往形成宅地就田地而建，故形成较为松散的聚落结构，各家宅院几乎没有道路相联系，与聚落公共空间的唯一联系只能靠盘山公路解决。

依目前的调研发现，宁夏地区的散点蔓延型聚落规模普遍较小，道路、宅院布局零散，没有规律，随意性很大。丘陵坡地的散点蔓延型聚落如固原市张易镇芦子沟村，道路沿梯田而盘山坡而建，与宅院联系，宅地就沿梯田而建，聚落有公共空间，平面形态有核心状，但往往聚落竖向空间复杂，并不以公共空间为中心，聚落四周没有被限定的地形地貌，故并没有确定的发展方向，与主要道路有一定联系，但并不密切，发展的随意性和不确定性均很强。盐池县惠安堡镇潘儿庄虽然地势平坦，但由于村落地广人稀，因土地干涸靠天吃饭、广种薄收，聚落结构表现为更加随意的民居布置形态，宅基地往往邻近耕地或者林地，方便耕种和放牧，这和宁夏中部地区大部分属于荒漠草原的地貌特征相吻合（图4-1-15、图4-1-16）。

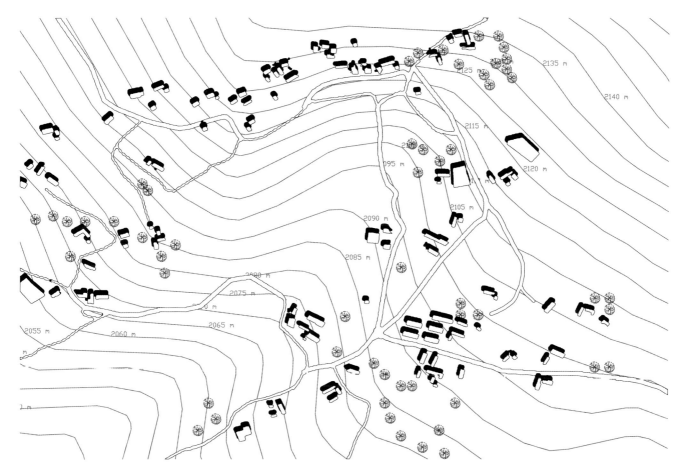
图4-1-15 固原市张易镇芦子沟宅院布局示意图

图4-1-16 盐池县惠安堡镇潘儿庄宅院布局示意图

第二节　聚落空间与功能

聚落是人们生活、生产空间的聚合地。人们通过物质技术对物质生活、生产进行安排，创造出符合群体社会意识和精神的场地，从而形成聚落空间。聚落空间是对聚落交通、节点、边界、区域和标志物的有机组织而形成的。所有的聚落空间都具有其物质的或精神的功能。

一、聚落道路系统

道路系统不但可以组织聚落内、外部的交通，还能进行聚落功能分区，同时成为聚落的空间结构骨架，提供生活、生产、公共设施空间的功能。道路是聚落的线形交通空间，整个聚落中的道路共同构成了一个村落空间的框架，是聚落公共空间组成的基础。道路不但是沿路布局的绿地景观的主要表现区域，而且还承担着信息流、物流、商业资讯通道的作用。道路有着强大的交通导向性和十分便利的可达性。道路分级设置，通常与外界直接联系的主街道会与重要的公共建筑前广场结合设置，这里往往是聚落公共的商业、娱乐服务中心，通过主要道路再与其他小型街巷相联系到达每个民居单元（图4-2-1）。

道路系统在聚落的空间形态上起着主导的作用。彭阳县城阳乡杨坪村核心居住区内的道路受到地形影响，沿着冲沟以南北向为主要轴线进行分布，再辅以东西向的道路来串联村落的东西空间。从杨坪村核心居住区的道路图及院落的分布图可以看出，为满足生产生活的需要，人们选择在冲沟内修建窑洞进行居住。村落的形态以及道路街巷都是沿着冲沟的走向进行线形分布。这些道路及街巷则成为整个村落的基本

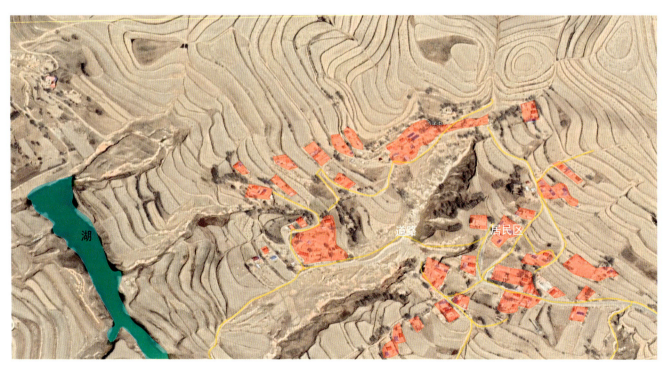

图4-2-1　固原市原州区张易镇芦子沟交通体系

骨架，院落也依附于其上进行生长，最终形成了顺应地形而自然生长出来的村落。近几年随着城市化思想的影响，村民才在塬上的平地上建起了合院。按照公共性及尺度两方面的考虑，杨坪村核心居住区内的道路主要分为以下四个等级：①县道：北侧县道为新修沥青道路，包围着整个村落，通往南侧茹河瀑布方向。道路的宽度为8.4米，它是村内联系外界的唯一通道。县道两边的限定要素为路灯。县道在交通的运输量以及道路的宽度上属于最大的，因此它本身自带有鲜明的属性。②村域公路：村域公路为水泥道路，连接着北侧县道，属于连接村落与县道的中间枢纽。道路的平均宽度为5米，有少量的机动车通行而过，与县道一起，保证村落与外界的联系与沟通。③村落主要道路：村落主要道路为土路，大体呈南北向分布，道路宽度为3米。其主要的功能是串联冲沟内的主要窑洞组团，仅供小型农业车辆和人通行，形成村落内部交通的脊柱作用。④村落次要道路：村落次要道路为土路道路，宽度为1.5米。其主要作用是联系沟内及塬上以及联系除主要窑洞组团外的窑洞（图4-2-2）。

位于宁夏中部中卫市的南长滩村，随着人口的不断增加及河滩地用于农业及果树的种植，建设用地紧张，村落不断向接近香山的坡地发展，故村落形态兼有集聚组团型与坡地阶梯聚落的共同特征。村落外部主要的交通有水运和陆路两种形式，由于陆路要翻越香山，道路崎岖狭长，车辆无法通行，而水陆只需渡过黄河即可快速与高速公路相联系，因此居民常常选择水陆通行。故村落的主要入口及较宽的道路一般都与水陆码头的方向相联系。在河滩的一阶台地并未选择用作居住用地，而是留作农业用地和种植果树，当地主要是梨树、枣树，每年四月中旬这里的梨花节已经成为远近闻名的旅游胜地。

中卫南长滩村共有9条巷道连通宅院，巷道总长度6000米，其中拓家巷1000米、坡沿巷1500米、武家巷

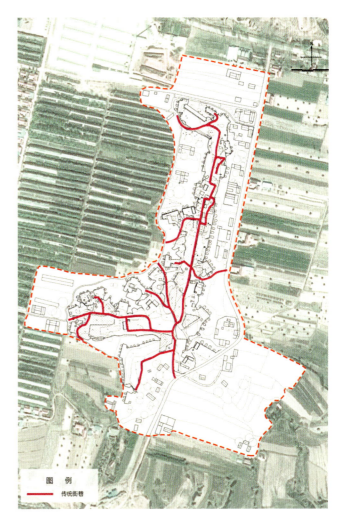

图4-2-2 彭阳县城阳乡杨坪村交通体系

300米、山边巷630米、顾家巷600米、李家巷子350米。村落巷道狭长交错，高低相连接，每家相通，有些巷道为石垒砌，高度2米左右，宽度2~4米不等（图4-2-3~图4-2-7）。

毛家台子村落腹地住户较为集中，整体布局呈现组团状为主并辅以线形布局，村内主要道路从西南部村口至东北部展开，中心部位呈环状道路，集中布置50户，呈现出较为明显的组团特征。村内支路出现较多断头路，南北方向道路不通畅。沿着道路东西向的两条主要道路分布着少量住户，坡地上有4户，门前有土路与主要道路连接（图4-2-8~图4-2-11）。

红崖村内有东西走向的老巷子长达200余米，占地面积达1万平方米，有10多个农家乐院落，院落布局紧促，每家用地面积近似，由于台地的限制，没有更多的扩展空间，因此院落形式不同于宁夏北部及中部地区的广阔院落，而是受到关中文化影响的合院式布局，以三合院为主，兼有少量四合院，由于地形限制和交通通道位置，入口大门多开向西。正方（上房、主房）坐东朝西，进深和开间较之其他房间都大，功能空间分为堂屋和耳间，堂屋是家庭或家族议事场所，更是祭祀祖先及接待尊贵客人的主要空间，耳间为长辈居住空间。北房由其他家庭成员居住，南房则用于贮藏粮食、杂物等，西房为厨房（图4-2-12～图4-2-16）。

图4-2-4　远眺南长滩村

图4-2-3　中卫市香山乡南长滩村交通体系

图4-2-5　南长滩村内部街巷

图4-2-6　南长滩通向梨树的内部街巷

图4-2-7　南长滩村落对外道路

图4-2-8 毛家台子村卫星图

1:4000

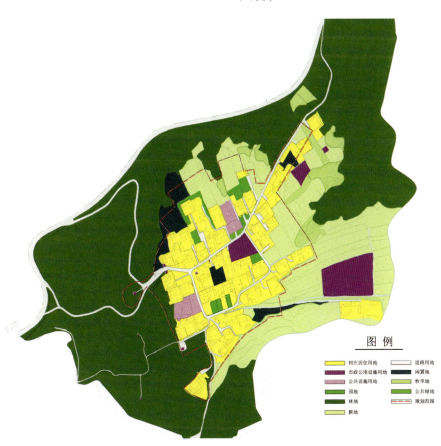

图4-2-9 毛家台子村区域构成及内部环装道路系统

图4-2-10 毛家台子村内部道路

图4-2-11 毛家台子村与宅前小广场连接的内部道路

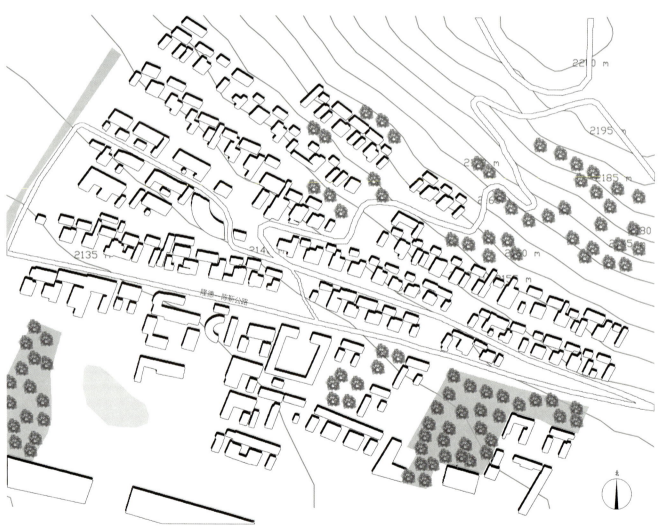
图4-2-12 红崖村内外交通系统

图4-2-13 红崖村与村口连接的道路

图4-2-14 红崖村外围道路

图4-2-15 红崖村内部街巷

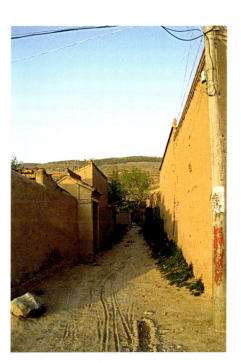
图4-2-16 单家集村落街巷

二、聚落节点景观

节点是连接点，是交通线路中的休息站，或是道路交叉，或是汇聚点，是从一种结构向另一种结构的转换处，也可能是简单的聚集点。空间主要包括因标志物集结而形成的空间，如村口、牌坊、老树、古井、祠堂、清真寺等门前广场及其他公共建筑前广场等，以及主要的街巷交叉口形成的空间。汉族村落共同特征是以土地庙、龙王庙、宗祠、墓地、村委会等公共建筑为核心，公共建筑前广场形成聚落公共空间，聚落主要道路汇聚于此；回族村落的共同特征是以清真寺为核心的居住空间配置特征，清真寺的位置、寺前广场、道路组织方式决定着聚落道路网的布局方式，主导着聚落的功能空间（图4-2-17～图4-2-20）。

毛家台子隶属固原市原州区黄锋堡镇，村落东与羊圈堡自然村接壤，北与中坪上村相连，西与荷包湾相邻，南与下沟里相接。潘西公路从北侧经过。在村落的西北面坡度较为缓和的位置设置了通向村主入口的道路，正对村口向西大约50米的道路转折处设计了一个传统木构架风格的观景亭，立于亭中，山下景观一览无余。沿着入村道路两侧是山桃树，每年4月这里都要举行山花节，山桃花便是主要景观了。到达村口就有一个钢筋混凝土牌坊，牌坊后面便是两段用青砖包裹的夯土堡墙，标识村口。进入牌坊后便是一个大约1000平方米的小型广场，广场的东面与村口大门正对的位置有一棵50年的老槐树，槐树的后面是一个照壁，正面写着"毛家台子民俗村"，背面是毛家台子村的历史和传说。值得一提的是在村子的东部腹地有一块大约2000平方米的墓地，是清嘉庆年间的回族将军马辅相的墓地，形成村落重要的景观节点（图4-2-21、图4-2-22）。

南长滩传统村落的构成要素主要有完整的村庄聚落与自然环境、完整的村庄空间格局及功能特色、传统风貌连续的历史街巷、反映重要职能特色的历史建筑、体现村庄传统特色和典型特征的环境要素。村庄房屋、街巷、打麦场、晾晒场、公共建筑物等都以不同方式构成了村落的不同规模的景观节点，让村落具有极强的识别性（图4-2-23）。

单家集位于河谷川道区，东边是黄土丘陵，西边是葫芦河，受地形限制，南北长、东西窄。在葫芦河和村落之间有块相对平坦的谷地，是单家集祖辈赖以生存的最好的土地。中静公路南北向贯穿单家集，将之分为东西两半，分别以公路为中心向两侧发展扩散。公共建筑

图4-2-17　海原县王井村标志物——古树土地庙

图4-2-18　红崖村村口景观

图4-2-19　红崖村戏园子

图4-2-20　红崖村街巷景观

图4-2-21　毛家台子村口照壁

图4-2-22　毛家台子村落观景亭

则包括宗教建筑即各教派的清真寺、经堂，还有教育建筑，单南的单民小学、单北的兴隆镇回民小学。商业建筑则与当地的经济产业相结合，大多沿着中静公路两侧分布。单家集主村共有四座清真寺，均坐落于公路西侧，与其前广场成为线状聚落的节点空间。其中南大寺与北大寺建造历史较长。南大寺大殿是传统的宫殿式建筑，大木式起脊，屋顶为硬山与卷棚勾连搭形式。丘陵山地的村落内部及四周多种植树木，远远望去，葱郁的树林中掩映着斑斑屋宇，生活气息浓厚。至于村内地形往往是沟坎纵横，不必平整场地，民宅便因地制宜、随高就低与特定的地形条件相结合，将较为平坦、方便引水的区域开辟成耕地，耕地与农宅相得益彰，构成了非人工所能取得的景观变化（图4-2-24、图4-2-25）。

三、聚落区域构成

通过道路系统、节点空间以及边界围合将整个聚落划分为若干区域，这些区域构成了村落的物质主体，通常包括中心公共空间区、生产和生活服务区、居住区、景观绿化区等（图4-2-26、图4-2-27）。

（一）中心公共空间区

村落的公共空间是民居院落以外的所有空间，包括节点、街巷、耕地、绿化景观等共同组成的空间表现。耕地与民居院落的关系、院落与院落之间的布局关系、耕地区块的划分、街巷及水系构成、地形、地貌特征及村落边界的防护林带等要素的配置关系都直接影响着村落空间的构成。在村落的公共交往中，主要是围绕公共空间展开的，随着社会发展的需要，村落也由原有具备防御功能的相对封闭的空间结构向公共开放的空间转型，以达到公共资源的共享。村民聚居的区域内的中心公共空间区的主要功能是为村民提供公共活动的空间。单家集村的公共空间则包括集贸市场、墓地、清真寺前广场、两处打卖场以及以公路、街巷、小桥等组成的交通空间。回族聚落中心公共区通常设置清真寺及寺前广场成为村落的视觉中心。清真寺位于聚落中心公共空间的显著位置，其占地面积（包括寺前广场）、建筑体量等方面远大于村落民居，建筑装饰也是全村最为华丽的，由此可见公共中心区在村落中的核心地位（图4-2-28）。

红崖村形成于清代，依山而建，是典型的山地聚落形态，民居呈阶梯状布局，平行于等高线的东西通道形

图4-2-23 南长滩村落宗教建筑

图4-2-24 单家集单南清真寺礼拜大殿

图4-2-25 单家集"陕义堂"清真大寺

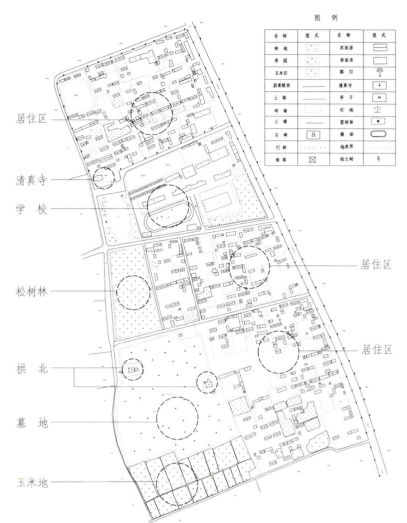

图4-2-27 王团镇北村村落区域构成

图4-2-26 南长滩村落鸟瞰图

成公共交通空间。较为平坦的开阔地则形成老戏台、老磨坊、老水井等公共活动区域（图4-2-29）。

南长滩目前的中心区域有多个小型的广场，村委会周边较为开敞的入口区域等都形成村落的公共空间。道路则由于地形的影响较为自由而四通八达，并无方格网的形态，大多是以某个小型的公共区域为中心辐射出去，能够到达山下河滩地，也能顺利上山，到达山坡较高的区域。由于人口的增长，宅基地的不断扩张，而适于建设的用地又极为有限，故村落结构较为紧凑，这一点与宁夏境内其他区域的村落结构有着本质上的差别。

图4-2-28　单家集清真寺前广场

（二）生产、生活服务区

生产、生活服务区处于中心公共空间区和居住区域之间，一般包括村落大型农用机械等设施的存放地区、便民服务的商业、医疗站以及村委会所属的区域（图4-2-30）。

（三）居住区域

居住区是聚落用地的最主要部分，也是整个聚落用地所占比例最大的区域，包括聚居区内所有的住宅建筑、院落空间（包括堆放农业器具的空间和住宅门前的谷场）、牲畜圈等。民居院落在村落中占主体地位，院落的规模、尺度以及组合方式是影响村落布局形态的主要因素。在宁夏这样的寒冷地区，由于冬季气温低，人们不得不借日照的热能来提高室内气温，所以对日照要求十分强烈，加之纬度越高，冬季太阳的入射角度越平缓，为争取更长的日照时间，并避免建筑物相互遮挡，因而建筑物之间必须保持较大的间距，这就反映在

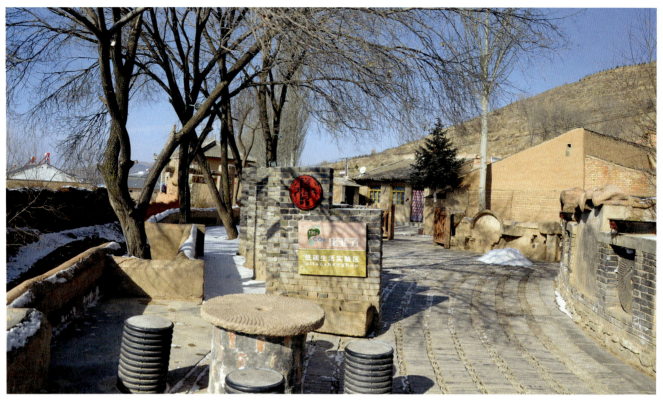

图4-2-29 红崖村公共区域

图4-2-30 南长滩村公共区域

176

总体布局上，宁夏地区的聚落与气温较高的华南地区相比，其密度则大大降低。此外为了防止冷风的侵袭，建筑物大多都只对向阳或内院的一侧开窗，其余三面则严加封闭，因而就整体风格看，便具有极其厚重、封闭的特征（图4-2-31～图4-2-33）。

单家集的村落范围是由东向西、从中心向南北逐渐扩展，所以处于村庄东头中间位置的庭院一般都比较古老，呈簇团状分布，远离村庄中心的庭院则比较年轻，多为星点状分布。簇团状的分布形式更为紧凑，有利于节约耕地和能源。

南长滩村落留存较完整的清代民居建筑，反映了该地区民居建筑和居住方式等重要的职能特色。民居布局

图4-2-31 海原县脱烈村高房子

图4-2-32 毛家台子村居民区

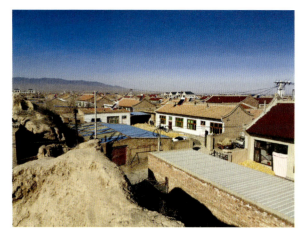

图4-2-33 同心县下马关村落居住区

图4-2-34 南长滩村居民区

图4-2-35 南长滩虎抱头民居

图4-2-36 南长滩村"L"形民居

较为紧凑，大多呈廊院式，主体建筑多数为南北朝向，平面有宁夏地区常见的"一"字形、"L"形、"虎抱头"等类型。村落至今70%以上的民居是早期的土木结构平屋顶房屋，村里还保存有较完整的十余间清代民居（图4-2-34~图4-2-36）。

毛家台子民居中的90%以上都是合院式布局，仅有极少数山坡上的住户没有设置院墙，而以坡地的边缘为院落的边界，依山就势建造房屋。民居中的院落大多为三合院，由坐北朝南的正房和东西厢房组合而成。大门通常是正对正房开启；也有二合院，由正房及与正房统一朝向的耳间以及坐东朝西的厢房组成，比较特殊的还有土崖边上选址建造的院落，正房坐东朝西，偏房坐北朝南，北部则是一侧挡土墙；更有特殊的依山就势布置坐南朝北的正房，偏房则是坐西朝东。总之房屋的朝向依据院落大门的开启方向布置，一般大门正对着的是正房，极少数是由于道路、地势等原因大门不能正对正房的，则对的一定是偏房中房屋质量较高的，绝对不会对着偏房中最矮的那个。院落大小一般为25米×25米或者28米×27米的尺寸，为近似的方形。院落中房屋在开始建设时布局较为松散，常见的是先盖"一"字形的正房，等有条件时再加建厢房，正房通常设有三个踏步，而偏房则只设一个，从房屋的高度、装修华丽程度等都能辨别出正、偏房。最有特点的则是院落内花坛的位置，通常当地群众都会在自家的院落正中设一个方形、菱形或者圆形的花坛，花坛中种植宁夏地区常见的月季、刺玫等花卉，同时会在当中种一棵高大的松树，四季常青，松树的位置正好位于院落大门和正房大门连接的轴线上，也就是来人从大门进来的视线被迎面的松树所遮挡很难直接看到正房中的活动，这一功能与汉族传统院落中的进入大门迎面设置的照壁有异曲同工之妙。条件较差的则没有花坛，但一定会在院落当中种植果树，且以苹果树、梨树居多（图4-2-37）。

梁堡村一组居梁堡村中，主体建筑坐落于二级台地，避风向阳，靠近水源，村落布局依山就势。梁堡历经千年，仍保存完好，在当地乃至周边地区非常罕见，梁堡长约170米，宽约70米。堡内的民居以西面的堡门为东西中轴线，分列南北。堡中居民17户，多姓梁、刘，少有柴、王、柳等其他姓氏。堡中民居主要形制为三合院，也兼有四合院。民居朝向皆为坐北朝南，院落相连，也有少数院落间开旁门互通者。民居的主要建筑材料是当地的黄土，夯土院墙，主体建筑的围合墙体部分也采用土坯砖墙，主要承重结构为木质梁柱体系（图4-2-38）。

红崖村民居的基本形态为坡屋顶，单坡顶和双坡顶兼有。正房由于受形制、礼制的影响大多为双坡顶，其他厢房及辅助用房则以单坡顶为主。单坡顶均坡向院落内部。后屋（正房）比前屋高（厢房等），便于流水和采光。黄土夯筑2米左右的院墙，家家户户形成一个相对独立的空间，增加了院落的私密性。院落大门多为双扇门，门山墙墀头自右向左分别用砖雕刻出"耕""读"二字，是典型的"耕读传家"的农耕文化思想的建筑表达（图4-2-39）。

传统聚落中的传统民居自身即是人类文化的组成部

图4-2-37 毛家台子合院式民居

图4-2-38 梁堡村土坯房民居

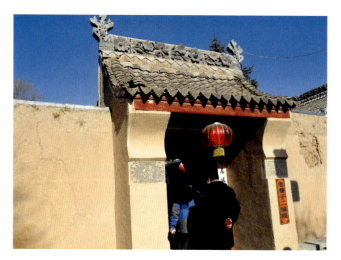

图4-2-39 民居的耕读文化

分,它传达了一定的生活圈信息和信仰,民族、血缘关系连接于传统村落或历史街巷的生活方式。透过民居的物质形态与符号,可寻找传统思想、文化和制度留下的痕迹。传统村落是经过长期的发展演化而形成的乡村聚居场所。传统村落空间通常分为两大类:一类是民居院落,属于私密而封闭的空间;另一类则是民居之间、民居之外的公共空间,属于开放型空间。公共空间是村落重要的公共活动聚集场所,公共空间的形态对于村落物质形态的组织也起到了重要的作用,通常也承载着一定的文化精神内涵。

(四)景观绿化区

景观防护带是为保护聚落的生存环境,在村落边界专门设置的林带或由其他植物、山体、河流等形成的隔离带。

村落中的绿化往往是景观系统的主体部分,通常包括聚落边界的防护林地、聚落耕地、聚落内部公共绿地、聚落居住单元中院落绿化。汉族聚落是以宗祠、土地庙等为聚落的中心景观,其周边景观也常常结合广场、绿地等布置健身广场等。无论汉族还是回族聚落都是以村落公共空间——村口、公共建筑前广场为景观中心(图4-2-40)。

(五)耕作区

耕地是农村、农民、农业存在的根本。"山区丘陵地带,传统聚落多选在山麓与平坝的临界点上,而农田耕作区一定位于平坝的好土之上,即使人口稀少、耕地面积又多时,建筑也尽量不侵占农田耕作之地。"农宅或其他建筑绝不侵占耕地,充分体现了耕地对于传统农耕聚落的重要性。绝大多数农业聚落都是依附于土地而从事着农业生产劳动,对农民来说,耕地就成为他们最为宝贵的生产资料和财富来源。山区或丘陵地区,人们都尽量把较为平坦的土地留给农田,把农宅修建在不适合于当作农田的坡地上。一方面可以避免洪水灾害,另一方面农田可以得到及时充足的灌溉(图4-2-41)。

王团镇地势东高西低,西部较为平坦。镇区由东到西整体形成公路—主村—农田的村落空间格局。镇区南北长约1250米,北窄南宽,呈梯形状,东临109国道,西临耕地,面积约0.83平方公里。5条东西走向的村道将南村划分为4部分,功能由北到南依次可分为居住区、学校、居住区。南村的两座公共建筑——清真寺和拱北分别位于学校的西侧以及南村的西南角。

图4-2-40 村落绿化防护带

王团镇北村是以农业为主的产业发展模式村落，主导产业类型为特色种植业、优势农业、设施农业以及农产品简单加工、出售为主，具体的产业方式则是以粮食种植、果树种植、园艺养殖、设施养殖为主，主要发展优势农产品。这种类型的村落规划首先应依托地形地貌特征，保留原有耕地，在不适宜耕种的坡地、山地预留经济林种植地，同时结合河流、水渠位置集中规划大棚种植用地，合理布局村庄主要农耕用地。村庄道路系统的布局规划要充分利用规划用地周边的原有道路、公路，进行村庄外部路网规划，内部道路结构根据农业产业发展的需求进行合理布局设计；公共空间用地的布局则要体现对农业生产的服务性特征，适量布置农作物堆放空间、打谷场等（图4-2-42）。

图4-2-41 海原县王井村耕地

图4-2-42 同心县王团镇北村总平面图

四、聚落边界围合

聚落的边界，规定着聚落共同体生活、生产的最大范围。同时聚落边界也是聚落形态形成的关键所在。传统聚落不似城、邑，边界以城墙环之，或者堡寨以堡墙、寨墙围合。传统聚落大多把自然山水景观作为边界条件加以利用，形成自然边界。环村的河流、陡坡、山坳、丘陵等平面或者垂直阻隔的自然景观作为村落的一部分边界。除了自然形成的边界外，平原地区的聚落往往以村口标志物、村落扩张后形成的外围民居以及与外界相联系的道路、绿植、桥梁、水沟等人为设置的与其他空间的隔离带（图4-2-43、图4-2-44）。

毛家台子村地形较为复杂，村北为寺口子北干渠河，沿河是潘西公路，村南为海拔1846米的毛家墅岘，村

图4-2-44 吴忠市新华桥村水渠

图4-2-43 永宁县地三村村边水沟

图4-2-45　毛家台子村落边界

庄与北部道路海拔高差为23米，是典型的黄土台地形。村庄内部较为平坦，平均海拔1610～1613米。村庄的东部是农田和墓地，墓地与农户的住宅仅一路之隔，这也是回族聚落不同于汉族的一大特征，回族群众的墓地（回民公墓）常常都设置在村子的南部或者东部，更有甚者直接设置在清真寺的南部，以便在亡人（回族指去世的人）忌日方便走坟（一种带有宗教礼仪的祭祀活动）。村庄的西部则是清真寺，这是几乎所有回族聚落最典型的特征之一，清真寺米哈拉布（圣龛）的西部一定是无人居住的空地，或者道路、河流等（图4-2-45～图4-2-48）。

南长滩村落的古树、清代墓葬群、古渡口和码头甚至沿黄河边上的大量古梨树构成了南长滩村传统村落优美和谐的自然风光。南长滩村现存500年以上果树5棵，100年以上果树180余棵，50年至100年树龄的树木有1000余棵。每年4月，满园的梨花竞相盛开，呈现了传统村落的独特景观。北部湍急而过的黄河与南部香山山坡形成村落的自然边界。

五、聚落标志物

聚落的标志物是聚落的制高点、聚落中心，也是聚落空间秩序的焦点。由于标志物的存在，使得整个聚落有了方向感、安全感、认同感和归属感。聚落的标志物通常是有形的物体，可能是建筑物、构筑物，也有可能是山体、古树等。由于标志物的存在使得聚落有了内聚的特征。宁夏传统汉族聚落的标志物常常是村落的土地庙、祠堂、龙王庙、魁星阁、鼓楼等中心建筑，而回族聚落则常常是清真寺或者拱北。由于这些标志物的风貌是传统风格的，故在整个村落中形制特殊，同时体量高大、占地规模大，往往带有小型或者大型的广场（图4-2-49～图4-2-52）。

杨坪村的标志物主要分布在东北角一隅，即九天娘娘庙与戏台建筑群所处的位置。每逢有戏剧演出，村民们会来到戏台进行看戏。除看戏外，如遇重要的节假日，如春节等，村民也会来到该处进行祭拜，为求得好

图4-2-46 毛家台子村落边界道路

的收成而祈祷。在戏台外的道路边上，通常也会有小贩进行售卖，也会有一大群人聚集聊天或进行商品售卖。

海原县西安州老城村的标志物就分布在村落的不同位置，东北部的魁星阁、街心的鼓楼，以及西南中心的紫薇坛都成为村落的标志物。标志物附近常常配置较为开阔的空间或者小型广场，以容纳人流的聚集，以便展开户外民俗或者宗教活动（图4-2-53）。

回族聚落的制高点是清真寺的邦克楼，同时村落西部的房屋边界形态是以清真寺为原点，考虑不同的地势特征，向南、北、东三个方向呈扇形展开布局。比较特殊的现象是：住户家庭经济条件是以清真寺为圆心展开的，距离越近条件越好，最近的两户为高房子，再外一圈则经济条件稍差，即越往外圈经济条件越差，房屋的面积越小，房子越旧，这一现象在其他回族聚落中也较为普遍。

王团镇北村的王团南大寺始建于1924年，主体建筑有礼拜大殿和北厢房。大殿规模宏大，采用七架无廊的抬梁式木结构，屋顶采用歇山与卷棚二脊一卷勾连搭形式。斗栱起一定的支撑作用，结构作用明显，装饰作用强，布置疏朗，远看犹如一排雕饰品。礼拜大殿坐西向东，为歇山顶，分前后两殿，前殿面阔三间，进深四间，后殿面阔两间，进深两间。大殿前面是面阔三间、进深一间的卷棚顶，有四根直径40厘米的圆木支撑。殿前卷棚南北两侧加建"八"字形砖雕墙，左面墙上浮雕莲蓬荷花，右面墙上浮雕山石牡丹（图4-2-54）。

王团镇南村的拱北设置在南大寺的西南方向，距离南大寺约470米，建筑形制别具一格，也是当地标志性的公共建筑。王道祖拱北为典型的宁夏回族建筑形制。宁夏回族拱北的主体建筑沿用了中国传统的前堂后寝的陵墓制度，在墓祠前置礼拜殿，使用起脊式建筑，前堂多用卷棚顶，后寝则用攒尖顶，比较简单的只用六角或正方形攒尖顶建筑，这既是中国传统木构建筑的表现形式，也是中国穆斯林对伊斯兰教陵墓建筑的一种创造（图4-2-55～图4-2-57）。

图4-2-47 南长滩村落边界之丘陵断坎

图4-2-48　西安州古城村村落边界之古城墙

图4-2-49　南长滩村村口标志物

图4-2-50　西安州古城村鼓楼

图4-2-51　西安州古城村魁星楼

图4-2-52　同心县韦州镇马庄村元代喇嘛塔

图4-2-53 西安州古城村紫薇坛

图4-2-54 王团镇北村王团南大寺

图4-2-55 王团镇北村拱北

图4-2-56 海原县九彩坪村拱北

图4-2-57 吴忠石佛寺村石佛寺

第一节　民居形态与院落空间

张钦楠先生针对我国建筑理论的贫乏和落后，倡导建立"中国特色的建筑理论体系"，提出"一个民族或地域的建筑特色，来源于对本国、本地建设资源的最佳利用"，其核心是"如何在相对贫乏的物质资源条件下建设高度发展的文明"。

对于宁夏地区传统村落的研究必须从当地民居建筑的形态与空间、建筑材料、建造技术等多方面来寻找其规律。从应对当地恶劣的生态环境、气候条件以及匮乏的水资源、土地资源的角度来看，当地百姓采取了相同的策略来进行民居的设计和建造，故汉族、回族及其他少数民族在建筑形态、建筑材料及建造技术等方面并无明显差别，就如同处在相同地域环境、相同社会经济中的青海地区的藏族、撒拉族、汉族、回族等不同民族的民居建筑从其外观、形态、建造技术很难区分一样。

一、传统民居形态

宁夏地区生态环境恶劣，干旱少雨、黄土层厚、分布广、取材方便，所以当地百姓多用生土建房，有一定经济实力的家庭也选择木构架民居，使这里集中了形态多样的传统民居类型，形成了独特的民居形态，有窑洞、堡寨、高房子、平顶房、坡屋顶民居等。

（一）窑洞

宁夏地区是我国黄土分布的主要区域之一，土层深厚、地质构造长期稳定、土质直立性好、可塑性强。加之土地贫瘠，建筑材料稀缺，而窑洞冬暖夏凉，节省木料，故成为当地群众喜爱的居住建筑。窑洞民居主要分布在固原市原州区、西吉县、同心县、隆德县、彭阳县、盐池县一带。按照建筑形态，窑洞可分为靠崖窑洞、下沉式窑洞及独立式窑洞（箍窑）三种类型。

1. 靠崖式窑洞

宁夏地区的靠崖式窑洞多分布在干旱少雨的山坡、土塬边远地带。窑洞依山沿等高线而建，建筑平面呈曲线、折线形排列，有的窑前是开阔的平地，洞口多用土坯、砖块砌成拱形门样；有的是在窑前修建合院，院内布置土坯房。用于开凿窑洞的崖面依山形呈凸弧形，也有把山体的土挖掘出呈凹弧形的，看上去像扇面，在上面用镢头修刮成水波等花纹，俗称"庄面子"。庄面子一般高至9米，长17~23米，窑洞一般宽3~4米，深5~9米，内部净空高度2~3米，窑顶凿成半圆拱或矢形尖拱。窑口砌墙安门窗，立面通常门尺度很小常居东侧，大窗顶部与门平齐在西侧，靠窑顶的位置开一个小高窗，也有开两个的，俗称"天窗"。讲究一些的人家则只在窗下砌筑一段矮墙，余下的窑口半圆的拱形共同装饰成门联窗的形式，木质的花窗进行整个窑口的装饰，非常精致（图5-1-1~图5-1-3）。

2. 下沉式窑洞

下沉式窑洞又称地坑院，是在没有天然崖面可以利用的情况下，于平地下挖竖穴成院，再由院内四壁开挖窑洞的方式。首先要解决的是由地面入窑院的交通问题，常见的有坡道、台阶、或坡道与台阶相结合等形式；其次需解决的是院内的排水，有对外挖涵洞或院内挖渗井两种；最后，窑洞上方应该有足够的土层以满足结构、冬暖夏凉的功能要求，一般覆土的高度在2~3米。下沉式窑洞在宁夏主要分布于南部的黄土塬梁峁、丘陵地区，彭阳县境内多见。修建窑洞时首先选择较为平坦、坚硬的黄土地，向下挖出5~6米的一个正方形

图5-1-1 靠崖式窑洞（彭阳县红河乡红河村）

图5-1-2 靠崖式窑洞（西吉县）

图5-1-3 靠崖式窑洞（彭阳县白阳镇姚河村）

或长方形地坑，而后，在形成的地下四合院中依着四个坚硬的黄土壁面上开挖靠崖窑洞，同时选择好出入口的位置，利用开挖坡道通向地面。一般正房朝南并居中布局，尺度稍大，长辈居住，其他房间依次展开，辅助用房则布置在东西两侧的壁面上，由于家族人口较少，很少在北边开凿窑洞。同时，随着经济条件的好转，常常在院子的东侧靠着壁面会添加单坡顶的小型辅助建筑。通常一个村庄都是地坑院式的民居，形成进村不见房子的景观（图5-1-4～图5-1-6）。

3. 独立式窑洞

独立式窑洞，又名"箍窑"。箍窑是平地起拱建窑洞的民居形式。用来支撑顶部筒形拱的两侧墙体通常是夯筑而成的，俗称"干打垒"，即先用四根木棍做长方形的模板，中间填放草泥，再用杵子逐层夯实，直至拱顶的落脚处，通常这样的夯筑墙体剖面是梯形的，下面尺寸大，逐层收分。拱顶部分则用"胡基"一层层发券砌筑。"胡基"也称"土坯"，即在青石板上，用特制的木模框，长约1尺2寸，宽约8寸，厚约2寸。在模框

图5-1-4　下沉式窑洞一

图5-1-5　下沉式窑洞二

图5-1-6　下沉式窑洞三

中填上湿黄黏土，用杵子捶实，制成四边棱角分明、两面光平的土块，晒干后，即可做建筑的主体材料，砌墙、盘炕等，用途十分广泛，是黄土地上人们建筑的必需建材。箍窑顶部呈拱形双坡面，用麦草泥浆、细泥抹光。箍窑常常连续建设，较多的有5~6孔连成一排的。相邻的两口窑洞中间留有水槽，水槽有一定坡度，坡向窑脸，用筒瓦做雨水斗，排水通畅。箍窑在宁夏主要分布于中部黄土丘陵沟壑区，尤为同心县、海原县境内居多。宁夏地区的尖拱形无覆土独立式窑洞与陕北、山西等地的覆土独立式窑洞造型不同，是极富地域特色的窑洞类型。宁夏地区的独立式窑洞常常采用土坯发券，并列修建2~5孔，其中两孔并排修建的最为常见。窑洞开间尺寸大多为2.5~3米，拱顶高3米左右，进深4~6米。并排砌筑的窑洞的拱与拱相交处设坡度向前的排水天沟和水舌，以便排水。在立面设计上，仅在南面开小门、小窗，拱顶最高处设一方形的小通风口，室内在临窗的位置设置火炕。窑洞内外表面均用黄土细泥抹光，由于地区气候干旱、少雨，地基处无需做防潮、防水处理，一般要过一两年才重新抹一次细泥（图5-1-7~图5-1-9）。

图5-1-7　独立式窑洞一

图5-1-8　独立式窑洞二

图5-1-9　独立式窑洞三

（二）堡寨

堡寨通常一村一堡，也有一村数堡或数村一堡，常选址在形势险要的位置，如山头、高岗、沟边、高原、河畔等，便于观察，以达到防御的目的。堡寨及其周边的壕沟形成了完备的生活和防御体系，内部空间一般包括民居院落、公共设施，以及祠堂宗教类建筑。这种防御形制聚落形式逐渐演化为民居，同族住屋的外缘建造高大的墙垣，四角设置望楼，南面设堡门，内部则为合院式住宅。当地堡寨建筑特征如下：

1. 规模宏大，多为矩形

宁夏地区的堡寨多为矩形，设一个大门，堡的长宽比约1:1.6，墙高4~6米，基阔4米，顶宽2.4~3米。墙上外侧版筑女儿墙，高0.8~1米，厚0.6米，辟有瞭望孔洞。到了清代，宁夏地区回族汉族聚居之所仍在堡寨内营建房舍。所谓海城县（今海原县）"五十六大堡""平罗三十八堡，金灵五百余寨""宁夏（今银川地区）九十七堡"即是清代中后期宁夏堡寨建筑状况的生动写照。堡寨内的民居，多为四合院布局，堂屋高基，出廊立柱；南部山区则以曲尺形布局为多，更强调实用功能（图5-1-10）。

2. 形态封闭，布局合理

堡寨四周用封闭厚重的夯土墙体作围墙，有的在四角建有角楼。堡、寨外墙自下而上明显收分，呈梯形轮廓。夯实的黄土墙与周围黄土地融合在一起，显得稳固、浑厚、敦实、朴素。堡寨内部庭院宽敞明亮，其周围布置房屋、檐廊，大门沿中轴线或偏心布置。小型堡寨多采取单层三合院式布局，而大型堡寨多采用四合院布局，内多跨院，建筑以两层居多（图5-1-11、图5-1-12）。

3. 自给自足的生态系统

堡寨是一个能够自给自足的生态系统，是古代"城"的缩影，主要有居住、农业生产、养殖业、养殖副业等功能。在堡寨中，人们在一定时间内可以用自己的劳动满足自己的生存、生活的基本需求，同时不定期地与外界进行物质、信息的交换活动。堡寨民居已成历史遗产，不可能延续，但是堡寨的建筑形态，围墙高角楼却深入人心，演变为后来的高房子。

王团镇南村北堡子主要采用夯土、木材、砖石等材料，四合院式平面布局，近似于正方形（图5-1-13、图5-1-14）。四周用封闭厚重的夯土墙体作院墙，在夯土墙的东南、西南、西北三个角处建有角楼。楼梯设

图5-1-10　堡寨民居组图一

图5-1-11　堡寨民居组图二

图5-1-12　堡寨民居组图三

置在内院的西北角，采用生土与砖石相结合的建筑方式，生土夯实垫底，表面铺设砖石，使得楼梯使用舒适、稳固，并且在下雨天减少了雨水对土的冲刷。楼梯东面与围墙内侧相交处有一角楼，同时也作为楼梯的缓步平台。堡子的围墙高约7.5米，围墙自下而上明显收分，呈梯形轮廓。围墙上部宽约2.3米，表面铺设砖石，砖石的铺设使围墙上表面整齐而富有韵律，方便人们使用，同时使围墙坚固耐用。围墙四周不开窗，大门布置在西墙的中部，与朴实无华的墙体比较，显得精致玲珑。

图5-1-13 王团北堡子内部空间

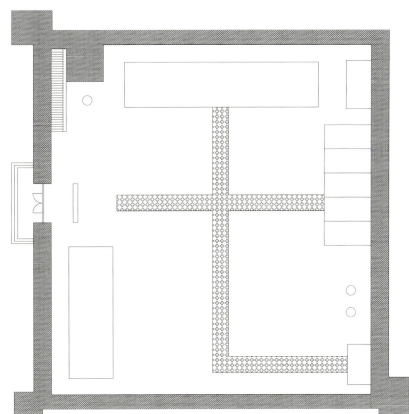

图5-1-14 堡寨建筑平面图

（三）高房子

宁夏地区，特别是固原市（包括原州区、彭阳县、隆德县、西吉县、泾源县），回族民居常在院落拐角处的平房顶上，或者两孔箍窑上再加一层坡顶的小房子，俗称"高房子"。随着不断深入的移民工程，当地百姓也将这种民居形态带到宁夏中部及北部地区（图5-1-15～图5-1-18）。

高房子建筑形态是由边塞军事堡寨的角楼演变而来，起初具有强烈的防御特征。战乱时，被人们用来登高瞭望，起防御作用；畜牧业发达时，利用高房子守望家畜防止偷盗；后来多被用来供回族老人诵经礼拜。现在的高房子，则是经济条件较好的人家才能盖得起的，"高房子"在今天已经成为显示家庭经济条件的标志，当然，在民居造型上也起到了丰富天际轮廓线的作用，其装饰作用已超过原先的功能，家庭多用它储藏物品。高房子以耳间的尺度为准，故虽有两层，但显得极为小巧而灵秀。高房子布局自由，有的与正房朝向一致，位于正房的西侧或东侧，有的则与东西厢房朝向一致，位于院落的东南角或者西南角。根据不同的朝向开窗，形式也颇为自由，正立面上开门窗，通常在山墙上也开圆形小窗，而窗户的装饰格外讲究。

高房子屋顶有单坡顶、双坡顶两种类型，充分丰富了建筑的外轮廓，使原本单一的院落天际线高低错落有致。高房子这种民居形式不仅当地回族、汉族采用，还影响到周边甘肃、青海地区，成为当地民居的地域特征。

（四）平顶房

宁夏地区民居屋顶坡度与所处地域的关系是北部为平屋顶，中部地区为平屋顶和坡屋顶混合区，屋顶坡度基本是按照降雨量的变化而变化，主要表现为降雨量越大、屋顶坡度越陡，反之亦然（图5-1-19）。

(a) 陶乐县妥宅高房子外观

图5-1-15　陶乐县妥宅

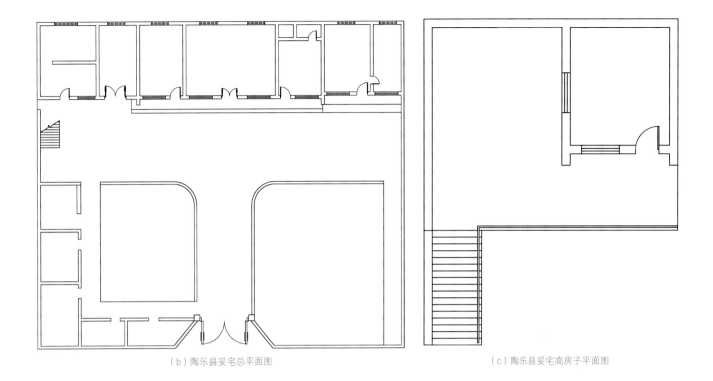

(b) 陶乐县妥宅总平面图

(c) 陶乐县妥宅高房子平面图

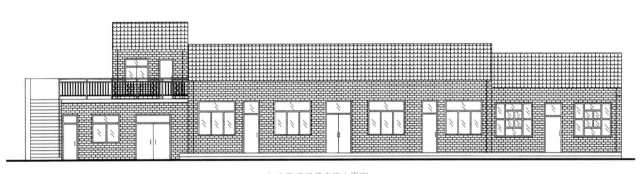

(d) 陶乐县妥宅正立面图

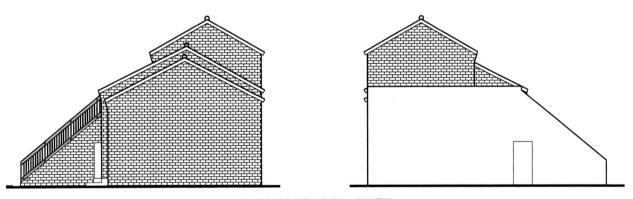

(e) 陶乐县妥宅高房子东、西立面图

图5-1-15 陶乐县妥宅（续）

图5-1-16 西吉县高房子

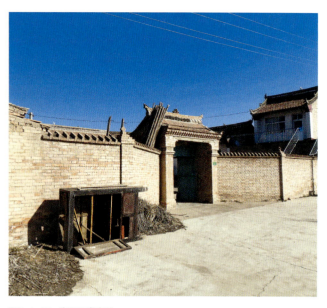
图5-1-17 海原县高房子

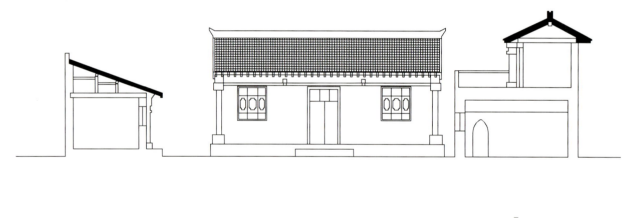

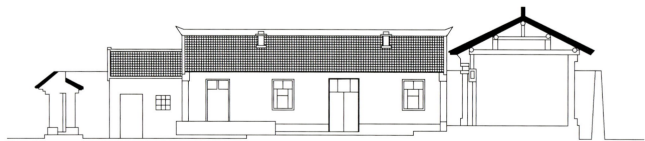
图5-1-18 宁夏地区典型高房子民居院落剖面图

图5-1-19 平屋顶民居

马月坡寨子是吴忠知名回族商人马月坡私宅,建于20世纪20年代,距今已有80多年的历史。原寨子由护寨河、寨墙和三所院落组成。马月坡寨子是宁夏目前唯一幸存下来的回族传统经典民居建筑,是自治区文物保护单位。

整个建筑群坐北朝南,土木结构,呈长方形,东西宽约78米,南北长约93米,占地约7254平方米。四周用黄土夯筑高大寨墙,高7.5米,墙基宽3.6米,四角砖罩马面,建有角亭。墙外环以护寨壕沟,南寨墙正中开寨门。寨内建筑布局分前后两院,前院占地约4500平方米,空旷似广场,空旷的前院满足当年生意繁忙时的车马驼队临时安置的需求。前院东西两边建驼马棚厩,东南角设上寨墙的台阶式马道。后院又分东、中、西三院,地坪高于前院1.2米,三个院落"一"字排开,均为一正两厢格局,共有房屋60多间。

现存建筑群仅是原有马月坡三宅院的西院部分,占地约440平方米。建筑群平面中轴对称,由正房和东西两厢组成典型三合院布局。正房(也称上房)坐北朝南,面阔七间,平屋顶,砖木结构。中间三间开间较大,且前墙退后1.5米形成前廊,木装修精美,为接见宾客时使用,同时也显示出主人的地位,"居中为尊"这种中国传统建筑礼制在这里也表现出来。左右两侧耳房为套间形制,各占两开间,分别做书房和卧室之用,其窗户造型为上圆拱式样。东耳房后面设置沐浴室,有通道与西耳房相连,是满足穆斯林家庭礼拜洗浴需求的特有空间形式。两侧厢房面阔五间(现仅保存四间),平屋顶,采用木结构体系,先用木质的立柱、横梁构成房屋的骨架,后在梁下砌以土坯墙。该厢房的檐廊结构处理巧妙,在屋檐下的雀替与吊柱后面加了类似于如意的斜向支撑,用以保护结构的完整性。运用挑梁减柱法,巧妙地运用三角支撑原理,既实现了力的传承,又节省了立柱,使空间更显宽敞、通透,可谓一举三得,堪称回族民居建筑设计的精华。从现存的马月坡院落可以看出回族民居的装饰特征。上房和厢房正面为传统的立木前墙,双开扇刻花板门,"回"字格宽大棱窗,窗台下饰长方形雕刻,主要雕有馨、剑等图案。封檐板及门窗均为木雕装饰。雕刻图案题材有五"福"捧寿、梅、兰、竹、菊等,云板、横梁、挡板等构件皆为雕花,雕刻内容完全不同。砖雕木刻都保持本身的青灰色和原木色,不施彩绘和油漆,体现了回族人民喜爱淡雅清静、崇尚自然天成的精神理念(图5-1-20~图5-1-24)。

慈云别墅位于贺兰山脚下,滚钟口景区内,建筑共两层,总面积408平方米,一层层高3米,二层层高3.2米,建筑总高度6.2米。建筑为平屋顶风格,二层带露台。建筑由木质梁柱和砖石混合结构,木结构部分以

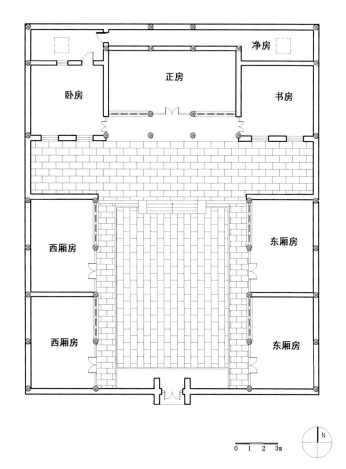

图5-1-20　马月坡寨子院落平面图

图5-1-21 马月坡寨子院落

图5-1-22 马月坡寨子厢房

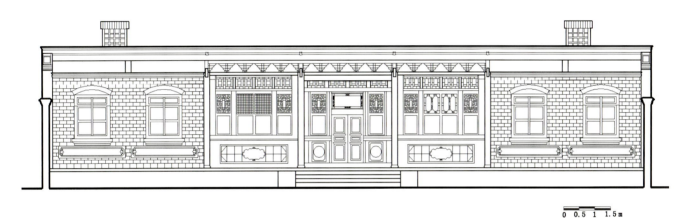
图5-1-23 正房正立面图

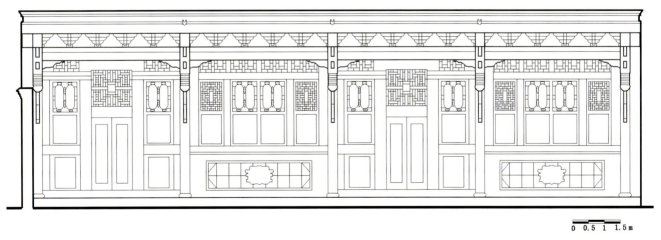
图5-1-24 马月坡寨子东西厢房立面图

暗红色为主要色调，其他主体墙面为白色抹灰，四周青砖勾边。露台栏杆青砖砌筑，平实而富有地域特色（图5-1-25～图5-1-30）。

（五）坡顶房

宁夏民居中坡屋顶分为单坡屋顶和双坡屋顶两种。单坡屋顶是指民居建筑仅有单面坡度这种屋顶形式，分为有瓦屋顶和无瓦屋顶（草泥抹顶，坡度较小，分布在干旱区）两种类型，是正房以外的厢房、厨房等次要建筑的主要屋顶形式，分布在降雨量为300～400毫米的区域内，包括海原县、西吉县，以及同心县南部区域。中南部地区的双坡屋顶民居早期基本分布在降雨量在500～600毫米，以及600毫米以上的区域。近些年由于经济情况好转，加之交通便利和信息传递的通畅，使得双坡顶房屋成为比较时髦的民居样式，因此不论降雨量的多少，只要经济条件允许，新建民居绝大多数是双坡屋顶，包括同心、盐池县等干旱地区（图5-1-31、图5-1-32）。

图5-1-25　慈云别墅正面外观

图5-1-26　慈云别墅背面外观

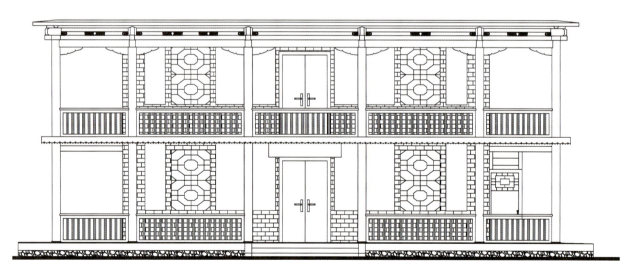

图5-1-27　慈云别墅南立面图

图5-1-28　慈云别墅北立面图

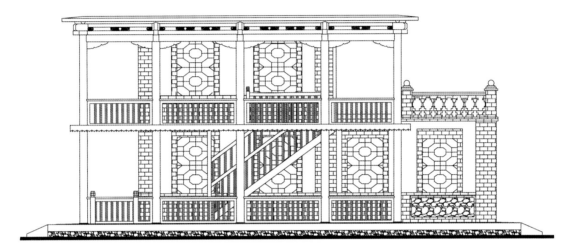

图5-1-29　慈云别墅东立面图

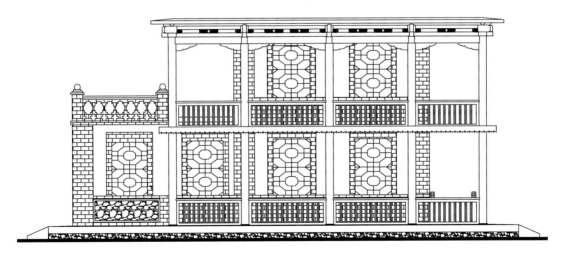

图5-1-30　慈云别墅西立面图

图5-1-31 双坡屋顶民居

图5-1-32 单坡屋顶民居

　　董府是清末名将甘肃提督董福祥的府邸，坐落在宁夏吴忠市金积镇，是一座兼具堡寨式与合院式民居特点的传统建筑群，是宁夏民居的经典实例，为全国重点文物保护单位。董府建筑群始建于清光绪二十八年（1902年），现存董府平面略呈方形，四周为夯土寨墙，东西长约127.7米，南北宽约121.6米，高约8.5米，顶宽约4.35米，基宽约8米，占地面积约1.56万平方米。初建时，董府拥有双重寨墙，由内寨、外寨、护府河和主体建筑群落四部分组成（现仅存内寨主体建筑群）。功能界定分明，其外寨供屯兵存粮（寨墙现已无存），内寨建筑群供居住生活之用，由高大的夯土墙维护构成内寨墙。

　　进入董府内寨大门是董府院落建筑群，为一方形大院，东西约60.3米，南北约74米，占地面积约4462平方米。董府院落空间体系严整对称，有相互毗邻却又各自独立的三路两进四合院，即北院、中院、南院三部分，充分体现出汉民族礼制文化的熏陶。但值得注意的是，府门向东，院落建筑整体坐西向东布置，且正门位于建筑群东北角。这种有别于汉族建房坐北朝南的做法，据说是主人身为朝廷重臣，房屋朝向京城方向以示忠心感恩朝廷之意。根据董府所处的地域环境，可以看出宅院布局明显受到当地伊斯兰教以"西"为尊思想的影响，院落方位朝向与清真寺一致。

　　董府内院群为三路两进四合院，相互毗连。建筑群的空间序列完全按照中国传统建筑的空间组织手法。以内院群中轴线（也是中院的中轴线）为主要的轴向空间序列，并在主轴上向南北发展衍生出连接南北两院的次要空间序列。另外在主轴的北侧还设有两组入口序列，在经历了前导入口序列的两次转折后才能到达主空间序列。通过平行于主轴的入口前导序列，和与主轴垂直的次要序列的转变，形成曲折的前进路线，从而增加了空间的层次感，同时空间序列的安排也显示了前后左右共三路院落主次等级的重要手段。

　　中院是整个董府建筑群的空间核心，也是建筑艺术处理的重点区域。中院亦分前中院与后中院两个四合院落。前中院倒座面阔三间，六架梁卷棚顶。南厢房面阔五间，其东端末间为通往南院的小门，屋顶同倒座。中院过厅二层，面阔五间，六架梁卷棚顶，其一层明间为过厅，二层为董福祥书房。后中院正房及南北两厢均为二层，正房面阔三间，南北厢房皆为五间，屋顶均为六架卷棚顶，室内彻上明造。后中院正房一层系董氏"祖先堂"，门窗雕饰极为精美，门扇中间刻有三交六碗菱花，上下裙板处雕刻有繁多的木雕图案，刻画神态逼真，栩栩如生。南、北两院空间划分与中院类似，分为前、后两部分，其大门都位于前院东侧。前院倒座均为三间，前后两院均有过厅相连，南北厢房为对称布置，正房与厢房均为无瓦平屋顶（图5-1-33~图5-1-37）。

二、传统民居院落空间

（一）坐北朝南、接受阳光、防寒布局

宁夏地区多刮西北风，冬季寒冷，民居多坐北朝南，南向开大窗充分接纳阳光。院落布局形式多种多样，较为典型的应对气候的形式有"一"字形房屋围合院落、二合院（"二"字形围合院落）、"L"形（当地称为"拐脖"式）房屋围合院落及传统的三合院、少量四合院布局。无论哪种布局形式的产生和发展都是当地民居应对多风沙、寒冷气候的经验模式（图5-1-38）。

（二）高围墙、防风沙、绿院落

用高高的夯土墙围合一个院落空间，是应对宁夏地区风大、沙多恶劣气候的最佳选择。围墙内部可以创造一个微气候圈，内部种植果树、花草，养殖牛羊，可以调节院落小气候的风速、温度和湿度，在环境气候恶劣的条件下，创造出较为适宜的生活空间（图5-1-39）。

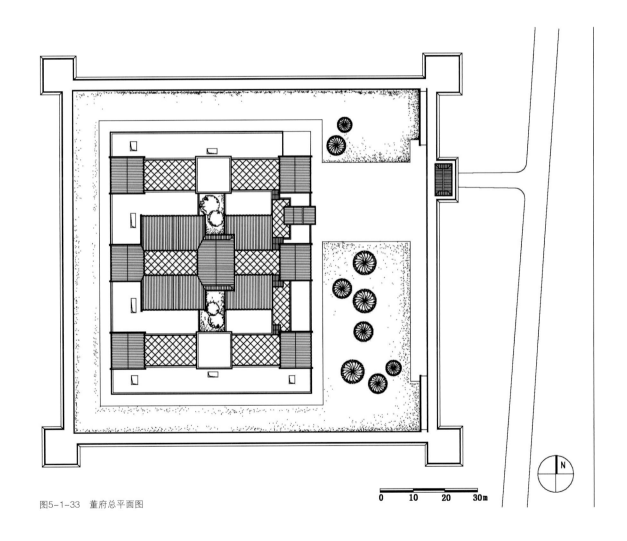

图5-1-33　董府总平面图

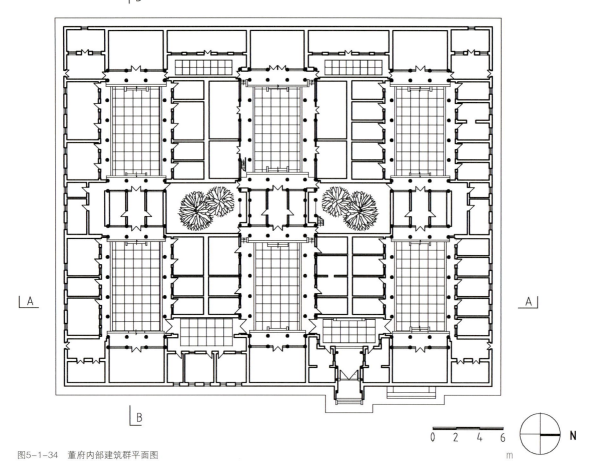

图5-1-34　董府内部建筑群平面图

图5-1-35　董府建筑群

212

图5-1-36 董府门楼

图5-1-37 董府正院

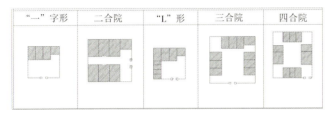

图5-1-38 民居院落布局形式

图5-1-39 高墙院落

第二节　就地取材的传统民居

我国森林资源人均占有面积仅为世界人均水平的11.3%，森林资源的供需矛盾十分突出，且现有森林资源分布不均匀，主要分布在东北和西南地区。我国黄土高原是世界上发育最好、分布最广的黄土区域，中南部地区位于黄土高原丘陵沟壑区，黄土资源十分丰富。除去黄土资源外，可以作为建筑材料的还有木材、沙石、芦苇、石块、秸秆、草、麦秆、模制土坯砖、炕面子、堡拉、石灰、胶泥、三合土、三合泥、甜泥、细文泥、粗纹泥等天然材料和人工材料（表5-2-1）。

宁夏地区常用地方建筑材料统计表　　　表5-2-1

天然材料	人工材料									
	模制土坯砖	炕面子	堡拉	石灰	胶泥	三合土	三合泥	甜泥	细文泥	粗纹泥
木材（松木、杨木、柳木）、石材、沙、麦草、蒲毛、芦苇	黄土，或参入麦草放入磨具晾干。也称"胡基"	模制土坯，加参麦草	秋收后将留有麦茬的麦田浇水浸泡，稍干后碾压平实，用铁锹按模数裁出晾干	俗称白灰	黄土的一种，黏性的，晾干后特别硬	黄土、石灰、明沙混合	黄土、石灰、细麦草或蒲毛混合	黄泥，不掺其他杂料	黄泥掺入麦芒、麦壳等麦衣	黄泥掺入碎麦草
用途	垒砌墙体	垒砌火炕	垒砌墙体	墙体最外层涂料	水窖内壁防渗涂料	夯实地基	外墙涂料，二遍泥	外墙涂料，三遍泥	墙体涂料，四边遍泥	头遍墙体涂料

一、地方建筑材料

历史时期的宁夏，草原、黄土丘陵沟壑纵横，适宜人类居住、活动的区域集中于黄河的一级支流与二级支流附近；加之民族迁徙频繁、政治多变，因而在临水傍山交通要道，保留下许多古城址及长城遗址。据不完全统计，仍然屹立在地面的古城遗址、堡寨可达300座以上，古代长城遗址更是数量可观。如果观察相关遗存，有较为明显的特征：①生土建筑居多，极个别使用石材；②只有明清时期古城有砖砌建筑；③古城形制多为方形，少量瓮城为弧线形。

当地乡土建筑结构、建筑构造技术的成熟化与地区化的重要表现就是充分利用地方建筑材料进行的乡土聚落建设。乡土建筑运用的主要结构形式有两种。一是以木构架为主要承重结构，以土坯墙、夯土墙或砖墙作为外围护结构或隔墙。木构架则有抬梁式和梁柱平檩式构架（平屋顶梁架），此种结构体系抗震性能较好。另一种是土木混合式的结构体系，是木和生土共同完成房屋的承重和围护结构。承重墙、隔墙均为夯土、土坯砌筑，梁、檩、椽均采用木材。这样以木材抗弯、土墙抗压，形成水平和垂直方向自成体系的土木结构体系中，各种材料的性能均得到了充分的发挥。

北长滩村落中民居院落呈合院式布局，院门多向南开，院落北面正中为三间堂屋，堂屋东西两侧各建耳房一至两间，作为厨房和储藏粮食杂物之用，院落东西两侧则是对称布局的两至三间厢房。民居的建造就地取材，以土木结构为主，石材为辅。房屋通常做高出地面的毛石基础，基础之上为长方体土坯砌筑的墙体，房屋的四角及前后墙，共竖立前后对称的八根立柱，立柱砌于墙体之内。个别房屋跨度较大时，室内留有两根明柱。前后相对的立柱上端架着大梁，四根大梁与八个立柱采取榫卯结构紧紧相套，此结构在当地被称为"四梁八柱"。墙体内外均用草泥抹平，内墙面在草泥干透之后，刮一层白灰。居住在这土木结构的房屋里不仅冬暖夏凉，而且由于榫卯结构的拉动牵制作用，遇到一般震级的地震，房屋墙外倒而屋不塌（图5-2-1～图5-2-3）。

二、以"土"为主营建聚落

生土就是指深度在地表1米以下不掺和植物根茎和腐草的土。生土材料泛指未经过焙烧，仅经过简单加工的原状土质材料（原生土），或者将黄土掺上细砂、石灰、木条、石、柳条等副材料，经过不同的方法进行加工处理后的各种建筑材料（半生土）。从地质学角度，根据黄土土层形成的年代将黄土分为古黄土（午城黄土）、老黄土（离石黄土）、马兰黄土和次生黄土四种类型。午城黄土一般分布于黄土高原、丘陵的中下部，开挖困难；离石黄土的土层质地密实，力学性能好，是挖掘窑洞的理想层；马兰黄土土质均匀，呈垂直节理，大孔发育，有一定的湿陷性，马兰黄土土层较厚的地区有窑洞分布，

图5-2-1 "U"字形院落

图5-2-2 "四梁八柱"的屋顶结构

高原区的下沉式窑洞多分布于此层中。在宁夏地区靠崖窑和下沉式窑洞分布较为广泛的彭阳地区地质属于黄土丘陵地系统残塬丘陵地类,除个别有基岩外露处,其余均为马兰黄土(第四纪黄土的分期名称之一)所覆盖。

生土材料特征:①取材方便:就地取材,因地适宜;②节省能源:以生土为材料的建筑节省烧砖需要的燃料,拆除后可以回收再利用,保护环境;③造价低:生土资源,减少了建筑的材料成本;④施工技术适宜:生土建筑建造工序简单,技术成熟而可操作性强;⑤室内热环境好:生土的最大优点是导热系数小、热惰性好,因此室内环境冬暖夏凉。同时生土的隔音、防火性能都较砖木建筑有优势。

图5-2-3 利用当地材料的民居营建

如表5-2-2所示,夯土、土坯材料的热稳定性好、蓄热能力强。同时夯土的储湿性能与砖结构相比有很大优势。在气候干旱的黄土丘陵沟壑区,自古人类就选择了生土建筑作为栖息地,而今仍然能够看到大片的生土聚落在宁夏地区持续发展。

资源越是匮乏、经济越是落后的地区,建材资源在很大程度上决定着建筑规模和形式的发展,也决定着营建技术的发展方向,而营建技术则决定了建筑具体的形式布局与调适方式。采用以生土为主的传统乡土建筑建造体系,最大限度地缓解了宁夏地区人居系统内部的矛盾,实现了人类居住环境的延续性发展。

宁夏民居常用建筑材料的热性能表　　　　　　表5-2-2

材料名称	容重 kg/m³	导热系数 W/(m·k)	比热容 kJ/(kg·k)	蓄热系数 W/(m²·k)
夯土、土坯	2000	1.16	1.01	12.99
黏土空心砖	1800	0.81	1.05	10.63
钢筋混凝土	2500	1.74	0.92	17.2
水泥砂浆	1800	0.93	1.05	11.26

(来源:《村镇住宅围护结构的热工设计》,通过围护结构的计算比较可以明确地看出夯土墙明显比砖墙热工性能良好。)

图5-2-4 彭阳县靠崖窑

（一）窑洞民居

靠崖式是靠着面朝南的土山、土坡（坡度大于30°）或者土沟的垂直壁面向黄土层中开挖，以形成建筑空间的民居类型。窑前多数留出开阔的平地，很少有围合院落的做法。靠崖窑在中南部地区分布较广，大多依山就势，位于干旱少雨（年降雨量300~500毫米地区）的山坡、土沟、土台边远地带，彭阳、海原等地多有分布。此类聚落大多在高度上沿等高线布局，平面上则沿着冲沟、山、台地的自然曲线或折线进行排列（图5-2-4）。

下沉式窑洞主要分布于黄土塬梁峁、丘陵地区，修建窑洞时首先选择较为平坦、坚硬的黄土地，向下挖出5~6米的一个正方形、长方形地坑，而后，在形成的四合院中依着四个坚硬的黄土壁面上开挖靠崖窑洞，同时选择好出入口的位置，利用开挖坡道通向地面。宁夏的下沉式窑洞，比陕西的地坑院占地更大、更宽敞。这种窑洞要求地坑的深度至少8米左右，窑高4~5米，

图5-2-5 彭阳县下沉式窑洞

上部覆土基本与窑洞高度相等（最少也要3米）。下沉式窑洞自然形成合院，围合性好，安全、私密性好，同时有利于阻挡凛冽的寒风，增加了窑洞的保温作用（图5-2-5）。

独立式窑洞（箍窑）一般选择在地形较为平坦、空旷的地方修建，不靠黄土崖，建筑物的围合部分全部由人工建造，严格说这种民居只是借鉴了窑洞的形式，而建筑施工技术则远高于前两者，同时对建筑场地的选择不依赖于土崖、断面，更加灵活、多变。独立式窑洞充分显示了黄土高原地区人类利用自然、改造自然，创造建筑空间的无限智慧（图5-2-6）。

（二）土坯房

生土建筑作为中华古老文明的见证充分发挥了生土材料解放土地、节约能源、保护环境、争取空间、节省投资、热稳定好、保温性能良好、节省工料、就地取材、因地制宜的优势，同时生土材料还有调湿、隔声、透气、防火、能耗低、造价低等特点，并且使用后可以回归自然或回收再利用，完全符合低碳、节能的要求。在生态脆弱区的中南部地区，由于气候严酷、自然资源匮乏，生土材料最易取得、最易加工，故使用范围也最为广泛。利用少量的木材、石材、麦草、芦苇、柳条等各种能够方便获得的建筑材料进行多种多样的组合，完善了土拱结构、梁柱结构、夯土墙承重等结构体系，将土壤、木材等建筑材料的可塑性等优良特性发挥得淋漓尽致，这些技术操作方法灵活而紧密地结合了地方资源配置和地域生产、生活需求。

土坯房是修筑在平地之上，建筑主体由生土及其他材料组合营造而成的半生土建筑。土坯房的处理手法更加灵活多样、空间组合形态各异，因此从平原、滩地到山区均有大量分布。建筑由土坯墙体、木质屋架和屋顶三部分组成。土坯砌筑墙体既是承重构件，也是外围护构件。土坯房搁檩式屋顶木梁，木制梁架材质多为白杨、沙枣，房席用芨芨草、红柳和旱柳枝条编制，经济条件较好的家庭也有用松木、榆木。在降雨量偏小的宁夏中部地区，屋顶材料采用高粱、芦苇及其他林木材料。

土坯房主要分布在宁夏中部及南部地区。墙体采用生土夯筑或者土坯砖，即"胡基"。在降水量较多的地

图5-2-6　海原县独立式窑洞

图5-2-7 土坯房

图5-2-8 建房用的土坯

区,墙裙和建筑四角会用砖砌。土坯房建造使用的木构件较少,屋顶坡度极缓,通常将梁直接担在墙壁上,梁上搭檩,檩上担椽,椽上铺芦苇覆草泥。主要有平屋顶和坡屋顶两大类型,坡屋顶则有单坡顶和双坡顶两种。

土坯房体现了乡土建筑基于各地环境特征,灵活利用建设资源的建造思想。建筑使用土木、土石、土砖、土植等多种建材组合方式,辅以拱券、承重墙等多种结构类型,将生土可塑性强的优良特性发挥得淋漓尽致。优势明显的情况下,土坯房也有其弊端,建筑结构虽然有梁、檩的参与,但整体属于砌体结构,整体性较差,抗震性能差,受砌体结构限制,房屋面宽、进深、空间灵活性不高,防潮、防风沙、通风、采光等技术细节仍有待提升(图5-2-7、图5-2-8)。

(三)生土辅助设施

房屋等主要居住空间、院落围墙、生活辅助设施都是用生土砌筑的。生土辅助设施包括地窖和粮囤。

1. 地窖

一般呈圆锥形或者方形,一般直径2～3米,深1～2米,过去也作防匪用,大的则直径3～4米,窖高2～3米。地窖挖好后,在窖底铺上麦草,四周抹上麦草泥或用干麦草围起来。地窖用来储藏蔬菜、水果、牲畜饲料等生活必需品。储藏品通过木梯放进窖中,之后,用石板将窖口封起来。利用地下温度、湿度相对稳定的恒温效果来储藏,使储藏品能在较长的时间内保水、保鲜。

2. 粮囤

粮囤一般呈圆锥状,高约2米,直径在60～120厘米,是中南部地区群众常用的粮食储藏空间。粮囤的做法是用干的麦草、苇席、柳条编织而成,内外壁均糊上黄泥。

在中国,由于耕地资源匮乏,人口增加—土地减少—粮食紧张,成了一种恶性循环的趋势。粮食问题的根源是耕地危机。对耕地的合理利用及保护是一项基本国策,随着城镇化的不断深入,农村建房将持续快速发展。黄土高原地区为了节约耕地,人们选择在不宜耕种的陡坡上建设窑洞村落,是丘陵沟壑区乡村聚落值得深入研究的发展途径。

第三节 回应气候的智慧民居

气候影响聚落的营建，只有能够适应地区气候的聚落才能创造出良好的人居环境。气候对于乡村聚落形态、空间及乡土建筑空间、形态的形成有着重要的影响，地区气候的适宜与否直接决定着建筑形态、建筑材料、构造技术、结构选型等乡土建筑建造选择的自由度，同时对于聚落营建的限制也更多。宁夏地区的传统聚落经过长期的自然选择与不断改进，积累了大量应对气候的经验与方法，值得我们去探研。

一、降雨与屋顶形态

宁夏地区平均降水量北少南多，差异明显。银川及以北地区年降水量180毫米左右，中部海原县和同心县、盐池县一带年均降水量仅200毫米，地区内风力强，蒸发量大，干燥度在1.5~3.0之间。南部固原、隆德、彭阳、泾源县等地年均降水量达400毫米以上，地处六盘山区的泾源县年均降水量则可达600毫米。境内年降水具有较为显著的季节性、集中性特征，分配极不均匀。主要表现为夏季最多、秋季次之、冬春最少。夏季是降水次数最多、降水量最大的季节，约占年降水量50%以上，同时也是短时间内局部地区洪涝灾害频发的季节；冬季降水量全年最小，约占全年降水量的3%；秋季降水量占年降水量的16%~23%；春季降水占全年降水量的12%~21%。

（一）降雨对聚落的影响

聚落是不同地区的人们对特定生存环境的共识与回应，它体现了人、建筑、气候、环境之间高度的协调统一。根据当地降雨量的增减，宁夏地区建筑屋顶由北到南坡度和形式均不断变化形成了独特的建筑风格——由平屋顶、单坡顶到双坡顶的民居。土坯房包括平顶房和坡顶房两种大的类型、四种小类型（表5-3-1），平顶房（主要是无瓦平顶房）大多分布在降水量小于300毫米的等雨量范围内，由于雨量较小，平屋顶坡度仅为0~5°，采用无组织排水。土坯坡屋顶瓦房则主要分布在400~600毫米左右雨量范围内，其中单坡顶土坯房（屋顶坡度在15°~17°之间）则分布在300~400毫米左右雨量范围内，双坡土坯房（屋顶坡度在17°~20°之间和23°~25°之间）则分布在降水量大于600毫米线的范围内。

宁夏地区屋顶形式、降雨量及分布区域的对应关系　　表5-3-1

屋顶形式	降雨量范围（mm）	分布区域
无瓦平屋顶	≤300	银川及以北地区，同心县清水河流域及其以北地区
单坡屋面	300~400	海原县、西吉县
单、双坡混合屋面	400~600	固原市原州区、彭阳县、隆德县
双坡屋顶	≥600	泾源县、六盘山一带

1. 平屋顶

平屋顶除了节约木材、经济适用的优点外，更为重要的是能够让屋顶空间得到二次利用，有效地拓展了建筑的使用空间。例如，在宁夏的北部地区、中部海原县、同心县以北的区域，屋顶在丰收的季节可以作为晾晒粮食的地方，由于屋顶平坦又没有外界干扰，于是成为各家各户最好的晾晒场，夏末秋初，各个屋顶上红的枸杞、辣椒，绿的萝卜干、黄瓜条，黄的玉米粒，黑的茄子干等，构成一幅丰收图景，无形中节约了场院空间；更有甚者，在天气炎热的夏天夜里，屋内闷热难耐，农户们常常将被褥搬到房顶纳凉，将卧室功能拓展至屋顶。

最为简单的做法是不用柱子、梁和檩，在土坯墙上直接安椽，椽上铺板或苇席，然后用草泥墁成平顶，待干后再抹层灰土，有的在这层灰上上墁上石灰打压光平。有些比较讲究的家庭，在屋顶上铺砌方砖，大多是沿出挑檐口或屋顶边沿上压两到三层砖做女儿墙，用挡板封檐口（图5-3-1~图5-3-3）。

2. 单坡屋顶

单坡屋顶是指民居建筑仅有单面坡度。这种屋顶形式分为有瓦屋顶和无瓦（草泥抹顶，坡度较小，分布在干旱区）两种类型，主要分布在降水量为300~400毫米的区域内，包括海原县、西吉县以及同心县南部区域。宁夏地区的单坡顶房屋由于进深较小，主要用于厨房、厢房、杂物房等辅助建筑上。单坡屋顶通常有两种做法：一是房屋的后墙依附于院墙或者其他房屋的墙体上；二是房屋的后墙独立设置，屋脊后面会有一段较小的屋檐（不包括隆德县汉族民居）。这种单坡屋顶的做法较节省木料，屋顶坡向院落内部，利于排水和收集雨水。回族和汉族的单坡顶房屋区别较大，汉族单坡顶的

图5-3-1 青铜峡大坝镇平屋顶民居

图5-3-2 青铜峡曲线屋顶民居

图5-3-3 中部干旱带平屋顶民居

房屋主要分布在隆德县，三合院建筑中正房一般为双坡屋顶形式，东西厢房则为单坡顶形式，并且坡度较大，常常接近45°；而当地的回族单坡顶民居则多数为正房所使用，同时坡度较缓，一般不超过20°（图5-3-4）。

3. 双坡屋顶

双坡屋顶的民居以硬山式为主，屋面有前后两坡相交，从山墙位置屋顶形态呈"人"字形，覆瓦屋面，房屋前屋檐出挑较大，一般约600毫米，坡度在17°～25°。北部地区则有更小的5°左右的坡度。当地的土坯房无论平屋顶还是坡屋顶通常采用硬山搁檩木屋架，俗称"滚木房"，这种屋顶的做法是直接在山墙上搁置檩，檩上直接架椽，椽上铺薄板，或内衬苇席，上压青瓦或红色机瓦。当地的正房、高房子和汉族民族的大门屋顶常用此形式（图5-3-5）。

（二）水环境营造

宁夏地区乡土聚落院落空间非常注重水环境的营造，在民居院落中都会设置水窖。当地干旱少雨，地下水位深，地表蒸发量大，吃用水困难。为了缓解缺水的困境，当地人采用窖藏储水的方法，即在庭院内隐蔽处凿水窖，收集雨雪存水。随着技术的改进，现在水窖多用钢筋水泥做防渗材料。在水窖顶部加盖防止水被污染。水窖需要经常围护，通常隔几年就要下窖清理积泥。存满水后要隔几天，待水中的杂质沉淀后，水质变好些才会饮用。同时庭院内种植树木，吸纳并控制阳光，使得土地内部涵养水分，防止土地内水分的流失，对防风避尘也起到了很好的抑制作用（图5-3-6）。

二、气温与民居保温

（一）气温时空分布特征

宁夏大部分地区的海拔高度在1000米以上，年

图5-3-4 单坡屋顶

（a）双坡顶民居外观

（b）近似平屋顶的双坡顶民居

图5-3-5 双坡顶民居

图5-3-6 水窖

平均温度为4~9℃（不包括高山），同心以北地区为8~9℃，固原地区为4~9℃。宁夏境内由于受到南高北低、贺兰山屏障作用以及其他诸如纬度、地貌等因素的综合影响，温度分布比较复杂。

1. 南凉北暖，年平均温度分布呈"一脊两坡"状态

从年平均温度看，灌区温度高于山区，按地理变化来说，呈"一脊两坡"状。即以中宁为高温中心区（9.2℃），向东为盐池、向西为中卫、向北为石嘴山，基本呈现递降的趋势。而向山区，则由中宁向西南到兴仁、东南到韦州及麻黄山，南到海原、固原、隆德、泾源一带，也基本呈现递降的趋势。从整个冬季气温来看，宁夏冬季以海原为暖中心，而固原、泾源等大部分山区的气温都较之川区为高，分布型与年总趋势正好相反。

2. 极端气温及日较差

宁夏最高气温极端值北部高于南部，而最低气温极端值南部高于北部。例如灵武（北部）曾出现过41.4℃的极端最高气温值。银川、兴仁都曾出现过-30℃以下的极端最低气温值。因此中南部地区冬季的严寒以及日较差大是聚落营造的重要影响因素。

（二）聚落保温

1. 选址背阴向阳

村落选址一般选择山地南坡朝阳地带成为聚落选址的经验，而且由于当地的主导风向是西北风，南向山坡除了充分接纳阳光外，这种基址还能够有效地阻挡寒流（图5-3-7）。

2. 院落围合保暖空间

宁夏地区民居院落基本都是以院墙或者房屋的后墙、山墙将建筑单体组合在一起围合成一个整体院落，以获得更好的内聚性特征，从聚落保暖方面来看也是必不可少的措施。院落的布局方式一是心里归属感的需要，二是领域感的需要，三是由于当地气候寒冷、风大沙多、气候恶劣，通过院落的围合可以获得小空间内气候的调节，对聚落保暖有一定的积极作用（图5-3-8）。

3. 墙体厚重

宁夏地区冬季漫长而寒冷，昼夜温差大（最大可达20℃）。因此，防寒保温是当地乡村聚落、乡土建筑建造的重点。在民居的建造过程中，建筑材料的选择是因地制宜，直接选用资源丰富的黄土，经过简单的加工建成生土墙作为承重墙体或者主要维护结构，厚度最小40厘米，最大的则达到90厘米。生土墙体是把可以就地取材的黄土（主要是夯土、土坯，利用土的高热容、高热阻的材料性能）作为主要建筑材料，结合麦秸、秸秆、芦苇、砖石等辅助材料，将墙体作为一种白天吸收太阳辐射热量、晚上释放热量的"热接收器""热交换器"，从而使得生土建筑具有冬暖夏凉的性能。这样的生土墙体主要有三种类型：①全部土坯垒砌；②梁柱承重，土坯垒砌填充墙；③两片生土墙体做成中空的夹层形式，中空部分作为烟道与室内火炕、火炉相连，可以

图5-3-7　负阴抱阳的聚落选址

图5-3-8 四面围合的生土院落

图5-3-9 墙体厚重的民居

充分利用火炕、火炉烧炕和做饭的余热加热室内气温，从而达到节能的目的（图5-3-9）。

4. 门窗洞口少而小

中南部地区的气候特征为冬季寒冷、春秋季节风沙大，当地民居多采用实墙体，开门窗尽量少且小，除此之外木窗外面常常在冬、春、秋三季都会设置一层薄纸或透明塑料，以达到防风沙、防寒、保暖的作用。几乎所有的正房北面及侧面不开窗，厢房也只有入口这一面墙体开门窗洞口，其他墙面均不开窗。这种做法避免了散热、吸热面积过大，同时起到节能、保温的作用（图5-3-10）。

图5-3-10 窗户小而少的民居

5. 综合性的室内布局

中南部地区冬季寒长，粗放的农业生产方式在冬季基本停止。在漫长的冬季，全家人的主要活动几乎都集中在火炕周围完成。所以民居平面形式主要为"三间两所"，即住宅三开间，中部一间为堂屋，左右两间以堂屋为纽带的平面布局方式。通常将堂屋室内布置大火炉和一个几乎占据整个室内二分之一面积的火炕，这种室内综合性的布局方式能够以最直接的方式获得热源并节省空间、节约能源。还有更为节能的设计方式，例如卧室与厨房相连布置，利用上面提到的中空的生土墙体，很好地利用了做饭的余热为室内增温（图5-3-11）。

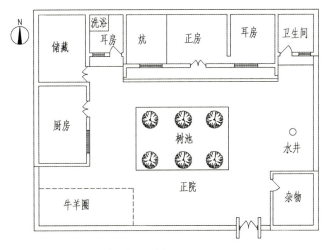

图5-3-11 "L"形平面布局（钥匙头）

三、聚落采光

1. 大而松散的横向院落布局

横向院落式是指院落的面宽远大于进深，通常面宽能够达到进深的两倍左右。建筑东西向展开布局，一家或几家"一"字朝南排开，院落开阔，这是由于特殊的日照条件（纬度较高、太阳高度角小），为了充分利用太阳能，加之人少地广的原因，当地院落空间较为开阔，从而形成了院落较为丰富的光环境，充分满足了院落中居住建筑间的日照间距。一般院落的规模为：东西向27米左右，南北向15米左右，最大可达45米×20米，建筑布局松散，尽量让每个房间都能接收到阳光，这就完全不同于关中地区的窄长院落，更区别于新疆的紧凑内院、建筑单体的稠密布局（图5-3-12）。

2. 形态简洁而间距大的单体布局

平面布局大多为"一"字形的，一般面阔三间或者五间的较多，也有正房缩进、两侧辅房突出，建筑平面呈"凹"字形，正房比辅房高，进深也大，装饰更讲究。"二"字形布局就是在院落南北各布置一排房屋，坐北朝南的为正房、堂屋，坐南朝北的则为辅助的厨房、储藏间等。还有"L"形的，住房和厨房连在一起。三合院、四合院的布局则更显院落宽阔，通常四周院墙为夯土墙，房前留出院落，可以栽树、养花、种菜。房门外常年挂着门帘，冬天是棉门帘，挡风御寒，夏天换白色床单或沙枣核穿成的门帘，遮阳防沙（图5-3-13、图5-3-14）。

3. 向阳而进深小的房间

宁夏地区有这样一个谚语："盖房要盖北上房，冬天暖夏天凉。"这是该地区民众经验性的认知，房屋朝向对克服不利生态条件有重要作用。当地房屋的朝向选择上大多数为坐北朝南，由于太阳入射角较小加之百姓传统观念认为房屋北面开窗不吉利、漏财等，因而，为了使房屋室内获得充足的阳光，当地民居建筑进深普遍较小，一般为3.5米。窑洞民居则较为特殊，由于开间

图5-3-12　大而松散的院落

(a) 带偏院的二合院民居照片

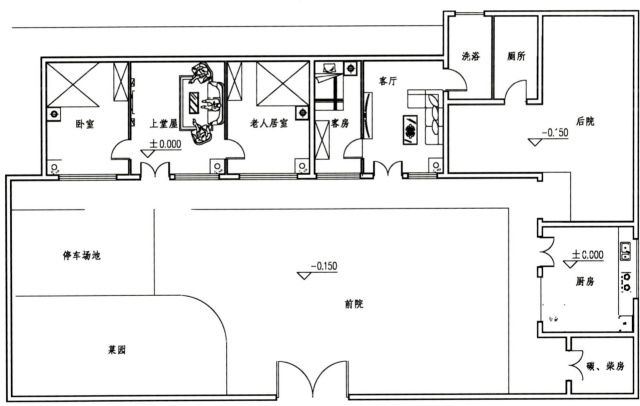

(b) 带偏院的二合院民居平面图

图5-3-13 带偏院的二合院民居

图5-3-14 汉族三合院民居

受到黄土力学性能的影响不宜过大,故平面进深稍大,一般能达到3.7~7米,例如彭阳县红河乡景宅窑洞最大进深则达到7.5米。窑洞从功能上分为居住空间和储藏空间两种类型。住人的窑洞空间火炕则设置在紧邻窑洞入口处的窗户下面,向阳、光线充足,因此人们常在窑洞的火炕上会客、吃饭,以及进行各种娱乐活动。而储藏空间由于采光要求较低,则往往设置在窑洞后部,例如粮仓、工具储藏室等。

4. 绿化与遮阳并重

介于室内外过渡区域的空间,我们常常称之为灰空间。在宁夏地区民居建筑为了夏季遮阳、防晒、防热,冬、春、秋三季防风、防尘,也出现了类似灰空间的室内外过渡空间。在固原原州区的调研中发现,有一种正房的前廊进深达到2米以上,尤其是"虎抱头"式建筑平面最为常见。前檐是一种有屋顶无墙面的空间,介于室内外之间,在西吉县百姓利用这一空间在正立面上加设透光性好的玻璃,使之成为被动式太阳房。庭院内中心多种植苹果树、梨树、枣树及花卉,通过植物控制阳光,涵养水分,对防风避尘也起到了很好的作用,从而调节建筑微气候。

四、风沙与聚落抗风

(一)风速、风向

宁夏年平均风速一般为2~3米/秒,银南地区和固原地区北部比较大,每秒3米左右。海原县最大,达3.3米/秒。贺兰山东侧的银川、平罗、永宁、贺兰,六盘山西侧的隆德、西吉等县市,因山体屏障影响,风速每秒小于2.5米,是宁夏风速最小的地区。

230

宁夏地区风速≥8级以上的大风日数以贺兰山、六盘山最多，分别为154.7天和145天，年平均大风日超过25天的有石嘴山、海原、同心、青铜峡和银川市城区等五县（市区），少于10天的有永宁、中卫、陶乐三县，其余各县市在10~25天之间。山地风速远比周围地区大，贺兰山、六盘山年平均风速达7.3米/秒和6.3米/秒，分别是周围地区的3~4倍和2~3倍。

（二）聚落防风

1. 高墙封闭型院落

中南部当地多风沙天气，建筑朝向通常会与等高线垂直布局，还会与主导风向相关，中南部地区主导风向为西北风，所以建筑朝向多数为东向、南向。采用的自然生土作为建筑建造的普遍材料，其抗风能力较弱，因此民居建筑大都是单层和低矮的。用厚重和高大的墙体围合了整个庭院，形成了一个封闭的、围护性极强的院落空间。院落多采用向阳的合院布局，其封闭性有效地抵御了风沙，使院落内部更少地与外界接触，从而减少风沙对内部的影响和破坏力。

2. 挡风维护型建筑平面

宁夏地区多风沙天气，为了防风沙，沙尘大，当地百姓通常在正房西面加建一两间耳房，这样耳房自然坐西朝东，阻挡了西北风，成为正房的一道屏障。这就是当地最常见的民居平面布局俗称"钥匙头"，也称"L"形布局。与周边甘肃地区的"虎抱头"式民居布局相似，也在当地很常见。这种平面布局形式是将堂屋的东西两侧的耳房平面进深大于堂屋，即两侧耳房分别突出堂屋一定距离。这两种建筑平面都是当地民居应对多风沙气候的经验模式。正房的南面设置防风沙门帘、门斗，屋顶无瓦或少瓦，外墙不装饰或少装饰。

第四节　传统生土建造技术

一、生土墙体夯筑技术

夯筑是分层进行墙体建造的方式，民间俗称"夹板筑墙"，是指在模板之间填充糙土，利用外力加以夯实使土质更加密实牢固，形成的夯土墙体取材方便、绿色、低碳、坚固、保温、隔热性能良好，利于夏季防暑、冬季保温。这种夯土墙体在我国黄土高原地区，以及新疆的广大地区千百年来一直被使用并延续至今。

宁夏当地的夯土墙一般采取下宽上窄逐步收分的构造方法，俗称"干打垒""版筑"。在施工时先用石块加固好地基，然后在地基上用砖石或碎石砌一段墙角。墙体材料一般用黏土、黄土与石灰（比例为6:4），或者黄土、细砂与石灰掺拌，将拌好的材料填入自制的模具中，用石杵夯实，拆除下层木头，移动到上层来再固定好，重复以上动作，一层层夯实，连续不断直到墙体施工完成。

夯筑过程中采用的填土模具主要分为椽模和板模。椽模，用立杆、椽条、竖椽、撑木等做墙架；板模，则用木板做墙架，包括侧板、挡板、横撑杆、短立杆、横拉杆等。打夯时，常常两人或四人手持夯具由墙基两端相对进行，这种打夯方法叫作相对法；另一种相背法，与相对法方向相反，是由墙基中段向两端进行；还有一种纵横法，一组横向，一组纵向，分两组进行，左右交错（图5-4-1、图5-4-2）。

图5-4-1 夯土加土坯墙体

图5-4-2 夯土加砖墙体

二、土坯制造技术

土坯是宁夏地区最为常用的建筑材料。土坯的制作技术分为干制坯和湿制坯两种。干制坯是将木模置于平整的石板上，将草木灰、细砂抹在木模四壁和底部以方便脱模，然后将黄土参入适量比例的水搅拌成的泥放入木模中，先用脚踩实呈中间鼓起的鱼背形，最后用石杵子夯打平整后，脱模风干。湿制坯是先在黄土中掺入约3厘米长的麦草，沤闷两三天后和水拌成泥填入木模压实，其他工序与干制坯相同（图5-4-3）。

图5-4-3 土坯制作工具

三、土坯砌筑技术

当地土坯的砌筑技术丰富多样，常用的有六种：①平砖顺砌错缝式，上下两层错缝搭砌，搭接长度一般不小于土坯长度的三分之一，因是单砖墙，故墙体较薄，稳定性差，高度受限制，但因施工简单，所以应用较为广泛；②平砖顺砌与侧砖顶砌组合式，这种做法是在平砖顺砌或错缝砌筑时，每隔一层加砌一层侧砖顺丁；③平砖侧顺与侧丁，这种做法与上一种做法类似，用平顺、侧丁、侧顺三种方式交替砌筑；④侧砖、平砖或生土块全砌，全部用丁砌或顺砌，因墙体产生通缝故安全性较差，故仅限于围墙砌筑；⑤平砖丁砌与侧砖顺砌上下层组合，是双砖墙，错缝搭接，故承重性能较好，多用于砌筑承重墙和独立窑洞的拱顶；⑥侧砖丁砌与平砖丁砌上下层组合，承重性能好，多用于房屋的承重墙（图5-4-4）。

四、屋顶构造技术

无瓦平屋顶土坯房的屋盖为梁、檩、椽，上铺苇箔、麦草，面层抹草泥10～15厘米，屋面坡度较平缓。因表层草泥常遭雨水冲刷，故每隔两年要上一次房泥。单坡屋顶，房顶一面高，一面低，不起脊，出檐较

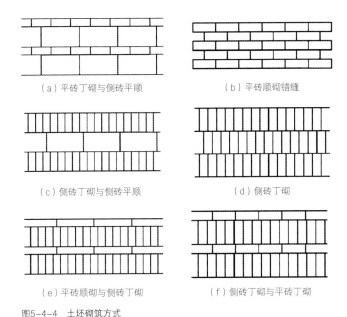

图5-4-4 土坯砌筑方式

大。这种屋顶形式分为有瓦和无瓦（草泥抹顶）两种形式。双坡型屋顶采用硬山搁檩木屋架，椽上架薄板，或内衬苇席，上压青瓦或红色机瓦（图5-4-5）。

五、生土墙体防潮技术

生土墙体的防潮处理依然采用当地材料，一般民居的土勒脚上铺3~4厘米厚的麦草、芦苇、玉米秆等做防潮层，就地取材方便简易。当墙体砌到总高度的三分之二时，从外墙每隔1米用木楔打入防潮层，砌完后再从内墙打入木楔，用挂灰抹面。泾源地区石材丰富，大多民居采用石头做地基防潮处理，同心县下马关也有用片石做防潮层的做法，同时也有用石灰做防潮层的。

面对复杂的地理地形条件、匮乏的建材资源条件，宁夏传统民居普遍采用以"土"为主的建筑形式，其种类多样、手法灵活，创造了与之相适应的结构类型、空间形态，充分展现出传统生土建筑的强大环境适应能力。在这一物质平台上，形态各异的民居建筑与回族文化习俗相结合，更加呈现出宁夏民居丰富多彩的地域特色。宁夏传统民居中蕴含着大量"适应资源""适应气候""低成本、低能耗、低污染"等宝贵而朴素的营建思想，这是宁夏人民在适应生态脆弱地区中积累下来的宝贵生态智慧与策略，对于当今西北新农村聚落与新民居建设，均具有重要的启示意义。基于此，应当结合现代建筑设计手段，充分利用生态脆弱地区潜在的资源、环境优势，积极促进乡土建筑建造技术向更高、更深层次发展。

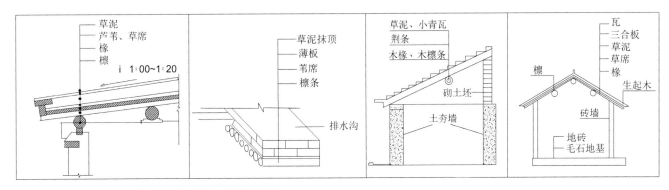

图5-4-5 宁夏地区平屋顶、单坡顶、双坡顶民居屋顶构造示意图

第六章

宁夏传统聚落可持续发展路径

第一节　传统聚落面临的问题

人类为了创造宜居的生活环境，自古以来不断努力适应和改造自然。传统村落因地制宜、强调人与自然的和谐统一，是传统儒家思想"天人合一"与其他民族生态自然观相融合的物质体现。社会的发展与文明的不断进步，人类越来越重视对居住环境的构建。然而，随着农村经济情况的好转和生活水平的提高，面对今天人与环境、资源的尖锐矛盾，乡土建筑、乡土聚落的营建与发展陷入了前所未有的困境，以宁夏地区为代表的我国西北典型的生态脆弱区开始面对前所未有的人居环境和传统聚落可持续发展的危机。

一、人居环境亟待改进

（一）乡村生态环境堪忧

宁夏地区的广大农村随着生态环境的改善、生产生活方式转变、经济发展模式转型、社会传统观念变化，农民的生活方式和行为模式都急速地步入一个前所未有的转型期。20世纪80年代，宁夏地区主要开展了自然保护区建设、小流域综合治理、退耕还林还草工程以及生态移民工程，减轻了生态环境压力，增加了农民收入，在一定程度上缓解了人地矛盾。但由于人口的绝对增长和家庭人口结构的分化，导致了住宅建筑的数量膨胀、宅基地被动的扩张，从而传统聚落缓慢发展变化的节奏被彻底改变。20世纪90年代随着家庭经济条件的好转、城市化过程以及信息产业的发展引发的乡村社会意识、居住观念和生活方式的变化，使得乡村聚落的封闭格局被彻底打破。改善居住条件与环境需求加强，聚落由此再次向外缘扩张，集体预留的宅基地被逐步侵占。农民互换土地集中建筑用地，或者在山地、农田、旱地建房。同时，由于乡村聚落基础设施建设、环境建设与聚落扩张速度不匹配，聚落开始向无序化方向发展。

乡村聚落无序化发展带来的人居环境问题大大增加。以固原市为例，乡村生活垃圾及部分城市垃圾的转移带来的污染问题，给当地居民生活以及粮食生产埋下了安全隐患；乡镇企业的工业废水、废气、废渣随意排放严重污染了农村环境，水资源的污染更是人类无法补救的最大危害；卫生问题也是农村近些年表现最为突出的环境问题，在早期农耕社会的农家肥是能够被利用的肥料，生产与生活是一个稳定的生态系统，而现代农业增产基本靠化肥解决，于是旱厕便成为农村环境卫生的公害。2006年"新农村建设"至2020年仍在实施的"美丽乡村建设""农村人居环境整治""厕所革命"全面开展以来，宁夏各市、县开展了切实有效的工作，让农村垃圾处理、污水处理等问题得到了一定的缓解。然而，如何能够让宁夏农村变成"望得见山、看得见绿、留得住乡愁"的美丽乡村仍有待进一步探索和研究。

（二）传统村落严重"空心化"

面对城镇和农村在就业机会、收入、基础设施、交通、教育、环境的等各方面的巨大差距，大量农村主要劳动力向城镇迅速集聚，直接导致了农村青壮年人口的减少，从而引起农村精神和物质层面的严重"空心化"。这是全国大多数村庄尤其是西部较贫困、落后少数民族地区必须面对的问题。

1. 大量房屋没有人居住，空置现象严重

被评为传统村落的中卫市北长滩村也难逃"空心化"厄运，进村基本看不到人，这些年青壮年劳力也基本外出务工，只剩下年老体弱的村民守着故土，外出发展较好的年轻人也都将父母接至城镇居住。因此，村落内绝大多数房屋破败、年久失修、无人问津，村落文化衰败（图6-1-1～图6-1-3）。

图6-1-1 空置的院落

图6-1-2 盐池县空置的院落

图6-1-3 中卫南长滩村空置院落

2. 快速城镇化导致大量村庄消失

2000~2015年，宁夏村庄数量由2603个减少到2271个，减少了332个，行政村常住人口由1438人降至1385人。自然村规模更小，2015年平均人口约为216人。随着村庄数量、人口缩减、房屋农房废弃、宅基地闲置，农村"空心化"问题愈发严重（图6-1-4）。

（三）传统村落特征消减

村落既是一种生活生产形态，也是一种文化现象。传统村落应该是农村传统生活方式、生产方式在现代化进程中的合理延续，而绝对不应该只是城市生活方式、生产方式的简单重复，更不应该是大拆大建、重新规划建设的理由。

宁夏地区传统村落以自给自足式农牧经济为主，村落大多是内向聚合式空间形态，一般采用生活性道路与生产性道路合二为一的交通体系。现在受城市化、信息化的影响，产业结构由较为单一的农牧经济向运输、旅游、商业等多元化经济方向发展，村落发展对于外部交通的依赖越来越强，要求生活性街道与生产性道路分离，原本宜人的聚落空间尺度被拓宽的生产性道路打破，于是传统乡村聚落空间的集约性下降，结构形态趋于消解。加之生活方式的改变，许多过去与生产生活密切相关的传统村落构成元素需求度的下降，如公共的水井、麦场、戏台等公共空间、设施的使用率降低，也导致传统村落空间形态的减退。传统聚落空间形态消失最为突出的表现，是随着经济多元化的发展、聚落交通、信息的通畅，聚落重心开始向集市贸易处和交通便捷处转移。聚落中心由以往的单一核心发展为多元经济下的多元核心（图6-1-5、图6-1-6）。

（四）乡土建筑传承困难

乡土建筑作为乡村景观的重要组成部分，最能体现乡村的特色，是乡村聚落人居建设的重要环节。乡村聚

图6-1-4 海原县废弃的聚落

图6-1-5 吴忠市石佛寺村传统聚落民居改造　　　　图6-1-6 同心县韦州镇传统民居改造

落的民居建筑建设要适应当地的自然、气候环境，更要尊重地域文化。

然而，由于没有相关的基础研究及相应的理论指导，当地乡村建设走了很长时间弯路，规划、建筑设计调研不充分，没有深入研究地域文化，方案千篇一律，损坏了一批重要的乡土建筑，使部分传统村落的历史风貌受到一定影响。有的甚至将原来符合地域气候的平屋顶民居加上了假的"坡屋顶"，不仅造成极大的浪费，还使得村民传统的生活方式、审美观念受到一定影响。由于当地的建筑营建技术多是口头相授，新一代不重视技术的传承，导致地域建筑营建技术部分失传，地域建筑特征逐渐消失（图6-1-7、图6-1-8）。

（五）生土营造体系濒临瓦解

生土曾是宁夏地区乡土建筑中使用最为广泛的建筑材料。然而在社会经济快速发展、生活水平不断提高、审美观念不断改变的今天，生土材料正面临着前所未有的发展困境。

更重要的是当地居民认为窑洞、土坯房都是贫困的象征，只要经济条件具备，就弃窑改建砖瓦房。千百年流传下来的生土建造技术、土坯房被视为一种落后生活的象征。形体简单、施工粗糙、品质低下、能耗极高、安全性极差的简易砖混房屋在乡村已随处可见。由于砖瓦房的蓄热保温性能远不及窑洞，冬冷夏热，并没有达到改善室内环境的效果，反倒增加了建房的成本，浪费资源，增加了农民的经济负担。同时由于绝大部分新建工程缺乏科学设计及专业引导，仅仅依靠农民根据经验自行建造，建设中使用的不合格建材与不科学的技术使房屋存在较多的质量安全隐患。

传统的生土建筑由于其本身的建造特征导致的室内环境、建筑安全性等问题也不容忽视。由于窑洞民居的建造方法导致室内只有一个可以通风的洞口，故进深稍大就会产生日照不足、通风不畅、潮湿等缺点。同时由于黄土材料本身的局限性导致窑洞建筑内部开间不能太大，安全性方面则表现为结构整体性、稳定性、耐久性及抗震性较差的缺点。近年来，虽然大量的研究工作一直在进行，生土建筑技术有一定的提升，但在本质上改变不多，并没有将绿色建筑技术融入其中，同时将成本降低至农民可以接受的程度。再者，熟练传统营造技术的人员已经越来越少，技艺传承后继无人也是不争的事实，以窑洞为代表的生土建筑未来堪忧（图6-1-9～图6-1-14）。

二、传统村落抗灾能力亟待提升

（一）聚落场地防灾问题突出

根据《村镇防灾规划技术规范》中将村镇的灾害危害性可划分为四类，地震灾害由A类到D类，地震烈度由低到高，宁夏全境地震灾害从中部盐池县、花马池县城6度设防到中南部西吉县沙沟乡9度设防区，大部分地区处于地震设防烈度为8度以上区域，都在D类，因此，聚落抗震形势严峻。

历史时期宁夏地区就饱受地震灾害的侵扰，从公元406～1920年，西海固及其周边地区发生的对西海固有影响的5级以上地震35次，其中6级以上地震10次，包括了三次7级地震和一次8.5级地震。西海固地区是宁夏也是全国地震强度大、破坏最严重的地区之一。

由于宁夏地区聚落分散、布局零散、基础设施差、经济发展缓慢导致建筑技术较为落后。历次地震灾害后，聚落建设遭受打击巨大，最为严重的一次是1920年的海原大地震，12月16日海原县、固原及甘肃与宁夏交界区域发生里氏8.5级特大地震，震中位于海原县县城以西哨马营和大沟门之间，震中烈度为12度，地震共造成28.82万人死亡，约30万人受伤。当时，大量窑洞、土坯房坍塌，使当地群众的人身、财产安全得不到根本保障。当地聚落布局与建设问题较多：村庄规模小且分散，目前大的村庄人口在450人左右，小的只有150人；基础设施配套困难，村庄内部道路狭窄，人畜车共用；农民建房随意性较大，房屋坐落于山体附近，危窑危房比例很大，农居危房改造建筑仅在旧有土坯房、土木房屋基础上用石灰乳刷白墙面与重搭瓦屋面的简单处理措施，不但解决不了保温隔热等问题，更是远不能抵御地震灾害，供水工程防灾能力差。

宁夏南部山区村落虽环境优美，但有些聚落地势坡度在15%以上，极不利于抗震，震时可能会发生直接灾害和山体滑坡等次生灾害破坏。靠近山体的民居、公共建筑等地段的建筑场地，以及靠近河流两侧的部分土质松软，易造成地基不均匀沉陷，对抗震不利，应对建筑的场地进行处理，建筑高度、形式与结构建造等方面有严格的抗震防灾措施，而聚落建筑场地地基处理与建筑技术落后，有部分土木或砖木混合结构建筑和危房，规划仅改善居住环境，通过刷白建筑墙面与重搭瓦屋面等措施远不能抵御地震灾害，缺乏必要的抗震防灾措施。建筑尚未达到抗震防灾要求，大多数建筑物质量较差，建筑间距小，不符合设防烈度的要求；规划对主要民用建筑的平面形状、墙体等设计，建筑结构选择方面缺乏规定，易出现不符合规范及标准、结构体系混杂的问题，导致地震中墙体裂缝、滑移、坍塌等现象。

风灾害则以基本风压为主要分类依据，银川以北的石嘴山惠农区基本风压均超过0.7（千牛/平方米），也属于灾害的最高类别——D类。宁夏中南部的很多地区都属于湿陷性黄土地区，地质灾害也应属于D类。

因此，宁夏传统聚落的抗灾问题依旧很突出，在聚落发展规划及现阶段的人居环境整治过程中必须考虑聚落的抗震、抗风以及地质灾害的预防问题。

（二）生土民居安全问题突出

由于生土材料本身所固有的基本力学性能和耐久性方面的缺陷，导致窑洞、土坯房在结构安全性、耐久性方面都存在一定缺陷。加上长期自然、气候环境的侵蚀，较为普遍的问题是：主体结构受损、地基不均匀沉降、墙体开裂，梁、柱、檩、椽等木构件有较大变形，屋面漏水、渗水等现象严重（图6-1-15～图6-1-17）。

根据周铁钢、段文强等发表的相关论文，2010年末西部各省份农村危房统计数据表可以看出宁夏农村危房率占到23.51%（表6-1-1）。

图6-1-7 红寺堡兵营式民居

图6-1-8 高速公路旁假坡屋顶民居

图6-1-9 窑洞室内环境脏、乱、差

图6-1-10 箍窑暴雨后坍塌

图6-1-11 彭阳县农民弃窑洞建平房

图6-1-12 川区群众使用黏土砖建房

图6-1-13 中部干旱区群众使用黏土砖建房

图6-1-14 南部山区群众使用黏土砖建房

图6-1-15 损坏的土坯房

2010年末西部地区各省份农村危房统计数据　　表6-1-1

序号	省份	农房调查总量/户	C、D级危房数量/户	危房率/%	序号	省份	农房调查总量/户	C、D级危房数量/户	危房率/%
1	四川	4134	523	12.65	7	陕西	3666	435	11.87
2	重庆	4513	735	16.29	8	甘肃	3346	901	26.93
3	云南	4649	883	18.99	9	宁夏	3198	752	23.51
4	贵州	3085	701	22.72	10	青海	814	357	43.86
5	西藏	815	435	53.37	11	新疆	5270	1713	32.50
6	广西	5888	764	12.98	12	内蒙古	3737	913	24.43

（来源：参考《全国生土农房现状调查与抗震性能统计分析》。）

图6-1-16　坍塌的土坯房

图6-1-17　独立式窑洞损坏的墙体

20世纪80年代以来，城市化水平的快速发展伴随着城乡间生产、生活要素的流动性加剧，流动方向也更为复杂多元。生产、生活要素在乡村地区不断进行分化和重组，深刻影响着乡村聚落空间结构的形成及演变。在工业化和城镇化的背景下，现代人的生产、生活方式相对传统农耕经济产生了巨大变化，从而对人居环境在形式及功能上都有了新的要求，而许多传统建筑和聚落空间无法满足这样的要求。

宁夏地区传统聚落的可持续发展以及生态移民新村都面临巨大问题。首先，人居环境亟待改进、传统村落特征淡化；其次，传统聚落空间布局不能满足不断增长的生产、生活需求，安全性差、聚落防灾减灾问题突出；最后，自20世纪80年代就开始实施的生态移民工程规划建设至今仍然困境重重。如何在传承传统聚落历史文脉的同时又能让她焕发新的生命力，满足今天农民的生产、生活需求，是当代乡土聚落研究的重点问题。

三、传统聚落保护规划与利用技术存在的问题

（一）缺乏具有地方性特征的标准规范

目前我国已有的针对传统村落保护规划技术研究主要包括从历史文化名村保护与发展的相互关系、保护规划设计及保护对策措施、模式机制等方面的内容。相关研究表明，保护规划应坚持真实性、整体性、完整性和动态保护、公众参与、改善生活及注重发展、适当优先的原则，保护规划的内容应该包括分析价值特点、制定保护框架、突出保护特点、划定保护层次及控制范围、明确保护发展的使用及限制要求，以及环境风貌整治及旅游发展规划等。

我国目前对传统村落保护的制度包括国际性公约、法律法规与地方章程几个层次，其中国际性公约包括《保护世界文化和自然遗产公约》《保护非物质文化遗产公约》，法律法规包括《中华人民共和国城乡规划法》《中华人民共和国文物保护法》《中华人民共和国非物质文化遗产法》《村庄和集镇规划建设管理条例》《历史文化名城名镇名村保护条例》，已出台的相关管理办法、导则包括2011年8月《农村危房改造抗震安全基本要求（试行）》、2012年8月《传统村落评价认定指标体系（试行）》、2013年9月《传统村落保护发展规划编制基本要求（试行）》、2013年12月《村庄整治规划编制办法》《农村住房安全性鉴定技术导则》、2014年7月《村庄规划用地分类指南》等有关规定，制定传统村落保护发展规划编制基本要求（试行），适用于各级传统村落保护发展规划的编制。

（二）缺乏技术体系的支持

以上相关的法规、标准和技术导则大多只能针对已经评上历史文化名村的传统村落的规划与发展，而宁夏地区到2020年为止只有6个传统村落位列其中，也就是绝大多数传统村落的保护与更新并无具体的法规和标准的指导。那么，目前这部分传统村落才是保护的重点，对这些村落进行科学分类，并进行相应的系统和全面的保护和规划利用是迫在眉睫的。

第二节 传统村落的传承与更新

传统村落是拥有物质形态和非物质形态文化遗产，具有较高的历史、文化、科学、艺术、社会价值的村落。传统村落承载着中国传统文化的精华，是祖先农耕文明不可再生的宝贵遗产。2012年以来，我国住房和城乡建设部、文化部、国家文物局、财政部等相关部门连续发布了一系列重要文件，在全国范围内开展传统村落调查，旨在加强传统村落的保护。

传统村落是经过漫长的历史时期，不断发展演变而来的。然而随着近年来城镇化、产业转型、人口和生产生活要素的城乡间的流动对农村的影响日益加深，传

统村落的发展不断受到严峻挑战。村落原有的空间肌理、结构形态面临解体，传统建筑风貌随着新农村建设逐步推进而濒临消失。据湖南大学中国村落文化中心对我国17个省、902个乡镇、9700多个村的调查显示，传统村落由2004年的9707个，减少到2010年的5709个，平均每天消亡1.6个传统村落[①][②]。

近年来城乡一体化进程的推进和国家美丽宜居村庄建设的日益重视，如何推进传统村落的更新与发展也成了刻不容缓的问题。2019年9月住房和城乡建设部办公厅发布《关于加强贫困地区传统村落保护工作的通知》中提到："加大贫困地区传统村落保护力度。建立贫困地区传统村落保护动态监测管理机制，保持贫困地区传统村落的完整性、真实性和延续性，对保护价值受到严重破坏或失去保护价值的传统村落给予警告或退出处理。抓紧制定和实施贫困地区传统村落保护发展规划，开展对贫困地区自然衰败严重的传统村落的抢救性保护，积极推进贫困地区传统村落建筑及历史环境要素测绘、挂牌保护试点和数字博物馆建设。"中国传统村落空间分布平均密度为7.058个/万平方公里，超过全国传统村落空间分布平均密度的有18个省（市、区）；其中，浙江传统村落空间分布密度最高，达到60.28个/万平方公里，贵州、福建、山西、湖南、安徽、江西传统村落空间分布密度也超过20个/万平方公里，而新疆、西藏、黑龙江、内蒙古、吉林、宁夏等6省（区）传统村落空间密度在1个/万平方公里以下。

传统聚落的保护是遗产保护体系的重要组成部分，1982年国际古迹遗址理事会（ICOMOS）通过了《关于小聚落再生的特拉斯卡拉（Tlaxcala，墨西哥）宣言》，于1999年又出台了《关于乡土建筑遗产的宪章》，同时联合国教科文组织亚太办事处还提出，21世纪保护重点将从官方建筑转移到民间建筑。因此，传统聚落的保护已经逐渐成为国际遗产保护领域关注的热点问题之一。

《历史文化名城保护规划规范》（GB 50357—2005）是2005年颁布实施的国家规范，主要是针对我国历史文化名城保护规划编制提出的规范性内容。规范中明确提出："非历史文化名城的历史城区、历史地段、文物古迹的保护规划以及历史文化村、镇的保护规划可依照本规范执行"。《中国文物古迹保护准则》以及《关于〈中国文物古迹保护准则〉若干重要问题的阐述》对于我国传统村镇中以"村落古建筑群"列入各级文物保护单位的优秀个例，以及传统村镇中的各级文保单位，《准则》以及《阐述》是指导保护工作的重要技术标准。

由于宁夏地区重要传统村落遗产的历史、文化、经济、生态和社会价值没有得到充分认识与发掘，在传统村落的保护与更新方面缺少深入的科学研究和科技支撑。应该根据《传统村落保护发展规划编制基本要求（试行）》的相关要求，首先，进行传统资源调查与建立村落档案，对传统村落有保护价值的物质形态和非物质形态资源进行系统而详尽的调查，并建立传统村落档案。调查范围包括村落及其周边与村落有较为紧密的视觉、文化关联的区域。调查内容、调查要求以及档案制作参照《住房和城乡建设部 文化部 财政部关于做好2013年中国传统村落保护发展工作的通知》（建村〔2013〕102号）进行。其次，进行传统村落特征分析与价值评价，对村落选址与自然景观环境特征、村落传统格局和整体风貌特征、传统建筑特征、历史环境要素特征、非物质文化遗产特征进行分析。通过与较大区域范围（地理区域、文化区域、民族区域）以及邻近区域内其他村落的比较，综合分析传统村落的特点，评估其历史、艺术、科学、社会等价值。对各种不利于传统资

---

① 冯骥才. 传统村落的困境与出路［EB/OL］. 中国日报网, http://www.chinadaily.com.cn/micro-reading/dzh/2012-12-07/content_7703059.

② 王小明. 传统村落价值认定与整体性保护的实践和思考［J］. 西南民族大学学报（人文社会科学版），2013（02）：156-160.

源保护的因素进行分析,并评估这些因素对传统村落的威胁程度。

一、传统村落更新原则

1. 保持传统村落活力

伴随着乡村人口向城市流动速度的不断加快与社会、经济发展要素的加速重组,多元化发展路径为乡村发展带来了机遇,但同时导致耕地的锐减,破坏了乡村的生态环境,对乡村人居环境产生了巨大的负面影响。空废化、人才过度流动破坏了乡村社会秩序,加速了乡村文化的衰落,使得乡村聚落活力快速减退。

传统村落的保护与乡村的可持续发展一直是世界各国城市化进程中普遍存在的难题。与历史建筑的保护不同,乡村聚落是农民生产、生活的基地,村民的认同感和归属感以及聚落的活力都是保证乡村聚落可持续发展的重要因素。村落的保护不仅仅是物质形态和技术层面的保护,改善社区人居环境(物质)也要注重恢复及保持村落社区活力。在对传统村落进行保护的过程中,需要激发传统村落的内在活力,以适应现代社会的生产方式与生活方式的发展,让传统村落的存在和经济发展这两个点协调起来,在对传统村落进行保护的同时也要对其进行活化,促进经济的发展。

乡村聚落社区活力的营造不单是产业、经济的发展,同时也应关注社区精神、社区价值以及社区凝聚力的培养。对于村落的发展而言,只有形成了较强的认同感、归属感,才能更好地发展合作经济,真正实现可持续发展,这才是乡村聚落生活的魅力和价值所在(图6-2-1、图6-2-2)。

2. 设计师下乡引导村民自发性参与

自发性更新是最重要的村落建设活动,是聚落精神、价值及凝聚力的最直接体现。自发性建造是当地居民为改善自身生活环境,以单个家庭为决策单元,自主决定房屋的选址、风格、施工方式、投资大小等的行为或结果。作为一种基本的建造组织方式,自发性建造具有存在广泛性、实施开放性、表现多元性三个主要特征,其中实施过程中时间、人员、规则、形态、目的上的开放性最为本质。作为大量个体行为的集合,自发性建造充分反映了建筑地域性自发生成的内在规律。

为贯彻党中央、国务院关于实施乡村振兴战略、提升乡村规划建设水平、改善农村人居环境等工作部署,住房和城乡建设部在调研总结地方经验和广泛征求意见的基础上,针对当前村庄建设和人居环境的突

图6-2-1 大武口龙泉村农家乐

图6-2-2 永宁纳家户风情园

出短板问题，印发了进一步加强村庄建设规划和引导支持设计下乡的两个通知，要求广泛动员行业的专业技术力量下乡，推行共谋、共建、共管、共评、共享的工作机制，进一步加强村庄建设规划和提升乡村规划建设水平。为进一步加强村庄建设规划工作，落实村庄规划建设管理基本覆盖的目标，通知提出了三方面要求：一是一切从实际出发，因地制宜推进村庄建设规划编制。坚持以实际问题为导向，成果要简化、管用，达到村民易懂、村委能用、乡镇好管的效果，避免简单照搬照抄城市建设规划；二是全面推行共谋、共建、共管、共评、共享的工作机制。要求各地逐步建立决策共谋、发展共建、建设共管、效果共评、成果共享的编制机制，引导村民熟知并参与村庄建设规划的各个环节。乡镇政府负责做好规划编制、审查和报批等工作。村委会动员村民充分表达意愿和建设需求，全程参与规划编制。统筹发挥各方作用，建立政府组织领导、村委会和村民为主体、规划编制人员负责技术指导的责任机制。三是进一步明确完善乡村建设规划许可管理、加强基层规划建设管理力量、探索逐步建立符合农村实际的建设审批程序等要求。鼓励各地借鉴先行地区经验，建立健全县乡两级村庄建设规划管理机制，培养一批熟知乡村、技术过硬、村民认可的技术管理人员。

宁夏地区大部分属于贫困地区，群众对环境价值缺乏理解，缺少资源危机感，生态环境意识淡薄，生态保护常常让位于经济发展。当地居民是聚落建设中更新与发展的主体，所有的工作都离不开当地群众的参与。所以必须深入了解群众的居住需求，充分发挥当地居民保护地域文化的积极性，激励当地居民保护自己的村落。正如社会学家特纳所言："一旦居民掌握了主要的决策权并且可以自由地对住房的设计、营造维护与管理等程序以及生活环境作出贡献时，则不但型塑而且激发了个体和社会全体的潜能。"古代的乡村人居环境建设有着自身的特殊性，它是由文人、匠人、堪舆家、村中"望族"与村民共同参与的一种村民自组织的建设方式。然而，传统聚落人口结构异变导致其自组织能力变弱，在城市化、乡镇工业化的冲击下，传统村落原有社会、人口结构发生变化，精英人才大多已经进入城市，老、弱、病、残为主的底层群体成为传统村落的常住居民，这种非正常人口结构不利于集体智慧的产生。过去的"自下而上"的自组织方式的村落建设，在今天很难以过去"精英人物"参与的方式进行，所以必须和今天"自上而下"的政府组织的方式相结合，引导高等学校、职业学校、设计院将设计下乡工作纳入日常教学和经营活动，支持高等学校、职业学校发动师生利用寒暑假下乡服务。动员院士、院长、总师、教授等优秀设计人才带领优秀团队下乡服务，引导设计师、艺术家和热爱乡村的有识之士以个人名义参与乡村设计服务。此外，挖掘培养乡村建筑工匠等本土人才，结合设计下乡服务，帮助地方培育一批既掌握现代建造技术，又熟悉乡村文化的乡村建筑工匠。支持从农村走出去的懂建设、爱农村的企业家、技术人员、退休干部等本土人才返乡服务。村民委员会协调政府、建筑师、规划师、专家等，通过"设计师下乡""规划师下乡"引导村民共同参与，以这种方式调动居民参与村落建设、人居环境建设的积极性，使他们建立自觉、自愿、自主的可持续发展意识。让居民参与村落改造的全过程，从规划、建筑设计、材料选择、施工建设的整个过程，使村落的更新发展真正符合当地居民的意愿，真正做到自发性建造（图6-2-3、图6-2-4）。

3. 村落空间形态多元化

聚落空间形态是社会、环境、文化的产物，由于社会转型时期的态势是多元的、聚落所处环境是多元的、聚落文化风俗也是多元的，因此，对于聚落的更新与重构也应该是多元的。所以在聚落更新与重构的过程中没有统一的模式可以遵循，单一的村庄规划模式忽略了各

图6-2-3 吴忠市新华侨村村口

图6-2-4 新华桥村农宅院落

地区的差异、城乡的差异、不同乡村的差异，导致规划方案与社会现实脱节（图6-2-5）。

对于聚落更新与重构的规划方案，必须结合社会转型期的背景，结合当地环境、风土人情的具体情况进行空间肌理、尺度的合理定位。而在实施过程中必须尊重当地农民原有的生产、生活方式，以及农民对新的生产、生活方式变革的适应程度，从而实现聚落空间形态更新的多元化目标。

针对宁夏地区传统聚落空间形态特征，结合当前农村产业转型的大背景，对传统回族聚落的保护与更新提出三种途径：①以村落资源利用为核心的更新体系；②以循环农业为核心的农村绿色社区规划体系；③以水、土地资源高效利用为核心的更新体系。

二、以村落资源利用为核心的更新体系

以住房和城乡建设部、文化部、财政部《关于做好2013年中国传统村落保护发展工作的通知》《住房城乡建设部关于开展引导和支持设计下乡工作的通知》（建村〔2018〕88号）等相关国家政策为契机，帮助宁夏建立传统村落档案、进行保护与发展规划、开展传统风貌保护修复、人居环境整治与改善、产业提升发展等工作，从而促进宁夏传统村落保护与发展。

对于村落的保护与发展不能仅仅局限于传统民居建筑、文物建筑保护的视角，或者局限于"三农问题"的角度探讨农村、农业、农民的发展问题。因为乡村不仅是农牧业生产基地，也是健康生活、休息、生态、旅游、环保及科普教育方面具有综合功能的区域（图6-2-6～图6-2-9）。

（一）以全域旅游为基础的村落资源开发

2018年3月22日，国务院发布了《关于促进全域旅游发展的指导意见》，意味着我国旅游产业进入一个崭新的升级阶段。"全域旅游，不再局限于单个景区景点的开发，而是划定某个地域范围作为一个完整的旅游区域，以旅游业为引领和契机，带动整个区域多方位、多产业、多层面的开发和优化。"宁夏地处东部季风区与西北干旱区，其地理过渡带的特征孕育了多样性的自然景观。在全国十大类95种基本类型的旅游资源中，宁夏占八大类46种。

传统的乡村旅游主要以观赏自然风景、体验民族风情、乡村农家休闲为主要内容，借助当地独特的自然

图6-2-5 单一的聚落空间

图6-2-6　六盘山脚下聚落改建

图6-2-7　新华桥村院落院墙更新

图6-2-8 传统村落改造　　　　　　图6-2-9 新华桥村路面改造

资源和人文风情打造旅游品牌。然而，在城镇化进程中，城市对乡村的文化辐射导致乡村文化日益萎缩，民族旅游村落的优秀文化不断被现代商业文化取代。民族地区乡村旅游的内涵及其软实力也因此弱化，民族旅游村落也相继陷入发展"瓶颈"。

乡村旅游是以乡野农村的风光和活动为吸引物，以都市居民为目标市场，以满足旅游者娱乐、求知和回归自然等需求为目的的一种旅游方式。2018年中央1号文件提出，实施休闲农业和乡村旅游精品工程，建设一批设施完备、功能多样的休闲观光园区、森林人家、康养基地、乡村民宿、特色小镇，创建一批特色生态旅游示范村镇和精品线路，打造绿色生态环保的乡村生态旅游产业链。宁夏凭借得天独厚的自然资源与民俗文化，在全国第二个实施省级全域旅游战略，使乡村旅游产业得以迅猛发展，不断涌现出自然风光与地域文化高度融合且形式多样的旅游产品，而今乡村旅游产业已经成为休闲旅游和假日消费的新亮点与脱贫富民的主要渠道。

宁夏地区是回族人口聚居、密度最大的区域，悠久的历史和独特的回族风情是人文旅游资源的重要组成部分。回族是具有丰富历史内涵和独特文化的民族，回族文化、回族歌舞、回族节庆、回族宗教、回族饮食服饰、回族民间艺术，以及孕育在回族民众之中浓厚的民俗民风[1]，应该说是一个巨大的资源宝库，是宁夏最能

---

[1] 王鲁云. 宁夏旅游资源特征及其开发［J］. 中国商贸，2010.

吸引异域游客的特色旅游资源之一。大力开发宁夏地区传统回族民俗、文化等宝贵旅游资源进行合理规划建设是引导当地农民发展致富、建设美丽乡村的必由之路。

比较成功的案例是位于银川市永宁县的纳家户。其回族人口占全村人口的98%，回族人口中纳姓人口又占了75%。回族人口和同一姓氏人口数量的绝对优势使纳家户民族文化具有极大的同质性，形成了宗教信徒、宗教场所、宗教职业者、宗教管理者一套完整的宗教系统，使纳家户成为银川市最典型的穆斯林村寨。加之纳家户北距银川市21公里，南距吴忠市37公里，可成为承接宁夏最重要的两个旅游区——银川地区和银南地区客源流动的重要环节[①]，区位优势十分明显。永宁县政府着力打造的沿黄标志性旅游景区景点——纳家户回族风情街占地面积约2万平方米，是集特色餐饮、民俗文化、旅游纪念品及土特产品销售为一体的综合性回族特色文化展示商业街。商业街容纳商户200余户，解决400多人的就业问题。

宁夏中南部以六盘山国家自然保护区为核心的自然景观和人文景观资源都十分丰富。六盘山区自然景观地形多种多样，有黄土地貌、山地地貌、河谷地貌、丹霞地貌等，有丰富的动植物资源，还有富含矿物质的温泉水，丰富奇特的山岳、峡谷、河流、湖泊、瀑布等不同层次的自然景观，非常有利于旅游资源的开发。

自然景观资源中地质现象主要有六盘山白垩纪地层剖面、海原大地震遗址、六盘山、南华山等山地构造地貌景观、火石寨国家地质公园、固原须弥山丹霞地貌等；水文景观中著名的有清水河、泾河、二龙河、葫芦河、祖历河、荷花苑、老龙潭等。六盘山同时也是野生动物的栖息地，有野生动物200多种，其中有些是国家一类保护动物。

人文景观著名的则有北部的西夏王陵景区、青铜峡拦河大坝、贺兰县宏佛塔、南部的瓦亭关故址、战国秦长城、须弥山石窟、固原古城墙、元代安西王府、将台堡红军长征纪念亭、西吉南华山灵光寺、天都山石窟寺、海原金牛寺、隆德龙岗山石窟、西吉扫竹岭石窟等。

固原市原州区黄铎堡镇毛家台子村与全国十大石窟之一的须弥山隔河相望，全村68户农民2008年的人均收入只有2310元。每年有10万名游客在须弥山旅游，由于景区没有餐饮住宿场所，很多游客要坐车40多公里到固原市区。2014年，原州区抓住自治区开发建设须弥山景区的时机，由扶贫办、交通局、文化局、水利局、妇联、三营镇等共同筹资260万元，改造院落27户，新建、改造房屋54间，硬化村道2公里，使全村自来水入户率达到100%，此外还新建休闲广场、砌护古城墙、古墓一座，在周边山头种植树木8000多株。不到半年，一个环境优雅的旅游村就呈现在游客面前。村支书高建歧说："目前村里已接待游客七八千人次，近期又有5户农民自己投资搞起了农家乐。"可见，聚落环境的改善对于聚落的产业调整和经济发展至关重要（图6-2-10～图6-2-16）。

（二）以农业科技园为依托的农业景观生态旅游规划

农业科技园是以市场为导向，在一定的区域范围内以当地自然资源、社会资源优势为基础，充分发挥农业科技进步的优势，广泛应用国内外先进适用的农业新技术的农业发展新模式。宁夏地区土地资源、光资源、热资源都很丰富，但水资源缺乏，适宜建设旱作节水高效农业科技园。结合宁夏成熟的枸杞等特色产业，开展枸杞优良品种引选、节水高效种植技术研究、有机枸杞非充分灌溉技术模式与灌溉制度等方面的研究和示范。自然农业景观同高效农业科技园观光旅游相结合，依托自

---

① 沙爱霞. 宁夏纳家户民族生态旅游村的建设研究［J］. 宁夏大学学报（自然科学版），2004.

图6-2-10 西夏王陵景区

图6-2-11 青铜峡拦河大坝

图6-2-12 贺兰县宏佛塔

图6-2-13 须弥山石窟

图6-2-14　毛家台子村鸟瞰图

图6-2-15 贺兰山下昊苑村民宿

图6-2-16 生机盎然的乡村

然农业景观、现代化农场、园林场、牲畜养殖、果品加工基地、花卉园等农业高科技园的农业观光旅游的开展将成为宁夏地区旱作农业区、灌区农民增收、改善民生的重要途径（图6-2-17～图6-2-21）。

三、以循环农业为核心的农村绿色社区规划

循环农业就是采用循环生产模式的农业，是一种以资源的高效利用和循环利用为核心，以"减量化、再利用、资源化"为原则，以低消耗、低排放、高效率为基本特征的农业发展模式。

（一）循环农业技术体系

宁夏地区传统聚落集中的区域内北部同心县及中部海原县等地区都是旱作农业区，应以水土保持为主导，通过马铃薯、苜蓿、经济生态林木等多种植被覆盖途径，多渠道防止水土流失。同时根据旱作农业特点

图6-2-17 青铜峡大坝镇韦桥村观光采摘棚

图6-2-18 大武口龙泉村田园休闲区规划

图6-2-19 贺兰县"稻渔空间"

图6-2-20 乡土建筑风格的酒庄

图6-2-21 乡土建筑风格的酒庄内部装饰

发挥马铃薯种植加工和水土保持型果树栽培的主导产业优势，发展"粮—薯—菌—畜—沼"农业循环经济模式（图6-2-22）。以循环农业为核心的可再生能源利用技术与农村环境综合整治体系是通过太阳能技术、沼气技术及农产品高效加工技术等的应用将当地可再生能源（如太阳能、秸秆、牲畜粪便、沼气等）进行高效利用，在提高农业生产效率、节约生产成本的同时美化农村环境，在实现村容村貌综合改善的同时从用能结构角度降低聚落生活、生产能耗，符合低碳乡村的规划目标。

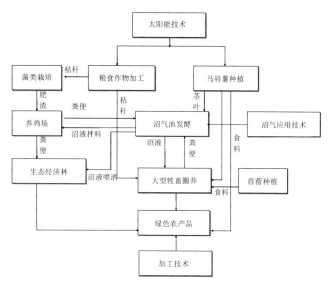

图6-2-22 "粮—薯—菌—畜—沼"农业循环经济模式示意图

图6-2-23 建造中的农宅（来源：农宅房主 提供）

（二）农村绿色社区规划与建设

在传统聚落的更新与发展过程中，必须以产业转型与规划为依托，坚持节能、节水、节地、节材以及对可再生能源的有效利用。通过村庄规划、功能空间布局、院落组织以及单体建筑设计层层深入，将聚落更新与循环农业的发展综合考虑，实现能源的高效利用。

农村绿色社区的规划与建设主要包括：绿色社区规划建设技术和新型绿色民居设计技术两个大的方面。其中绿色社区规划建设技术可以针对西海固地区地形地貌的差异结合前面章节对聚落类型的分类指导：①旱作塬区、平川区绿色生态社区适宜性规划建设；②丘陵沟壑区绿色生态社区适宜性规划设计与建设；③川道区绿色生态社区适宜性规划设计与建设。

新型绿色民居设计技术可以根据乡土建筑方面的研究成果结合新型建筑材料的开发，形成新型绿色民居建筑空间设计技术集成，民居防灾减灾构造技术集成，以及加快培育本地传统建筑工匠队伍，保持和提升传统建造技术水平。

农宅5月中旬开始施工，8月中旬完成全部房屋内外包括院落铺装、院墙、大门、附属建筑的全部施工，农民即搬入新居，房屋由于使用了eps结构保温一体化新型模块体系，盛夏室外32℃，室内只有25℃，非常凉爽，采光通风良好，造价每平方米1300元，农户非常满意（图6-2-23、图6-2-24）。

四、以土地资源、水资源高效利用为核心的聚落更新

宁夏中部干旱带，属于典型的旱作农业区，这里水资源极度缺乏，自然环境恶劣，水土流失严重，自然灾害频发，农业产业结构调整层次低，农村经济落后。由于旱作农业区农业生产条件差，粮食产量低而不稳，土地利用结构不合理，产业结构不合理问题突出，农村经济落后，导致农业基本建设投入低，基础设施薄弱，抵御自然灾害能力差。调整和优化农业结构，建立新型高效农业发展模式是该地区农业生产发展、农村经济增长以及乡村聚落更新的必由之路。

图6-2-24 建成后农宅

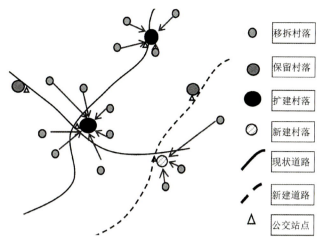

图6-2-25 基于土地资源集约化利用的村落区位整合

（一）土地资源的集约化规划原则

宁夏地区乡村聚落除光、热、优势矿产资源外，土地资源的人均占有数量极少、质量极差。传统聚落更新与发展的重要途径之一就是要改变当地的农业生产粗放经营的特点，大力发展开发实用节地技术，提高土地资源的综合利用水平，特别是农业用水、生产用地、居住用地的集约化水平。通过农业产业模式的创新、节地技术的不断改良，通过产业布局规划促进生产用地的调整合并，带动相应居住用地的调整，达到集约化的目标；有效组织村落体系的功能、结构，优化村落体系空间结构，有效调整聚居区位的转换，逐步拆除部分过于分散和偏远的衰落村落，保留宜居、规模适中的一般村落，扩大区位优越、交通发达、设施健全等特色突出的重点村落。通过对不同区位、规模、经济情况的村落建设用地以及耕地的整合，真正实现农村聚落的良性集约化发展（图6-2-25）。

（二）水资源承载力直接影响着地区聚落规模及产业方向

宁夏位于黄河流域中上游地区，全区由于降水量稀少，蒸发量极大，故引用黄河水量基本占到全区用水总量的98%（2003年），西海固地区主要城镇、聚落也都位于黄河二级支流近旁，旱作农业区的生产基本是靠天吃饭。从工业布局上，宁夏工业主要分布在川区，川区占91.8%，山区占8.2%。宁夏农业经济结构以种植业为主，牧业次之，林业、渔业的生产水平较低。在2000年的农业总产值中，以粮为主的种植业占60%，牧业占33%，林业占4%，渔业占3%。在农业总产值中，灌区农业为61亿元，占79.8%。如果将宁夏全省分为西北和东南两个部分，会发现西北部的水资源占全区87.4%（包括银川市、石嘴山市、吴忠市），城镇及人口数均占63%以上；而东南部水资源仅占12.6%，城镇人口占19.4%。城镇面积也基本与水资源所占比例相当，这些数据都充分说明了水资源承载力不但是产业布局的决定性因素，也是城镇规模的重要影响因素（表6-2-1）。

（三）水资源高效利用结合院落空间布局的生态农业建设

水资源短缺与利用效率低是制约旱作农业区新农村建设发展的最大瓶颈。必须以优化水资源配置为核心高效集聚天然降雨，大力发展节水灌溉技术建立现代集

宁夏各地级市城镇规模、水资源规模、土地面积比较表　　　　表6-2-1

项目	城镇规模（万人）及其比重（%）		水资源规模（亿立方米）及其比重（%）		土地面积（平方公里）及其比重（%）	
银川市	204.6341	31.6%	13.91	26.8%	8874.36	13.3%
石嘴山	74.1586	11.4%	8.01	15.8%	5207.98	7.8%
吴忠	131.2456	20.2%	23.22	44.8%	21419.55	32.3%
固原	126.4281	19.4%	6.59	12.6%	13450.23	20.3%
中卫	110.7244	17%			17447.61	26.3%
全区总计	647.1908		51.73		66399.73	

（来源：根据《2012年宁夏统计年鉴》相关数据统计得到。）

水型生态农业体系。建立现代集水型生态农业体系就要利用人工集水面或天然集水面形成径流，在储水设施（如水窖）中存储雨水以供必要时进行补灌，并与农作物种植结构调整相结合，才能高效利用降水资源和农业资源，为西海固地区旱作农业区的可持续发展提供保障。

雨水是旱区农业生产的主要水源，通过雨水集聚、节水灌溉高效利用降水技术，如设施补灌、压砂补灌、膜下滴灌、移动滴灌、覆膜坐水点种、分株点浇等，这些实用抗旱节水技术可以有效提高降水资源就地利用和灌溉效率。四位一体型院落空间生态农业建设模式是以生态温室为主体构建的家畜禽舍—厕所—沼气池—蔬菜瓜果有机结合的生态循环链（图6-2-26），能够实现物质能量循环利用，同时发展高效生态农业。旱作农业区气候温凉，无霜期短，冬季干燥少雨，日照充足，利用当地传统院落空间横向展开、房屋布局松散的特征，建设"四位一体"温室蔬菜栽培，可充分利用太阳能、家庭型水窖储水、人畜粪便等资源，不但能够形成很好的农业生态循环系统，还能很好地整合院落空间，实现土地资源的集约化合理利用。

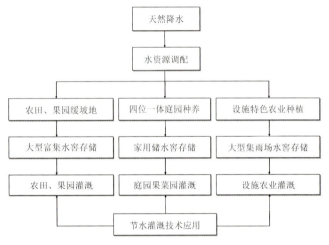

图6-2-26　现代集水型生态农业技术流程图

（四）土地资源高效利用的设施农业产业化建设

马铃薯产业是宁夏旱作农业区的特色产业和支柱产业，采取"集雨场+蓄水窖+集雨补灌+特色作物种植"技术模式种植马铃薯，以形成覆膜保墒集雨补灌旱作节水特色农业。旱作区马铃薯产量增长速度较快，重点开发马铃薯优良品种繁育体系，加强种植基地和贮藏设施建设。马铃薯淀粉深加工以及在医药、精细加工等方面的开发研究也在不断探索中。围绕龙头企业加快建设产品原料基地，组织规模化、标准化、产业化生产，形成"企业+基地+农民"一体化发展的新格局，促进农民快速增收。

结合宁夏地区旱作农业区地广人稀、聚落土地利用率低的特征，充分利用闲置的耕地及利用现代化的农业技术建立设施农业，不但能在局部范围改善和创造环境气象因素，还能为动、植物生长发育提供良好的环境条件，能够实现高效生产的农业。通过挖掘旱作区自然资源优势，培育壮大当地优势比较明显的西甜瓜、地膜玉米等主导产业的设施农业产业化建设，不但能够推动传统农业向可持续发展的高效生态农业转变，同时为聚落环境改善提供经济基础。

第三节 传统村落移民村庄的规划建设

一、移民村庄建设的基本前提

对于传统村落面临的整村移民搬迁的保护与利用，需要考虑以下重要因素：

（一）移民的文化适应

文化适应是人类在生存与发展的历程中，积极应对自然与社会环境的变化而建立新文化模式的过程，也是个体和群体在适应自然、社会环境的变迁时，在物质、精神等方面所采取的一系列调整行为方式的过程。移民要真正融入迁入地，必须经过文化适应的阶段，通过对新文化、新环境的积极应对，从而建立新的文化体系。以往的生活方式、生活环境、心理素质以及精神文化等一系列因素，对于移民适应新的自然、社会、文化都具有重要影响。因此，移民离开了原来的生产、生活环境，进入新的社会环境，试图被迁入地接受或者说真正地成为迁入地的一员，必然要经历一个不同生态环境、生活习俗、语言、生产活动、经济行为、思想观念、宗教信仰、社会组织等方面之间矛盾、冲突、交流直至融合的过程。

集体安置移民，即按移民原有的居住空间关系组织迁移。同村人安置于一个移民社区，新社区村名仍与原村相同。移民来到数百公里外新的自然环境，而社会环境变化不大，相同的背景、习俗、宗教信仰，甚至相同的邻居，因而不需改变其社会生活方式，使移民易于适应新的环境。同时考虑回汉民族文化、风俗习惯的差异，在规划建设移民新村时尽量将回汉民族分开，形成回汉民族各自相对独立的自然村。这样回汉民族之间既有联系，又保持一定空间距离，这有利于两个民族之间的交往与经济互动，避免不必要的矛盾和冲突，有利于新的文化体系的快速形成。

（二）移民生产方式的调适

生产方式是指人类为了生存而谋取物质资料的方式。生产方式的调适是移民融入当地社会生活的重要基础。通过调研发现，移民普遍认为迁入地和迁出地在生产方式上存在较大的差异性。移民因在迁出地所形成的根深蒂固的生产习惯和生产经验，惯性地被带入迁入地的生产活动当中。

宁夏移民的迁出地主要是西海固地区，长期以来，当地农民一直延续着靠天吃饭的农耕经营方式，即完全依赖自然条件、气候条件的粗放型旱地种植，种植种类较为单一。这种农业生产方式对生产劳动技术要求较低，对自然环境的依赖性很强。迁入地大多数是引黄灌溉的农业区，从事农业生产要掌握水利工程的浇灌时间、灌水量、次数，同时还要求移民学会良种选育、农业机械的操作技术等，农产品的产量虽然较之干旱区有了明显提高，但增加了灌溉水费、化肥购买等成本，最为重要的是要求农民掌握新的较为复杂的生产技术。

二、结合产业布局的村庄规划

移民迁出地大多是水资源匮乏区，生产方式以传统农业为主，故当地聚落选址多邻近水源或者地下水位浅而较易打井出水的场地。同时为了节约有限的耕地资源，聚落多数集中分布，呈线状或者面状布局，从而减少对耕地的占用，规模一般较小。新型社区的选址原则根据第六章的传统聚落的宏观规律的聚落选址与布局形态研究结论，移民迁入地要符合以下几个标准：

①土地资源丰富：土层厚，宜于耕种，开发利用条件好，生态承载有冗余，气候适宜；

②水资源充沛：有可供利用的水源，道路施工难度不大，投资额相对较少；

③交通的可达性好：靠近公路，对外交通方便，距离城镇较近；

④靠近作业区，最远距离不能超过1公里（步行5~10分钟），生产便利。

除上述标准以外，聚落选址应注意通风、向阳，便于排水，避开山洪、滑坡及泥石流、地震断裂带等地质、气象灾害地段；避开自然保护区、地下采空区和地下资源区，这些标准的制定原则主要是考虑到生态环境的可持续发展、土地资源的承载力、基础设施建设的完整性、社会化的服务体系的健全性、城镇辐射的便捷性等。

新村的规划应该考虑到产业布局与村落发展之间的关系，根据人口现状、产业现状以及产业未来的发展方向进行总体布局。必须围绕生产的可持续发展从产业结构、用地布局、空间配置对产业发展进行指导。由于迁入地的资源禀赋、区位特征以及产业现状等与迁出地往往存在很大差异，因此，如何将村庄产业发展模式落实到村庄规划的空间布局中，以空间的物质形态来引导农村经济的转变与发展是新村规划的关键点。根据村落的产业模式来进行村落规划布局，针对西海固地区的实际情况，产业模式可以分为以农业为主、以工业为主和以文化旅游业为主的三种产业发展模式。

（一）以农业为主的村落规划布局

习近平总书记指出，"农耕文化是我国农业的宝贵财富，是中华文化的重要组成部分，不仅不能丢，而且要不断发扬光大"，这些传承了数千年的传统农业，其中蕴含的生态模式、生产技术和耕作方法具有重要的文化遗产价值。

以农业为主的产业发展模式的村落，其主导产业类型为特色种植业、优势农业、设施农业以及农产品简单加工、出售为主，具体的产业方式则是以粮食种植、果树种植、园艺养殖、设施养殖为主，主要发展优势农产品。这种类型的村落规划首先应依托地形地貌特征，保留原有耕地，在不适宜耕种的坡地、山地预留经济林种植地，同时结合河流、水渠位置集中规划大棚种植用地，合理布局村庄主要农耕用地。村庄道路系统的布局规划要充分利用规划用地周边的原有道路、公路，进行村庄外部路网规划，内部道路结构根据农业产业发展的需求进行合理布局设计；公共空间用地的布局则要体现对农业生产的服务性特征，适量布置农作物堆放空间、打谷场等（图6-3-1）。

（二）以工业为主、农业为辅的村落规划布局

该类发展模式一般以制造加工业、劳务输出业或

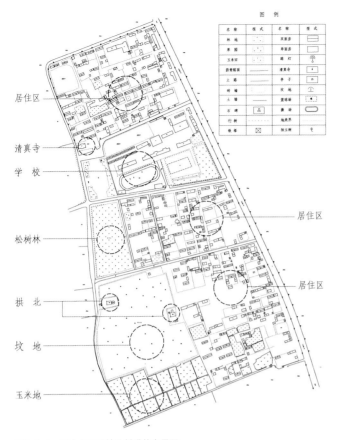

图6-3-1 同心县王团镇北村现状布局图

者交通运输业为主的主导产业类型。此类村庄规划则应充分考虑工业产业的特征，例如，西吉县单家集村是宁夏西海固地区是一个从以农为主的产业模式，发展为现代的以工业为主、农业为辅的产业模式的典型村庄（图6-3-2）。村庄的西边是葫芦河，沿河西布置耕地，村庄东边是东山，背山面水的总体布局使得村庄的发展方向沿着南北方向的过境公路进行发展，居民区介于耕地与山体之间，公共空间则沿着穿村而过的中静公路进行布局，四个清真寺作为重要的宗教空间，村部、小学也都沿着公路布置；村庄用地规划布局中将民族工业园区布置在村北头交通最为发达的区域，同时结合道路的延展方向布局为工业园区服务的临时商铺，充分体现以工业为主导的村庄布局特征。

（三）以文化旅游资源的开发利用为主导的村落规划布局

此类发展模式一般是以民族文化、非物质文化遗产的传承、聚落自然、人文景观开发利用、农家乐休闲旅游等为主导的产业类型。这类村庄在西北比较典型的是陕西礼泉县烟霞镇的袁家村。她凭借浓厚的关中历史文化遗存，依托唐太宗昭陵景区，开发并建成集中体现关中民居环境及民风、民俗的农业休闲村。袁家村的村庄规划布局则立意鲜明，依据地理区位，确定了以昭陵旅游景点为辐射圈，以关中民俗休闲体验为主题的设计思想。村落空间布局依据功能、流线进行区域划分，有商贸区、停车场、农家乐区、果林休闲区、关中印象体验区、关中古玩民居区、娱乐运动区、垂钓烧炕区以及寺庙区等几大功能分区。合理组织车流、人流，依据游览路线进行商业布局。同时将街道景观、院落景观、民居单体建筑的规划与设计全部融入，从整体到局部，成功地将居住、餐饮、生产、生活、休闲、旅游等功能融入一体。

1. 回族聚向中心多元化

对于回族聚落而言，这一时期的清真寺不再是回族聚落形态的唯一中心，聚落的功能，特别是小集镇、中心镇的功能大大拓展、不再是过去仅有的居住、生活、宗教方面的，而已引申为乡镇工业中心，一定区域内人流、物流、信息流的集散中心和文化娱乐中心。从过去单一核心、封闭的向寺而居的聚落形态，向开放式聚落中心发展。

由于经济结构由原来的农牧业为主，转向第三产业的非农经济和乡镇工业的二元经济，使得村民之间不仅是血缘、亲缘、地缘以及教缘的关系，更重要的是生产、经济上的联系，成为典型的业缘关系。文化、信息、产业的不断变化，使得回族聚落以宗教作为同质化基础，向多元的形态中心演变。

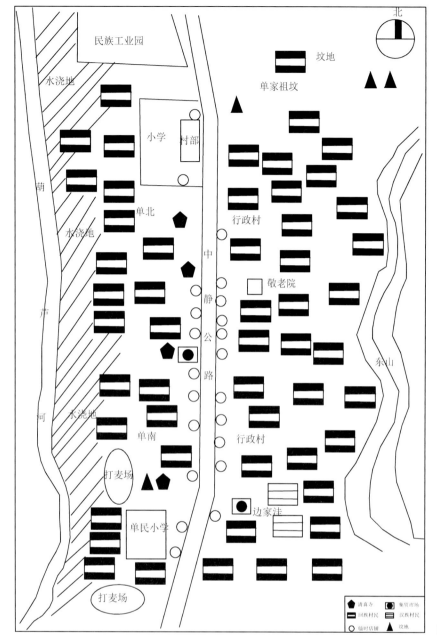

图6-3-2 西吉县单家集村落布局示意图

2. 村庄规模——以人口、土地资源条件为前提

按照宁夏新农村规划的用地标准，建制镇为90~120平方米/人，村庄为120~180平方米/人。对于聚落规模的大小不但要考虑到土地集约、基础设施效益，同时要兼顾聚落选址的位置、气候、自然环境以及土地的生产力等方面。宁夏移民新村的选址多为中部干旱区，土地生产力低下，农业灌溉不便，如果聚落规模过大，往往导致居民生产、生活半径增加。故规划移民安置区的农业人均2.0~2.5亩耕地，每户庭园面积1亩左右；同时，必须考虑到有些地形起伏较大的山区，受到自然条件约束，聚落规模必须较小（表6-3-1、表6-3-2）。

村镇规划规模分级标准　　　　　　　　　　　　　　　表6-3-1

类别 \ 村镇级别 \ 常住人口	基层村	中心村	一般乡（镇）	中心乡（镇）
大型	≥300	≥1000	≥3000	≥10000
中型	100~300	300~1000	1000~3000	3000~10000
小型	<100	<300	<1000	<3000

（来源：《村镇规划标准》）

宁夏扶贫扬黄灌溉区村镇居民点规模分级　　　　　　　　　表6-3-2

村镇级别	基层村	中心村	一般乡（镇）	中心乡（镇）
常住人口（人）	≤150	500左右	3000左右	5000左右

（来源：《宁夏干旱区新建绿洲村镇居民点与基础设施布局初探》）

3. 村庄布局形态——以地形地貌为基础

村庄应根据安置区地形地貌采取不同的聚落布局形态，例如前文总结的西海固地区聚落布局的四种形态：集聚组团型、带状"一"字型、核心放射型以及串珠状自由型，而不应是现在的统一的矩形或方形的块状布局。村内道路分主干道、环村道和绿化带。环村道路一般6~8米，道路两侧各留有1米的绿化带；东西方向每6排住宅前修建一条宽10~15米或者20~30米的主干道，两侧留有1~3米的绿化带，每12户为一个小单元，每个单元的庭园经济田连着，同时修建灌溉渠（图6-3-3）。

新型村庄绿地布局要结合住宅位置和地形条件，采取集中与分散相结合方式设立绿地。远期绿地面积占居民点用地的比例要达到5%~6%。要创造条件，结合民俗风情，为成年人设置一定的休闲交往场所，为儿童设置游艺场地。居民点内部的道路应构架清楚，分级明确，宽度适应。道路系统按国家统一标准规划。近期进区干道为砂石路，远期达到柏油路。近期乡（镇）之间通行柏油路，乡（镇）与村之间、村与村之间通行砂石路。远期乡（镇）与村之间、村与村之间通行柏油路（图6-3-4）。

三、结合现代生产生活的居住空间

（一）院落空间

宁夏地区传统民居的院落规模一般都在1亩以上（不包括门前的种植与绿化面积），由起居、厨房、餐饮、沐浴、厕所、储藏、院落绿化、饲养、杂物、车库等十个基本功能单位组成，体现了较强的生产性和经济性。故移民聚落的居民住宅采用院落式，庭院面积1亩左右。近期每户拥有4~5间房，实行初步的居住间分工，并提高住宅建筑功能和环境质量。住宅实行食居分离、居寝分离，体现良好的适居性、舒适性和安全性（图6-3-5）。

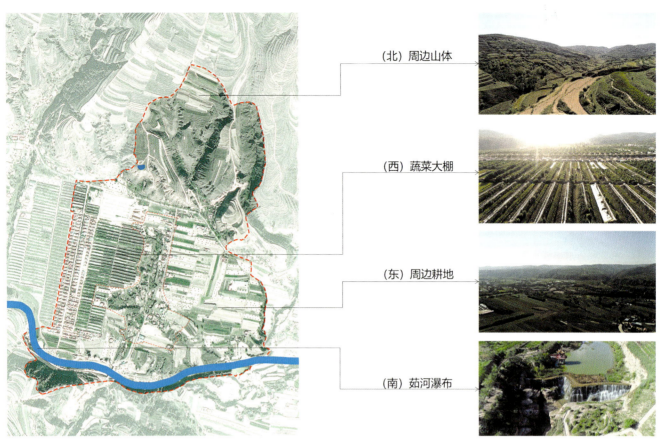

图6-3-3 百窑村周边环境分析（来源：王军 提供）

图6-3-4 杨岭村功能分区示意（来源：王军 提供）

图6-3-5 百窑村院落空间（来源：王军 提供）

（二）室内空间

人均住宅建筑面积不低于20平方米。远期乡、镇一级居民点楼房住宅，人均建筑面积不能低于15平方米。回族群众的民居室内空间区别于当地的汉族民居，一般都会划分出沐浴间、厕所，根据不同使用功能可以分为：

①堂屋，用于招待客人、家庭聚会，正对门的墙面上会有伊斯兰教的挂毯或者挂图；

②卧室，为生活起居的重要场所，常常布置一个较大的炕；

③厨房，常常布置在院落的西北角；

④养殖、储藏、卫生间，均布置在院落的角落里，养殖空间常常布置在院落的南部与大门结合布置，卫生间布置在正房或者偏房的东北角落；

⑤回族民居礼拜空间、沐浴室（常与卧室结合布置），山区有些高房子就是老年人做礼拜的空间，但由于冬季寒冷采暖不方便，故大多数家庭都将礼拜空间设置在主卧室中，面西的墙面布置礼拜用品，有条件的单独设置沐浴间，简单的做法则是用塑料布隔出1平方米左右的沐浴空间，上部悬挂吊罐、淋浴器等（图6-3-6~图6-3-13）。

（三）建筑风格

①民居形态：宁夏地区民居风格多样，将新型聚落的民居形态丰富化，可以根据迁入地的地形、地貌、地质特征，以及迁出地民居特征，将住宅设计为窑洞、高房子、堡子、单层等坡双坡顶、单层不等坡、单坡顶还有平屋顶与坡屋顶相结合的形式。

②建筑材料：建筑材料可以充分利用生土材料的优势结合新型建筑材料结构，将传统民居的材料优势继承并发展。

③建筑装饰：尊重迁出地传统民居特色，色彩上则以冷色调为主，条件好的外墙可以采用砖砌或者白色瓷砖贴面，条件差的则为黄土抹墙，自然、质朴。双坡屋顶正脊适当装饰传统民居常用的鸽子、花卉、植物等，也可以用瓦砌成装饰纹样（图6-3-14~图6-3-16）。

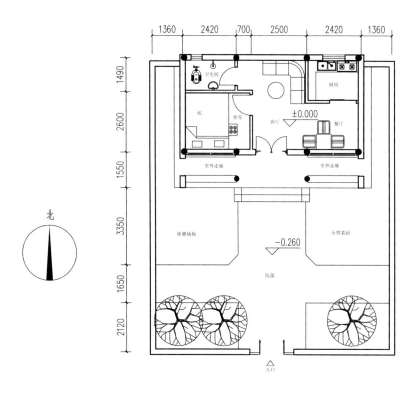

图6-3-6　30平方米汉族农宅平面建议

经济技术指标
占地面积：143.17平方米
住宅基地面积：54平方米
绿化面积：19平方米

"一"字形布局：
院落内仅有一排房屋者，为"一"字形布局。左右东西墙内侧有大大低矮于主房的草房、粮房（又称"仓房子"），厕所一般建在后墙院外。

民居设计 "一"字形布局

平面图 1:100

剖面图 1:100

立面图 1:100

图6-3-7 54平方米平屋顶民居及院落设计

120平米宁夏农村汉族户型设计

图6-3-8　120平方米汉族农宅平立面建议

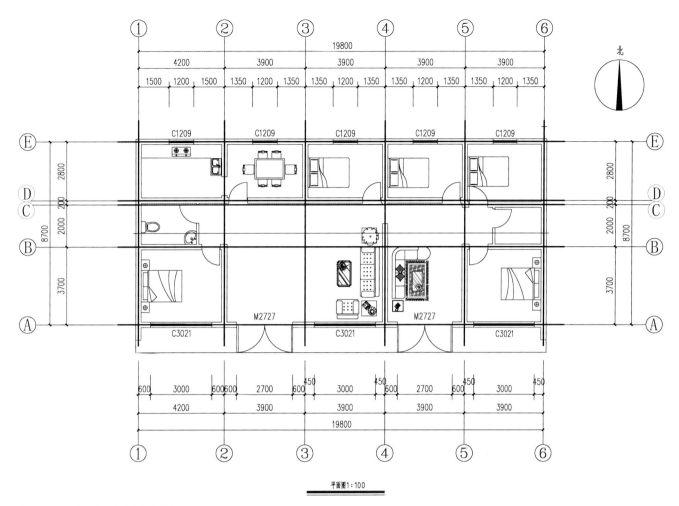

图6-3-9 180平方米汉族农宅平面建议

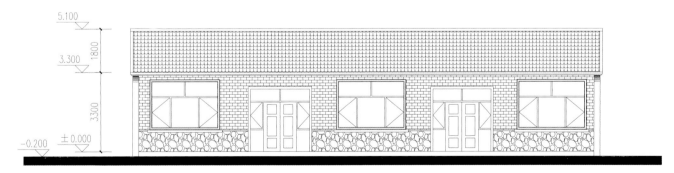

图6-3-10 180平方米汉族正立面建议

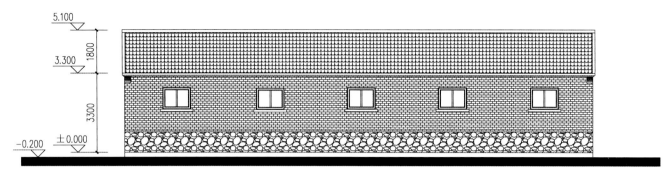

图6-3-11　180平方米汉族北立面建议

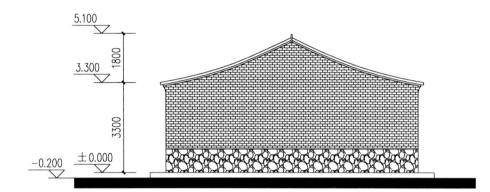

图6-3-12　农宅西立面建议

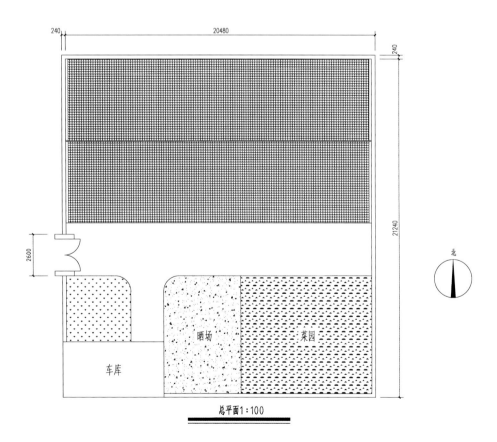

图6-3-13　400平方米院落总平面建议

图6-3-14 方案一：暗红顶+黄墙+毛石勒脚

图6-3-15 方案二：暗红顶+砖墙+深褐色勒脚

图6-3-16 方案三：灰顶+黄墙+青砖勒脚

索引

聚落（村落）名称	地点	现存主体聚落形成年代	类型	规模	户数/人口	民族	级别（历史文化名村名镇、第几批传统村落、保护等级）	页码
石佛寺村八组	利通区东塔寺乡	20世纪50年代中期	传统村落	石佛寺八组传统村落始建于20世纪50年代中期，位于东塔寺乡下辖石佛寺村北部，西靠健康大道，南邻世纪大道，北接朔方路，东邻白寺滩村。该村落总占地面积0.86平方公里，现有传统民居68户、居民235人，较好保留初建民居风貌。近年来配套建成2800平方米非遗文化游园，同步新建12000平方米停车场，鼓励该村落居民利用现有民居优势，借助全域旅游，改造10户体验式家访接待户，初步实现乡村旅游融合发展雏形。2018年8月启动实施石佛寺村八组传统村落环境整治项目。项目建设期为3年，自2018年至2020年；项目建设内容主要包括历史环境要素修复、传统建筑保护措施、环境改善工程、非物质文化遗产保护利用、防火安全保障等五个方面	68户235人	回族	第四批中国传统村落名录	079
长城村乔区组	彭阳县城阳乡	1910年	窑洞	70孔	65户245人	汉族	第五批中国传统村落名录	087
北长滩村	中卫市沙坡头区迎水桥镇	清代	传统村落	北长滩村包括上滩村和下滩村，共有农户214户、500人，总住房140户，其中常住43户。耕地面积约1078亩，现有古梨树199棵，保存较为完整清代民居5处，水车分水堤遗址2处，新石器时代遗址1处	214户500人	汉族	第一批国家级传统村落	107
南长滩村	中卫市沙坡头区迎水桥镇	清代	传统村落	南长滩村辖6个自然队，共有农户340户、1010人，总住房240户，其中常住户151户。耕地面积约2134亩，果树1万余株，现有清代民居4处，和茶树沟岩画、明长城、烽火台等。南长滩村有三宝"香水梨、鸽子鱼和大红枣"，是闻名遐迩的梨枣之村	340户1010人	汉族	第一批中国传统村落名录 国家级传统村落	163
梁堡	莫安乡梁堡村	明朝	历史嵌入性	2.1平方公里	207户671人	汉族	第一批中国传统村落名录	179
红崖村	县城南门1公里处	清朝末期	传统村落	1.8平方公里	125户427人	汉族	第一批中国传统村落名录	179

参考文献

[1] 吴忠礼,鲁人勇,吴晓红. 宁夏历史地理变迁[M]. 银川:宁夏人民出版社,2008.

[2] 米文宝. 宁夏人文地理[M]. 北京:中国社会科学研究院出版社,2006.

[3] 宁夏百科全书编纂委员会. 宁夏百科全书[M]. 银川:宁夏人民出版社,1998.

[4] 王重玲,朱志玲,白琳波,程淑杰,路彩玲. 景观格局动态变化对生态服务价值的影响——以宁夏中部干旱带为例[J]. 干旱区研究,2015,32(02).

[5] 李陇堂,徐娟,路明霞,何广军. 宁夏人地关系的历史演变及其特征[J]. 宁夏大学学报(自然科学版),2007(04).

[6] 朱士光. 汉唐长安城兴衰对黄土高原地区社会经济环境的影响[J]. 陕西师大学报,1998(01).

[7] 汪一鸣. 宁夏人地关系演化研究[M]. 银川:宁夏人民出版社,2005.

[8] 薛正昌. 宁夏历代生态环境变迁述论[J]. 宁夏社会科学,2003(02).

[9] 李陇堂,徐娟,路明霞,何广军. 宁夏人地关系的历史演变及其特征[J]. 宁夏大学学报(自然科学版),2007(04).

[10] 史念海. 历史时期黄河中游的森林. 载《河山集》,二集.

[11] 何彤慧. 宁夏宁夏南部地区的生态建设与可持续发展[J]. 人文地理,2000,15(4).

[12] 陈忠祥. 宁夏南部回族社区生态环境建设若干重要问题的探讨[J]. 干旱区地理,2001,24(04).

[13] 薛正昌. 宁夏历史地理与文化论纲[J]. 固原师专学报,2006.

[14] 张跃东. 宁夏区域文化的历史特征[J]. 宁夏社会科学,1991.

[15] 金其铭. 农村聚落地理[M]. 北京:科学出版社,1988.

[16] 李晓峰. 乡土建筑——跨学科研究理论与方法[M]. 北京:中国建筑工业出版社,2005.

[17] 中华人民共和国国家统计局. 中国统计年鉴[M]. 北京:中国统计出版社,1991~2018.

[18] 胡燕,陈晟,曹玮. 传统村落的概念和文化内涵[J]. 城市发展研究,2014,21(1).

[19] 王娟,刘扬. 国内传统村落空间分布研究进展[J]. 四川建筑,2016,36(02).

[20] 郭勤华. 固原历史[M]. 银川:宁夏人民出版社,2008.

[21] 徐兴亚. 西海固史[M]. 兰州:甘肃人民出版社,2002.

[22] 王北辰. 固原地区地理述要[J]. 宁夏史志研究,1986(2).

[23] 周伟洲. 魏晋十六国时期鲜卑族向西北地区的迁徙及其分布[J]. 民族研究,1983(5).

[24] 固原县志办公室. 民国固原县志(上卷)之三·居民志[M]. 银川:宁夏人民出版社,1991.

[25] 鲁人勇,吴忠礼,徐庄. 宁夏历史地理考[M]. 银川:宁夏人民出版社,1993.

[26] 汪一鸣. 历史时期宁夏地区农林牧分布及其变迁[J]. 中国历史地理论丛,1988.

[27] 刘景纯. 历史时期宁夏居住形式的演变及其与环境的关系[J]. 西夏研究,2012(03).

[28] 梁方仲. 金史·地理志-中国历代户口、田地、田赋统计[M]. 上海：上海人民出版社，1980.

[29] 李钰. 陕甘宁生态脆弱地区乡村人居环境研究[D]. 西安：西安建筑科技大学，2010.

[30] 陈忠祥，束锡红. 宁夏南部回族社区形成的环境分析[J]. 经济地理，2002.

[31] 刘伟，黑富礼. 固原回族[M]. 银川：宁夏人民出版社，2000.

[32] 刘天明. 西北回族社区地域分布和自然环境[J]. 青海社会科学，2000.

[33] 张维慎. 宁夏农牧业发展与环境变迁研究[D]. 西安：陕西师范大学，2002.

[34] 史念海. 河山集初集[M]. 北京：生活·读书·新知三联书店，1963.

[35] 史记（卷一一〇）匈奴列传第五十[M]. 北京：中华书局，1982.

[36] 郑彦卿. 宁夏及周边地区生态环境的历史演化与重建[J]. 宁夏社会科学，2006，139（6）.

[37] 固原县志[M]. 银川：宁夏人民出版社，1993.

[38] 固原地区志[M]. 银川：宁夏人民出版社，1994.

[39] 徐兴亚. 西海固史[M]. 兰州：甘肃人民出版社，2002.

[40] 张启芮. 靖远县磨子沟三角城初探[J]. 丝绸之路，2011.

[41]（美）让·欧仁·阿韦尔. 居住与住房[M]. 齐淑琴，译. 北京：商务印书馆，1996.

[42] 李立. 乡村聚落：形态、类型与演变——以江南地区为例[M]. 南京：东南大学出版社，2007.

[43] 薛正昌. 历代移民与宁夏开发（下）[J]. 宁夏社会科学，2005，132（5）.

[44] 陈明猷. 宁夏历史人口状况·贺兰集[M]. 银川：宁夏人民出版社，1994.

[45]（法）阿·德芒戎. 人文地理学问题[M]. 北京：商务印书馆，1993.

[46] 屠爽爽，周星颖，龙花楼，梁小丽. 乡村聚落空间演变和优化研究进展与展望[J]. 经济地理，2019，39（11）.

[47] 米文宝，宁夏人文地理[M]. 北京：中国社会科学院出版社，2006.

[48] 马海龙，樊杰，王传胜. 我国西部地区乡村坡地聚落迁移的过程与效应[J]. 经济地理，2008（03）.

[49] 陈君子，刘大均，周勇，等. 嘉陵江流域传统村落空间分布及成因分析[J]. 经济地理，2018，38（2）.

[50] 马冬梅，陈晓键，燕宁娜. 西海固回族聚居区空间分布特征及影响因素[J]. 干旱区资源与环境，2016，30（04）.

[51] 崔树国. 宁夏南部山区土地资源可持续利用研究[D]. 西安：西北大学，2003.

[52] 于骥. 典型农牧交错区乡村聚落生态适应选择研究[D]. 银川：宁夏大学，2016.

[53] 曹象明，曹东盛. 宁夏脆弱生态环境条件下城镇体系空间布局研究[C]//2004城市规划年会论文集（下）. 2004.

[54] 李丽. 宁夏能源利用与可持续发展[D]. 泉州：华侨大学，2004.

[55] 桑建人，刘玉兰，林莉. 宁夏太阳辐射特征及太阳能利用潜力综合评价[J]. 中国沙漠，2006.

［56］陈明猷. 宁夏历史人口状况·贺兰集［M］. 银川：宁夏人民出版社，1994.
［57］郭勤华. 从宁夏隆德县梁堡村、红崖村看传统村落的功能及价值［J］. 宁夏社会科学，2017（04）.
［58］余谋昌. 惩罚中的醒悟——走向生态伦理学［M］. 广州：广东教育出版社，1995.
［59］马晓琴. 回族文化中的生态知识及其在区域生态环境保护中的应用——以宁夏南部山区为例［D］. 银川：宁夏大学，2006.
［60］吴江国，张小林，冀亚哲. 县域尺度下交通对乡村聚落景观格局的影响研究——以宿州市埇桥区为例［J］. 人文地理，2013（1）.
［61］曹象明. 宁夏脆弱生态环境条件下城镇体系空间布局研究［D］. 西安：西安建筑科技大学，2003.
［62］王重玲. 宁夏中部干旱带农村居民点空间布局优化研究［D］. 银川：宁夏大学，2014.
［63］李立. 乡村聚落：形态、类型与演变——以江南地区为例［M］. 南京：东南大学出版社，2007.
［64］彭一刚. 传统村镇聚落景观分析［M］. 北京：中国建筑工业出版社，1992.
［65］田莹. 自然环境因素影响下的传统聚落形态演变探析［D］. 北京：北京林业大学，2007.
［66］张钦楠. 建立中国特色的建筑理论体系［J］. 建筑学报，2004（1）.
［67］张钦楠. 特色取胜——建筑理论的探讨［M］. 北京：机械工业出版社，2005.
［68］许志建，朱峰，鱼艳妮. 生土材料性能及其施工方法浅议［J］. 信息科技，2009（09）.
［69］童丽萍，韩翠萍. 黄土材料和黄土窑洞构造［J］. 施工技术，2008，37（02）.
［70］王战友. 村镇住宅围护结构的热工设计［J］. 西安建大科技，2007，66（02）.
［71］杨利. 气候变化对宁夏地区农作物生产的影响及相应对策［J］. 农业与技术，2013.
［72］李丽. 宁夏能源利用与可持续发展［D］. 泉州：华侨大学，2004.
［73］桑建人，刘玉兰，林莉. 宁夏太阳辐射特征及太阳能利用潜力综合评价［J］. 中国沙漠，2006.
［74］王军. 西北民居［M］. 北京：中国建筑工业出版社，2010.
［75］臧卫强. 宁夏乡村空间的优化重组［J］. 城乡建设，2018（13）.
［76］李陇堂. 防灾减灾：西海固地区可持续发展的基础［J］. 中国人口·环境与资源，2000，10（03）.
［77］高彩霞，赵晓勇，汪一鸣. 宁夏南部黄土丘陵区村镇抗震防灾规划研究［J］. 小城镇建设，2011（04）.
［78］马亚利，李贵才，刘青，龚华. 快速城市化背景下乡村聚落空间结构变迁研究评述［J］. 城市发展研究，2014.
［79］陆琦，梁林，张可男. 传统聚落可持续发展度的创新与探索［J］. 中国名城，2012.
［80］高楠，邹超，白凯，马耀峰. 中国传统村落空间分异及影响因素［J/OL］. 陕西师范大学学报（自然科学版）：1-11［2020-03-16］. https://doi.org/10.15983/j.cnki.jsnu.2020.04.016.
［81］王炎松，王必成，刘雪. 传统村落保护与活化模式选择——以江西省金溪县四个传统村落为例［J］. 长白学刊，2020（02）.
［82］卢健松. 自发性建造视野下建筑的地域性［D］. 北京：清华大学，2009.
［83］杨睿. 关于中国生土民居生态化改造的研究［D］. 北京：中央美术学院，2005.
［84］TURNER J F C, FICHTER R. Freedom to Build: Dweller Control of the Housing Process［M］. London: Macmillan Publishing Company, 1972.
［85］王树声，李慧敏. 厦门古村落人居环境规划中的"自然智慧"初探［J］. 西安建筑科技大学学报（社会科学版），2008，27（3）.
［86］左佳. 为什么要发展全域旅游［J］. 人民论坛，2018（25）.
［87］周立彪，闫兴富. 宁夏银川国家湿地公园的生态旅游系统及其可持续发展［J］. 农业现代化研究，2009，30（4）.

[88] 郭筠，刘艳华. 宁夏打造面向阿拉伯国家旅游目的地着力点选择［J］. 宁夏社会科学，2013（4）.

[89] 杨旭. 从乡村振兴看民族地区乡村旅游的"三个转型"［N］. 贵州民族报，2020-03-13（A02）.

[90] 李刚军. 宁夏水资源承载力研究［D］. 西安：西安理工大学，2002.

[91] 马伟华. 移民的文化适应：宁夏吊庄移民生活习俗调适调查研究——以芦草洼吊庄（兴泾镇）为例［J］. 西北第二民族学院学报（哲学社会科学版），2007，78（6）.

[92] 汪一鸣，牛慧恩. "吊庄"——宁夏新区开发的一种模式［J］. 干旱区资源与环境，1993.

[93] 梁勇，闵庆文. 宁夏重要农业文化遗产的保护与利用研究［J］. 自然与文化遗产研究，2019，11（4）.

[94] 陈忠祥. 宁夏回族社区空间结构特征及其变迁［J］. 人文地理，2000，15（5）.

[95] 王君兰，汪建敏. 宁夏干旱区新建绿洲村镇居民点与基础设施布局初探［J］. 干旱区资源与环境，1997.

后记

本书主要编著者燕宁娜教授、赵振炜教授级高级工程师、李钰博士长期以来从事宁夏地区人居环境与传统聚落、乡土建筑的研究，多年来深入各市县展开传统聚落与乡土建筑的调研与测绘，燕宁娜教授从硕士论文到博士论文，研究方向始终锁定在宁夏传统聚落、乡土建筑的研究上，主持两项国家自然科学基金项目及多项省级科研项目，同时出版了专著《宁夏清真寺建筑研究》《宁夏西海固回族聚落营建及发展策略研究》《宁夏古建筑》《中国传统民居类型全集》（宁夏民居类型部分编撰者），以上前期研究为本书的撰写积累了大量一手资料。

对于宁夏传统聚落的研究多年以来未成体系，历史上也从未出版过相关专著，多数研究成果仅限历史学、社会科学、地理学领域对宁夏地区乡村聚落的论述。《中国传统聚落保护研究丛书 宁夏聚落》书稿的编写过程，村落测绘与图像摄制困难重重。写作之初，编著者希望能全面分析阐述宁夏地区传统聚落演变机制，总结其营建智慧，但由于编著水平、可以参考的文献资料稀缺，难免挂一漏万。

书中资料来源，早期的实例主要依据考古学的贡献，有些实例也参考了近几年国内主要期刊上发表的论文，参考资料均已注明。后期的实测、照片、分析图主要是编著者实地调查、分析研究的成果。尽管我们在调查中足迹几乎遍及宁夏的所有市县乡村，仍旧难免有疏漏；书中错漏和不当之处，恳请专家和读者给予指正。

承蒙宁夏回族自治区住房和城乡建设厅村镇处的大力支持，以宁夏传统村落普查资料做支撑，本书前期初稿完成得还算比较顺利。待到后期书稿深入，深感对于宁夏传统聚落的解析与深入研究亟待完善。

本书的调研、编著过程中，得到宁夏大学、宁夏回族自治区博物馆、宁夏回族自治区图书馆、固原市博物馆的支持与帮助，在此表示衷心的感谢。参加本书资料与测绘图整理工作的除了本书的主要编著者外，还有硕士研究生吴晓枫、宫瑞辰、王充同学，以及宁夏大学建筑学、城市规划专业本科生朱新欣、吴玉娜、靳文兵等，在此一并表示衷心的感谢。

感谢西安建筑科技大学王军教授对本书的审阅。

感谢为本书付梓花费心血的唐旭主任、李东禧主任、孙硕编辑。

感谢那些曾经为本书提供资料的单位和个人。

感谢"中国传统聚落保护研究丛书"总编委对作者的信任和包容。

图书在版编目（CIP）数据

中国传统聚落保护研究丛书. 宁夏聚落 / 燕宁娜，赵振炜，李钰著. —北京：中国建筑工业出版社，2021.12

ISBN 978-7-112-25995-3

Ⅰ.①中… Ⅱ.①燕… ②赵… ③李… Ⅲ.①乡村地理—聚落地理—研究—宁夏 Ⅳ.①K928.5

中国版本图书馆CIP数据核字（2021）第046875号

本书从宁夏地区的自然生态与人文环境入手，分析宁夏传统聚落的生长环境，以宁夏地区社会历史、自然环境变迁的轨迹为线索，研究各个历史时期聚落形成、发展、演变的特征。关注聚落分布格局、聚落选址特征、聚落形态与空间结构、传统乡土建筑形态与营建技术以及营建材料的发展变化；挖掘传统聚落的演变机制，探寻应对地区资源、自然条件的生态文化理念、人居环境建设策略及传统聚落营建的规律性因素，以期为从事传统建筑、古村落保护工作人员提供借鉴。本书可供建筑、城乡规划、风景园林、人文地理、文物保护等相关专业的读者及文化旅游爱好者参考阅读。

扫一扫
观看本卷聚落视频资源

责任编辑：胡永旭 唐 旭 吴 绫 贺 伟 张 华
文字编辑：孙 硕 李东禧
书籍设计：付金红 李永晶
责任校对：王 烨

中国传统聚落保护研究丛书
宁夏聚落
燕宁娜 赵振炜 李钰 著

*

中国建筑工业出版社出版、发行（北京海淀三里河路9号）
各地新华书店、建筑书店经销
北京锋尚制版有限公司制版
天津图文方嘉印刷有限公司印刷

*

开本：889毫米×1194毫米 1/16 印张：19¾ 插页：7 字数：516千字
2022年12月第一版 2022年12月第一次印刷
定价：**228.00元**（含视频资源）
ISBN 978-7-112-25995-3
（36738）

版权所有 翻印必究
如有印装质量问题，可寄本社图书出版中心退换
（邮政编码100037）